数字经济创新驱动与技术赋能丛书

企业数智化转型之路

智能化数字平台建设及应用实践

杨明川　钱　兵　赵继壮　白　亮　高　飞
刘　倩　薛艳茹　周松桥　石丽娟　闫　蕊　编著
郭　煜　张星星　李　伟　闫　汇

本书针对数据和智能的深度融合问题提出了一体化的架构，并结合在一些领域的实践，提炼了数智融合的思路和方法，希望能够给对这个问题感兴趣的读者一些启示和借鉴。

本书的主要内容包括：第 1、2 章介绍数字化和数智化的基本概念与面临的问题；第 3 章提出数据智能融合的一体化技术架构；第 4、5、6 章分别从数据中心、数据平台、算法能力的角度介绍如何构建数智融合体系的基础设施；第 7、8、9 章分别从数据关联、场景融合和知识泛化的角度，进一步分析如何实现数智融合，包括其主要的技术和方法论；第 10 章通过六个实践案例对数智融合的方法体系做进一步说明。

本书适合关注数字化转型发展及应用趋势的企业 CEO、CIO、CDO、从事数字化转型方案制定及实施的技术人员阅读借鉴。

图书在版编目（CIP）数据

企业数智化转型之路：智能化数字平台建设及应用实践/杨明川等编著．—北京：机械工业出版社，2022.5（2024.1 重印）
（数字经济创新驱动与技术赋能丛书）
ISBN 978-7-111-70637-3

Ⅰ．①企⋯　Ⅱ．①杨⋯　Ⅲ．①智能技术-应用-企业管理　Ⅳ．①F272.7

中国版本图书馆 CIP 数据核字（2022）第 070267 号

机械工业出版社（北京市百万庄大街 22 号　邮政编码 100037）
策划编辑：王　斌　责任编辑：王　斌　解　芳
责任校对：秦洪喜　责任印制：邰　敏
中煤（北京）印务有限公司印刷
2024 年 1 月第 1 版第 3 次印刷
184mm×240mm・15.25 印张・263 千字
标准书号：ISBN 978-7-111-70637-3
定价：89.90 元

电话服务　　　　　　　网络服务
客服电话：010-88361066　机 工 官 网：www.cmpbook.com
　　　　　010-88379833　机 工 官 博：weibo.com/cmp1952
　　　　　010-68326294　金　书　网：www.golden-book.com
封底无防伪标均为盗版　机工教育服务网：www.cmpedu.com

数字经济创新驱动与技术赋能丛书编委会成员名单

丛书顾问 张久珍 刘卓军 吴志刚 单志广
主　　任 杨明川
副 主 任 谭海华 钱　兵
委　　员（按姓氏拼音排序）
　　　　　　白欢朋 蔡春久 曹建军 车春雷
　　　　　　陈树华 邓　勇 段效亮 高　伟
　　　　　　黄冬如 刘　晨 刘继承 潘　蓉
　　　　　　沈文海 唐汝林 王仰富 魏　凯
　　　　　　张　亮
秘 书 长 时　静
副秘书长 王　斌

推 荐 序

当前，数字化已成为我国经济高质量发展的重要推动力。国家发布的《中华人民共和国国民经济和社会发展第十四个五年规划和 2035 年远景目标纲要》中，"加快数字化发展 建设数字中国"独立成章，明确提出要加快建设数字经济、数字社会、数字政府，以数字化转型整体驱动生产方式、生活方式和治理方式变革。

实际上，数字化是一个长期的、不断演变的过程。随着大数据和人工智能等相关技术的不断成熟，数字化正在走向以"数据+智能"为核心的数智化发展高级阶段。在这个阶段，数据成为企业的核心资产，围绕数据的各种智能算法成为企业的核心竞争力。主动拥抱数智化转型的企业在发展中更有优势。

我国在数智化转型方面走在全球前列，各行各业都在积极探索数智化转型的路径，取得了许多可喜的数智化转型成果，积累了诸多数智化转型的成功经验。但是，数智化转型毕竟是一个高度复杂的工程，涉及技术、流程、管理等一系列复杂的环节，尤其对于数字化基础相对薄弱的行业和企业而言，数字化转型更是一项巨大的挑战。

本书在这些方面进行了有益的探索。特别是围绕智能化数字平台的建设，提出了要构建算力调度能力、数据处理能力、AI 应用能力、数据关联能力、场景融合能力、知识泛化能力，这对于数智化平台的构建具有一定的启发意义。书中提出的将数据和算法深度融合的方法，也具有较高的应用价值。相信这些内容对于从事数智化转型的技术和管理人员也具有一定的借鉴意义。

未来的十年，一定是数智化高速发展的十年，数据要素将在国民经济中发挥越来越重要的作用，我们期待出版更多这样的书籍能够共同促进数智化的发展。

工信部通信科技委专职常委

中国通信标准化协会网络与业务能力技术工作委员会主席

赵慧玲

2022 年 5 月

前　　言

随着大数据、人工智能技术的兴起，世界正在迈入数智化时代。数据继土地、人力、资本和技术之后成为第五大生产要素，在整个生产活动中占据越来越重要的地位。如果说信息化时代最明显的特征是"软件定义世界"，那么数智化时代最明显的特征便是"算法定义世界"，无论是生产制造、流程优化、交通调度，还是生活出行、外卖点餐、电商购物，算法都无所不在。算法正在触及世界的每个角落，影响甚至改变着世界。算法以及支撑算法的数据，是数智化时代最为核心的两种力量。

站在行业发展的视角，数智化时代呈现出几个鲜明的特点：

首先，数据资产是一个企业最为核心的资产。拥有高质量、差异化数据的企业，将在未来的竞争中占据优势。而基于这些数据构建的数字化能力，将成为企业的核心竞争力。谁掌握数据，谁就拥有未来。

其次，数据将成为新的信息基础设施。早期，信息基础设施是通信网络，但是随着云计算技术的发展，信息基础设施正在从网络转向云。以云服务为核心的企业（Amazon、Microsoft、Google、阿里）已经全面取代了网络运营商，成为信息行业的领导者。未来十年，大数据基础设施将逐步取代云计算基础设施，成为未来数智化时代最重要的基础设施。

最后，围绕数据，正在形成新技术的聚合。实际上，最近二十年的信息化新技术，其共同的特征都是围绕和面向数据：物联网的核心是数据采集，移动网络（4G/5G）的特征是高速泛在的数据传输，大数据技术的核心是海量数据的高速实时处理，区块链技术的核心是数据的可信存储（分布式账本），机器学习的核心是数据价值的分析和挖掘。未来，这些技术将会进一步交叉碰撞，形成聚变。这种聚变，是数智化时代生产力提升的关键。

因此，数智化时代得益于数据和算法的有效聚合。从这个意义上说，数据和算法是数智化的一体两面，二者的融合对于数智化的发展尤为重要。这种融合有两个方面的含义：一方面是算法提升数据价值，即 AI For Data；其目标是将海量的、孤立的、低价值密度的、低质量的大数据，通过智能算法，提炼成为高度整合的高质量、高价值密度的数据。这个过程可以类比为"炼油"的过程，即通过算法把粗糙的原油提炼为精品油；另一方面是数据支撑算法的设计和优化，即 Data For AI。其目标是利用数据，（特别是标注数据）构建并优化算法，解决生产、生活和服务中的具体问题。人工智能的巨大进步离不开高质量数据的支持，值得一提的是，这个过程才刚刚开始，仅仅针对部分领域和局部问题，面对更加复杂的全局性问题，数据和智能的融合还有很长的路要走。

在面对复杂环境和复杂问题时，如何实现数据和智能的深度融合，还是一个颇具挑战的问题。目前，围绕大数据的采集、清洗、分析和处理已有完整的技术体系，围绕人工智能的算法框架、训练、优化、封装也有较为完整的技术体系。但是两种技术体系相互隔离，缺乏有效的整合，难以形成有效的"数据—算法—数据"的闭环，从而也难以解决复杂场景下的复杂问题。

本书针对数据和智能的深度融合问题，提出了一体化的架构，并结合在一些领域的实践，提炼了数智融合的思路和方法，希望能够给对这个问题感兴趣的读者一些启示和借鉴，为数智化时代的到来贡献一份力量。

本书的主要内容包括：第 1、2 章介绍数字化和数智化的基本概念和面临的问题；第 3 章提出数据智能融合的一体化技术架构；第 4、5、6 章分别从数据中心、数据平台、算法能力的角度构建数智融合体系的基础设施；第 7、8、9 章分别从数据关联、场景融合和知识泛化的角度，进一步分析如何实现数智融合，包括其主要的技术和方法论；第 10 章通过六个实践案例对数智融合的方法体系做进一步说明。

本书是团队智慧的结晶，由杨明川、钱兵负责全书内容的梳理、审核和修定，杨明川构思了各章的内容结构和写作角度，杨明川、钱兵、赵继壮、白亮、高飞、刘倩、薛艳茹、周松桥、石丽娟、闫蕊、郭煜、张星星、李伟、闫汇共同参与了本书的编写。

本书的编写也得到了多位行业专家的大力支持和悉心指导，在此对他们表达诚挚的谢意！

杨明川
2022 年 5 月

目录

推荐序

前　言

第 1 章　数字化与数智化　/1

1.1 从数字化到数智化　/2
　1.1.1　数字化的概念和发展历程　/2
　1.1.2　数智化的概念及关键要素　/4
　1.1.3　数智化是数字化的全面升级　/8
　1.1.4　数智化的发展趋势　/11

1.2 从数字化平台到智能数字化平台　/14
　1.2.1　数字化平台的概念及构成　/14
　1.2.2　数智化转型的基础——智能数字化平台　/16
　1.2.3　构建数智化生态体系　/17

第 2 章　现有企业数字化平台的问题　/21

2.1 算力资源缺乏统一规划　/22
　2.1.1　算力需求剧增　/22
　2.1.2　企业算力建设面临的问题　/23
　2.1.3　国家政策约束与支持　/26

2.2 大数据平台功能繁杂　/27
　2.2.1　大数据平台构建思路　/28
　2.2.2　主流的大数据平台产品与服务提供商　/29
　2.2.3　大数据平台搭建面临的主要问题　/30

2.3 AI 能力调用缺乏体系　/30
　2.3.1　"烟囱式"低水平研发　/31
　2.3.2　AI 能力共享不足　/33

2.4 数据孤岛难打通　/34

2.5 业务与 AI 能力难融合　/36

2.6 知识积累与泛化能力缺乏　/37
　2.6.1　知识组织薄弱　/38
　2.6.2　知识泛化能力不足　/39

第3章　构建智能化数字平台——建立企业数智化转型基础　/41

- 3.1 智能数字化平台的目标　/42
- 3.2 智能数字化平台设计思路　/44
  - 3.2.1 传统企业数字化技术体系　/44
  - 3.2.2 数智融合平台架构设计　/54
- 3.3 智能数字化平台的技术实现　/56
  - 3.3.1 智能数字化平台的技术架构　/57
  - 3.3.2 智能数字化平台的建设　/57

第4章　构建算力基础——建设具备AI能力的数据中心　/66

- 4.1 什么是AI数据中心　/67
- 4.2 AI数据中心的技术构成　/68
  - 4.2.1 基于多租户共享安全的GPU资源池编排器　/68
  - 4.2.2 基于RDMA的数据中心高性能网络　/71
  - 4.2.3 面向大吞吐量低延迟AI业务的异构算力加速卡　/79
  - 4.2.4 基于持久化内存的高性能存储　/83
- 4.3 AI数据中心的建设　/86
  - 4.3.1 计算能力建设　/86
  - 4.3.2 网络能力建设　/91
  - 4.3.3 存储能力建设　/95
  - 4.3.4 软件系统建设　/99
  - 4.3.5 自身服务系统建设　/103
  - 4.3.6 机房场地建设　/106

第5章　构建数据处理能力——建设企业级大数据平台　/109

- 5.1 企业级大数据平台的作用与建设原则　/110
  - 5.1.1 企业级大数据平台的作用　/110
  - 5.1.2 企业级大数据平台建设原则　/112
- 5.2 企业级大数据平台的技术架构　/113
  - 5.2.1 企业级大数据平台技术框架　/114
  - 5.2.2 主流大数据技术　/115
- 5.3 企业级大数据平台的搭建步骤　/121
  - 5.3.1 平台系统的搭建　/121
  - 5.3.2 采集与治理数据　/124
  - 5.3.3 数据存储　/127
  - 5.3.4 数据分析　/128
  - 5.3.5 引擎以及可视化呈现　/129
  - 5.3.6 与其他平台打通　/130

第6章　构建AI应用能力——建设AI赋能平台　/132

- 6.1 AI赋能平台的作用　/133
- 6.2 AI赋能平台的技术架构　/134

6.3　AI赋能平台的搭建　/138
　　6.3.1　构建AI算力模块　/139
6.3.2　构建AI框架模块　/140
6.3.3　构建AI算法模块　/149

第7章　构建数据关联能力——建立基于图技术的全局数据关联　/ 152

7.1　什么是图技术　/153
　　7.1.1　图存储技术　/153
　　7.1.2　图计算技术　/154
　　7.1.3　图表示技术　/156
7.2　什么是数据关联能力　/158
7.3　基于图的全局数据关联技术　/160
　　7.3.1　基于图的全局数据关联
　　　　　技术优势　/160
　　7.3.2　基于图的全局数据关联
　　　　　技术架构　/161
7.4　构建基于图的全局数据关联能力　/162
　　7.4.1　构建图数据库　/163
　　7.4.2　构建图计算模型　/165
　　7.4.3　构建图计算框架　/168

第8章　构建场景融合能力——实现业务场景与AI技术融合应用　/ 170

8.1　什么是场景融合　/171
8.2　业务场景与AI技术融合的目的　/172
8.3　构建业务场景与AI技术融合
　　　应用能力　/175
　　8.3.1　了解真实用户需求　/176
　　8.3.2　实现依据场景的需求建模　/177
　　8.3.3　设计AI能力组合流程　/177
　　8.3.4　构建AI应用评价体系　/178
　　8.3.5　实现应用全流程优化　/180

第9章　构建知识泛化能力——建设企业知识中台　/181

9.1　什么是知识泛化　/182
　　9.1.1　知识泛化的定义　/182
　　9.1.2　知识泛化的意义　/183
9.2　企业知识中台　/185
　　9.2.1　企业知识中台的定位　/186
　　9.2.2　企业知识中台的技术架构　/ 187
　　9.2.3　构建企业知识中台　/191
9.3　企业知识中台的未来展望　/193

第10章　智能化企业数字平台应用实践　/196

10.1　某电信运营商无线网络优化智能运
　　　维应用实践　/197
10.1.1　无线网络优化面临的问题　/197
10.1.2　基于智能化数字平台的智能

　　　　运维解决方案 /198
　10.1.3　电信运营商智能化数字平台
　　　　实践效果 /204
10.2　药企智能化数字平台的应用实践 /204
　10.2.1　药企数智化平台概述 /205
　10.2.2　基于智能化数字平台的带状疱
　　　　疹诊疗解决方案 /207
　10.2.3　带状疱疹中医药智能平台
　　　　实践效果 /210
10.3　治安领域社交网络应用实践 /212
　10.3.1　社交网络分析面临的问题 /212
　10.3.2　基于智能化数字平台的社交
　　　　网络分析解决方案 /213
　10.3.3　治安智能化数字平台
　　　　实践效果 /215
10.4　畜牧养殖智能运维应用实践 /215
　10.4.1　奶牛养殖面临的问题 / 216

　10.4.2　基于智能化数字平台的智慧
　　　　牛场解决方案 /216
　10.4.3　智慧牛场数字平台实践效果 /220
10.5　污水智能监测应用实践 /220
　10.5.1　污水监测面临的问题 /221
　10.5.2　基于智能化数字平台的污水
　　　　监测解决方案 /221
　10.5.3　AI视觉赋能污水监测
　　　　实践效果 /225
10.6　互联网企业舆情分析
　　　应用实践 /226
　10.6.1　舆情分析面临的问题 /226
　10.6.2　基于智能化数字平台的舆情
　　　　分析解决方案 /227
　10.6.3　互联网智能化数字平台
　　　　实践效果 /230

参考文献 /232

第1章 数字化与数智化

纵观我国数字化发展，从企业、行业到产业，历经各个发展阶段，不断向全业务、全流程的数字化转型延伸拓展。数智化是数字化的高级阶段，通过智能化技术的深入应用，实现以"数据-算法-服务"三要素为核心的新发展范式，推动数字化的全面转型升级。数字化平台是数字化转型的载体，在此基础上利用人工智能技术，升级成为智能数字化平台，助力企业的数智化转型，构建数智化生态体系，实现产业链的高效协同和共同发展。

1.1 从数字化到数智化

当企业随着技术进步而采用创新方式来开展业务时，它们就是在实施"数字化"，这是一个使用数字化工具从根本上实现转变的过程。本节从主导数字化进程的关键企业和核心技术出发，引出了数字化和数智化的概念，提出了数智化是数字化的高级阶段的观点，进而论述了数智化转型的特性和发展趋势。

1.1.1 数字化的概念和发展历程

数字革命正在全球范围内推开，数字化已成为当前我国经济转向高质量发展阶段的核心关键词。根据高德纳（Gartner）咨询公司的定义，将模拟信息转换为数字形式就是数字化，数字化是利用数字技术来改变商业模式并提供新的创造收入和价值的机会。《中国产业数字化报告 2020》中指出，"产业数字化"是指在新一代数字科技支撑和引领下，以数据为关键要素，以价值释放为核心，以数据赋能为主线，对产业链上下游的全要素进行数字化升级、转型和再造的过程。数字化发展对于企业、行业以及宏观经济都具有极其重要的意义。从微观看，数字化提升企业生产质量和效率；从中观看，数字化重塑产业分工协作；从宏观看，数字化加速经济新旧动能转换。

数字化是一个长期的、不断演变的过程。从 20 世纪 80 年代起，随着新兴技术的不断发展，数字化经历了从软件化到互联网化，到云化，再到智能化，继而到去中心化等阶段的更新迭代，在各个阶段中，数字化产业围绕着主导企业和核心技术两个方面不断演进，演进过程如图 1-1 所示。

1. 软件化阶段

在软件化阶段，企业通过安装办公自动化（Office Automation，OA）、企业资源计划（Enterprise Resource Planning，ERP）、供应链管理（Supply Chain Management，SCM）、客户关系管理（Customer Relationship Management，CRM）等各类信息化软件，构建单点业务环节信息系统，全面优化企业的研发、生产、经营流程，提高管理效率，为进一步深入开展数字化转型打下坚实基础。该阶段的主导企业有微软、英特尔、IBM、Oracle、

图 1-1 数字化产业演进过程

EMC 等，它们通过掌握 X86 的 CPU、PC 操作系统、关系型数据库、软件开发语言核心技术，在软件化期间发展成为世界巨头。

2. 互联网化阶段

在互联网化阶段，商业发生了革命性的变化，商业系统进入了新时代——在线时代。伴随着 4G、5G 等移动互联网及物联网技术的迭代，电子商务、社交网络、移动支付、网约车等新业务纷纷涌现，推动消费者消费在线化，推动组织、管理、服务的在线化。该阶段诞生了一大批新锐公司，伴着互联网化的浪潮，它们乘风而起，迅猛发展，这其中就包括科技巨头谷歌、苹果、华为、BAT（百度、阿里、腾讯）、思科等，该阶段的核心技术有 TCP/IP、Web、移动互联网、搜索引擎、移动操作系统、移动终端等。

3. 云化阶段

在云化阶段，越来越多的企业通过云计算技术来实现企业的云化发展，用户的使用习惯也发生了改变，"计算机+软件"逐步演变为"云服务+数据"。云端需求的蓬勃发展不可避免地影响着企业的经营模式及行业的运营模式，把握住其中奥义的企业在云化阶段获得了跨越式的发展，该阶段巨头集中在 AWS、微软、Google、阿里等，该阶段的核心技术包括虚拟化技术、云操作系统、大数据技术、容器技术、云原生技术等。

4. 智能化阶段

在智能化阶段，以云计算、物联网、人工智能、5G、数字孪生等为代表的智能技术群落协同构建了新的商业基础设施，支撑各行各业向智能化转型，企业的"数智化"转型已成为必然趋势，智能化成为创造更多价值的破题之举，技术创新型企业无不把人工智能上升到企业战略的层面。

互联网化阶段和云化阶段的龙头企业大都随时代而动，开始了智能化转型，如谷歌的 DeepMind，致力把人的智能和计算机的智能进一步融合；微软的 Carina，力求实现统一化数据模型、智能化领域算法和多场景覆盖的智能化应用；英伟达，成功预测了新一波浪潮，生产还处于市场萌芽期的图形处理器，为 AI 领域的深度学习所广泛运用。该阶段的核心技术包括深度学习、人工智能训练必备硬件、数字孪生、知识图谱、数字大脑、智能机器人等。

纵观新兴技术的发展历程，软件化阶段依托各类信息化软件为数字化打下了坚实的基础，互联网化阶段以在线化为特征全面推动数字化进程，云化阶段借助企业上云将数字化推进到新的阶段，而智能化阶段是数字化发展的高级阶段，这个阶段的典型特征是以数据为生产要素，以智能算法为核心驱动力，也将这个阶段称为数智化阶段。数智化阶段是对数字化发展的革新，具有深刻的内涵。

1.1.2 数智化的概念及关键要素

数智化是数字化的高级阶段，在这个阶段，各种数字技术将进行充分融合，实现从量变到质变的飞跃。宏观上，数智化是通过新一代数字技术的深入运用，构建一个全感知、全连接、全场景、全智能的数字世界，进而优化再造物理世界的业务，对传统管理模式、业务模式、商业模式等进行创新和重塑。

对于企业而言，数智化让企业具有状态感知、实时分析、科学决策、精准执行的能力。数智化的本质是一种范式迁移。如图 1-2 所示，随着数字化的不断发展，企业提供服务的模式也在不断进化。互联网化的过程中企业遵循网络信息服务范式，网络和应用呈现松耦合的分离状态，内容和应用服务商占据主导地位，网络运营商被逐渐管道化。云化的过程中，企业遵循云服务范式，云通过按需服务的方式高效整合资源，并逐级向上提供服务，其服务模式是单向的，公有云仅仅提供基础的资源和能力，应用和能力脱节。在数智化阶段,将形成新的以"数据-算法-服务"为核心的闭环,将数据的价值充分发挥出来,并通过全局优化的算法最大限度提升服务的能力和水平,建立起差异化的竞争优势。

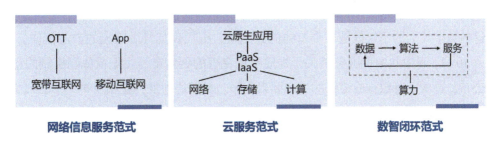

图 1-2 以数据为核心的数智化闭环服务范式

这种数字化新范式,在诸多创新型企业中也得到了体现,如新兴技术企业特斯拉、老牌企业通用电气和国内的诸多互联网公司。这些创新型企业不是因为用户规模和能力规模而强大,而是借助海量用户数据通过算法提供高效服务而强大。

这些企业通过收集大规模数据,开发高质量算法,提供高效率服务,形成了以数据为核心的数智闭环发展范式。而未来行业的竞争将是"数据-算法-服务"这个新范式下的数字化核心能力的竞争,以三个要素为核心构成的"新发展范式"也将更容易从市场中脱颖而出,成为新的独角兽企业。

1. 数据是数智化的基础,也是数智化的核心要素

"数据不是一切,但一切都在变成数据。"现今,数据已经不是传统意义上的数据,而是包括文字、照片、音频、视频在内的所有记录。信息管理专家、科技作家涂子沛在《数文明》一书中指出,传统意义上的数据是人类对事物进行测量的结果,是作为"量"而存在的数据;今天的照片、视频、音频不是源于测量而是源于对周围环境的记录,是作为一种证据、根据而存在的。从这个意义上讲,互联网技术的价值不仅在于连接,更在于通过记录形成沉淀数据的基础设施。

数据成为连接物理世界、信息世界和人类世界三元世界的重要纽带,也因此成为数智化的基础和核心要素。据多摩公司(DOMO)统计,2016 年全球有 34 亿网民,而到 2021 年全球网民数量已增至 52 亿。2021 年,全球每分钟有 24 万张图片通过 Facebook 分享，有28.3万美元交易在亚马逊上完成，有69.4万小时视频在YouTube上播放。据IDC（互联网数据中心）预测，2025年全球数据量将高达175ZB。其中，中国数据量增速最为迅猛，预计2025年将增至48.6ZB，占全球数据圈的27.8%，平均每年的增长速度比全球快3%，中国将成为全球最大的数据圈。

这些数字代表的不仅仅是一个单纯的数据量，更代表其背后巨大的产业价值。2020年4月10日，《中共中央国务院关于构建更加完善的要素市场化配置体制机制的意见》正式公布，首次明确数据成为新的生产要素之一。数据的力量，就如农耕之于古代文明，工业革命之于现代文明。商业领域已经发现了数据的价值，但数据能带来的价值远不止这些，它将带来全新的产业变革，甚至催生一种全新的文明形态。

2. 算法作为数智化的要素之一，发挥着创新源泉的作用

数据描述了物理世界发生的事情，一旦结合了算法就能迸发出令人惊叹的创造力。算法专家凯文·斯拉文在TED演讲中指出："算法来源于这个世界，提炼这个世界，现在塑造这个世界"。"数据+算法"构造了人们认识这个世界新的方法，是在数字世界中进行科学实验的另一种表现形式。DeepMind提出的AlphaFold人工智能系统可以准确预测人类蛋白质98.5%的氨基酸结构。而在AlphaFold问世之前，传统实验室只研究了17%的蛋白质结构。2001年诺贝尔生理学或医学奖得主Paul Nurse曾说，理解蛋白质的功能对于提高我们对生命的认识是至关重要的，AlphaFold是生物创新的一次巨大飞跃。

创新企业也通过"数据+算法"获得了竞争优势。特斯拉通过在全球销售的200万辆车，已收集了超过160亿千米的真实行驶数据。特斯拉通过这些数据开发的自动驾驶算法在全球领先。特斯拉车辆安全报告显示，2021年第四季度，特斯拉自动驾驶参与的驾驶活动，平均碰撞事故率为1起/690万千米（美国境内车辆平均碰撞事故率为1起/77.44万千米）。通用电气公司目前约有35000台发动机，一台发动机的数据包中包含480个飞行参数，这些发动机每年可以产生超过1亿次的飞行记录，相当于每天捕获超过100万TB的数据。2015年，飞行警告算法通过这些数据产生了约35万个警告信息，其中86%都是准确的。

互联网平台赢得巨大成功的武器也是"数据+算法"。人们在浏览网页、网上购物、翻看小视频、使用微信聊天，甚至驾驶汽车的过程中，无时不刻都在"贡献"自己的数据，平台利用这些数据通过行为分析算法可以刻画出一个"数字化的你"。

目前，算法对于数据的价值挖掘才刚刚开始，80%的非结构化数据还没有得到真正的应用。这些数据需要人工智能算法进一步去挖掘。为了充分利用数据价值，解决传统深度学习应用碎片化难题，探索通用人工智能，众多 AI 领域头部公司将视线放在了拥有超大规模参数的预训练模型上。基于 Transformer 架构，2018 年底开始出现一大批预训练语言模型，刷新了众多 NLP 任务，形成新的里程碑事件，开启了基于大规模数据的预训练语言模型时代，这一时期模型的典型代表有 GPT、ELMo、BERT 和 GNN 等。2019 年，基于基础预训练语言模型的改进模型喷涌而出，包括 XLNet、RoBERTa、GPT-2、ERNIE、T5 等，在参与规模、运行效率、运行速度、模型效果等方面全面超越原有模型。尤其是数据上面，每一代均比前一代有了数量级的飞跃，在语料的覆盖范围、丰富度上都有大规模的增长。到了 2020 年，预训练语言模型进一步发展，典型代表有 GPT-3、ELECTRA 和 ALBERT。与此同时，也有越来越多的研究人员选择了大规模预训练模型作为基础，将这一思想应用于语音和图像等领域，对场景数据进行建模，发布了多种改良版本的"BERT"模型，进一步挖掘非结构化数据的潜力。预训练语言模型把自然语言处理带入了一个新的阶段，通过大数据预训练加小数据微调，进一步挖掘非结构化数据的潜力。

3. 场景是数智化应用的目标，企业的数智化业务离不开场景的支撑

对企业来说，数字技术驱动业务发展才是核心目标，因此，与实际场景的深度融合是数智化的首要目标。企业家于英涛曾指出，在数字化时代，没有数据的场景是花架子，没有场景的数据是死数字，数据与场景一起相依相伴融合生长。数智化因场景而生，场景因数智化而立。在企业的数智化进程中，将各业务线中用户的痛点、难点、需求点场景化，既能满足用户需求，又能进行业务梳理并解决问题，同时帮助公司沉淀出新的智能化产品和服务，创造更多价值。

电信运营商行业中，无线网络优化是一项非常重要的业务，传统优化方式需要大量人工参与硬件检查、话务报表统计、现场测试及收集用户投诉情况等过程，并以此为基础采取相关的措施对无线网络进行调整。整个过程费时费力，业务运行效率低且很难追踪评价。通过无线网智慧运维系统的建设，基于业务场景需求结合大数据、人工智能等智能化技术进行业务建模，可以自动完成异常网元处理、异常网元清单查询、数据质量评估等工作，保证对多厂家、多版本的无线网数据质量检测、评估、派发工单及审核，大大提高了无线网运维效率，有效提升了网络质量。医疗领域中，问诊是医生的核心工作，人们往往倾向于前往较高级别的医院寻求专家帮助。但是由于时间、地域、医疗资源等限制，经常出现医生"一号难求"的场景。而通过医院数智化转型建设，构建智慧诊疗系统，辅助医生完成简单病情的初步筛查，辅助快速定位病情，可以减少医生问诊时间，从而节约时间帮助更多病人。同时可以开启线上问诊新模式，解决时间、地域不便带来的无法接受更好的医疗救治问题。治安工作中，人物关系分析是其业务的关键一环，通常的方式是采取人工走访+数据收集的方式，耗时耗力且具有一定危险性。通过对业务需求进行梳理并利用大数据、终端设备等方式采集数据，然后通过人工智能等技术手段基于治安多业务场景进行具体需求建模，可以有效对人员多维度海量非结构化数据进行分析挖掘，定位所需人员信息。治安场景下人物关系智能分析系统建设可以帮助挖掘多维度数据中隐含的潜在人员关系，减少人工成本的同时获取更加精准的情报信息。

通过电信领域、医疗领域、社会治理领域的典型应用场景可以看出，数智化在当今数字经济大背景下发挥着重要作用。场景是数智化应用的目标，根据场景找到需要的数据，利用数据在场景中发挥作用、产生价值，才能真正实现数智化应用。

1.1.3 数智化是数字化的全面升级

20世纪70~80年代，传统IT技术给企业带来了显著的效率提升和经济效益。20世纪80年代后期，商业世界的复杂性急剧上升，使得业务和管理的复杂性也随之上升，驱动数字技术不断升级和迁移。市场从确定性需求到不确定性需求的变化，是驱动企业数智化转型的基本动力。在企业数字化转型的早期，无论是客户关系管理，还是企业资源管理等信息化系统，都是基于大众化、规模化导向的确定性需求。在数智化转型时代，企业面对的是一个更加不确定的、个性化的、碎片化的市场需求。在这种不确定的需求背景下，企业要想获得市场的青睐，就必须把握好用户的痛点、诉求、问题，全方位提升用户的体验。

因此，数智化转型是数字化转型的高级阶段，数智化转型是建立在数字化转换（Digitization）、数字化升级（Digitalization）基础上，数据与算法深度结合，进一步触及公司核心业务，以新建一种商业模式为目标的高层次转型。"数字化"加速向"数智化"演进，不仅仅表现在智能化技术的应用上，还体现在产品形态、服务模式、管理思维上的全面升级。

1. 从封闭孤立的技术体系走向开放融合的技术体系

数智化是技术的大融合,如图1-3所示。事实上,当前涌现出来各种各样的新技术,包括人工智能、区块链、云计算、大数据、物联网、5G等,它们背后有一个共同的逻辑:围绕数据,解决数据全流程中的特定问题。

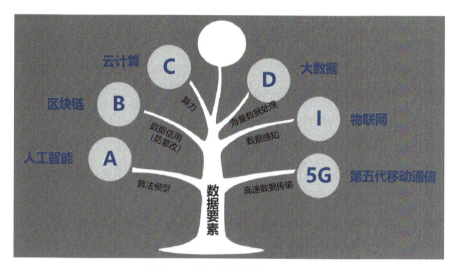

图1-3 数智化是技术的大融合

其中,以机器学习和深度学习为代表的人工智能技术本质上是发现数据特征,解决数据预测的问题;区块链主要通过可信的数据账本,来解决数据信用的问题;云计算通过共享存储、网络和计算资源,解决数据处理过程中的存储和算力问题;大数据技术通过分布式批、流处理,解决海量数据的处理问题;物联网解决的是数据感知的问题;5G解决的是高速数据传输的问题。传统上,这些技术是独立发展的,而数智化需要将这些技术充分融合起来,实现"美第奇效应"。

技术的融合必然导致技术的开放,没有哪一家企业能够掌控所有的技术,也没有哪一家企业能够管理和运营如此复杂的技术体系。所以,数智化时代技术体系的建立,必然是"混合云"模式。这里的混合云不仅仅是指资源层面,将本地资源和云资源打通,更意味着将本地的技术体系和云端提供的面向公共服务的技术体系打通。实际上,不论是亚马逊的服务,还是谷歌、阿里的云服务,都通过云端来实现分布式数据库、海量数据分析、区块链、人工智能算法。

开源技术进一步推进了技术的开放，开源社区已经成为企业获取技术的主要源泉，头部技术企业也不断通过技术开源来建立技术生态。开源、开放成为数智化时代的鲜明特征。

2. 从资产数据化到数据资产化

企业数字化的过程，从某种意义上就是企业资产数据化的过程。一方面，通过数字化实现资产的高效管理；另一方面，不断地通过在线化等手段，提升数字化资产的比例。过去，餐饮企业的门店位置至关重要，而现在餐饮企业在订餐平台上的口碑和评价更为重要，这些线上数据成为企业新的数字化资产。

企业在生产和经营过程中产生的大量数据，不仅仅对企业自身具有重要价值，更是企业的核心资源，是企业提升竞争力的源泉。进一步，这些数据可以通过要素化实现资产化，从而在数据市场中通过数据交易，获得更高的价值。这个过程就是"数据要素化，要素资产化，资产价值化"的过程。

为了提升数据资产的价值，企业除了需要不断完善数据治理能力，还需要提升数据聚合能力。简单来说，就是将数据"升维"。所谓数据升维，就是将同一对象（这个对象可能是系统、人等）、不同维度的数据整合起来，实现对对象的更加全面、深刻的认识。例如，用户精准画像、精准推荐系统、个人征信都需要将不同维度的数据整合起来"升维"，才能实现更好的效果。而不同维度的数据往往掌握在不同企业手里，这进一步驱动了企业将数据变成资产，通过数据共享交易获得数据价值的提升。

3. 以产品为中心的运营能力到以客户为中心的敏捷能力

从企业的业务管理来看，数智化时代的企业需要具备敏捷的组织和反应能力，从而把握客户和市场的迅速变化，敏捷性是数智化时代的必然要求。传统的产品需求要进行系统化的分析论证、形成产品定义后再上线部署，而在敏捷迭代的方式下，企业通过用户角色模拟、聚焦小组分析、最小原型产品设计，可在最短时间内上线产品，迭代优化。在软件工业界，敏捷迭代已成为众多高效团队的制胜之道。

数智化是实现敏捷性的保障。通过数据快速把握变化，通过智能算法快速做出反应，这是数智化的要义。这个过程需要注意几个方面：第一，以客户为中心，"以客户为中心，提供优质的客户体验，保证密切的连接"，是行业的普遍共识；第二，数据驱动的决策，让数据说话，让数据成为决策的主要依据，是提升决策水平的关键；第三，构建智能认知能力，仅有数据是不够的，数据质量可能不高，或者存在偏见（往往由数据采集不均衡导致），因此，在数据基础上构建可解释的认知能力，也是数智化的核心目标。

1.1.4 数智化的发展趋势

1. 数据和智能进一步融合，构建数据闭环

大数据和人工智能是一个硬币的两面。人工智能的发展浪潮中，大数据起到了重要的作用。例如，计算机视觉技术的发展离不开全球范围内的图像和视频数据的大规模标注和共享，谷歌开源的 Google Open Images Dataset 中含有 900 万张图片，YouTube-8M 中包含 800 万段被标记的视频，而 ImageNet 作为最早的图片数据集，目前已有超过 1400 万张被分类的图片。

事实上，在当前人工智能各种各样的实际应用中，数据采集和数据标注是一项烦琐的工作。例如，在开发的牛脸智能识别系统中，数据库包含 715 种奶牛的 30 万张牛脸图片。数据采集过程中，奶牛运动、场景光照、设备分辨率、拍摄角度、采集后照片畸变程度等因素都会影响数据质量，从而影响最终训练效果，因此需要投入大量人力资源进行检查，提高数据可用度。据统计，牛脸智能识别系统的模型训练时间和数据整理时间比例为 1∶9。

对于越来越多的人工智能应用而言，数据永远追赶不上模型的需求。尽管在算法上，可以通过半监督学习、迁移学习等新的模型来降低对数据的需求，然而，在解决实际问题的过程中，最重要的还是要构建"数据闭环"。所谓数据闭环，就是在系统设计过程中，需要将算法执行的结果反馈到系统中以产生新的数据，并且通过不同来源的数据进行交叉验证，甚至相互"标注"，使得模型优化的过程和数据生产的过程共同进行、相互促进。

2. 智能从感知到认知，可解释性是关键

得益于算力的大幅提升、数据类别的日益丰富以及以深度学习为代表的算法上的突破，以图像识别、语音识别为代表的感知智能近年来取得了突飞猛进的进步，并且在金融、零售、教育、安防、智慧城市等诸多行业与领域得到了应用。

感知智能的技术发展得益于巨量的数据以及瀑布式的数据驱动训练模式，这需要有大量的专业级人工标注进行支持；同时，感知智能技术对数据的利用程度还停留在表面，多是基于符号层面的模式识别，对于数据背后蕴含的逻辑和意义，感知智能还远不能理解。

认知智能技术指的是从海量数据中不断挖掘、提炼和汇聚知识，获取更深层次的认知，从而更好地了解客观世界。正如 DIKW 模型（Data-to-Information-to-Knowledge-to-Wisdom Model）所示，认知智能旨在将数据、信息、知识、智慧体系打通，从而将垂直行业中人类专家的知识、经验、理念等融合，使 AI 在各垂直行业中纵深落地。

因此，从感知智能到认知智能的跨越，是破解数据数量种类不足、标注繁重、利用率低等难题的重要方式。需要注意的是，在从感知智能到认知智能的路径上，并非是一个单向的过程，而是一个闭环的循环迭代过程。认知智能的提升反过来可以改善感知层数据采集和分析处理能力，这些能力又进一步提升认知智能的认知模型，实现数据和智能的交互反馈与强化。

人工智能研究与应用不断取得突破性的进展，从感知智能向认知智能发展。然而由于高性能的复杂算法、模型及系统普遍缺乏决策逻辑的透明度和结果的可解释性，导致在需要做出关键决策判断的国防、金融、医疗、法律、网安等领域中，或要求决策合规的应用中，人工智能技术及系统难以大范围应用。因此，人工智能的可解释性对未来人工智能的普及应用有重要的意义。人工智能的可解释性为其广泛应用提供了信任基础。有了信任基础，AI 才可以在更广的范围内发挥更大的作用。但是，由于深度学习的基础理论还有待突破，算法的复杂性也在不断增加，当前人工智能的可解释性仍然面临巨大的挑战。相关的研究仍处在早期阶段，并没有形成广为接受的判断标准。

近年来，用户、企业、政府部门对数据的隐私安全意识日益增强。如何保证数据在安全、可信的情况下自由流动，成为大家的共同诉求。其中，重要数据难以确权、数据无法安全共享、隐私数据无可信处理环境等一系列问题成为阻碍数据流通的瓶颈。

区块链技术基于密码学理论构建分布式链式账本，其去中心化、不可篡改、透明可追溯等优势完美契合大数据时代下的数据确权和数据交换等需求。融合了密码学的块链式数据存储架构可有效做到数据的溯源和存证，全局公开透明的记账方式可解决数据确权的痛点，自动化、无人为干预的智能合约脚本可以做到数据加密后的安全传输和访问控制。区块链技术可有效改善数据流通、控制、确权和溯源的传统难题，但是，其对于解决隐私数据的可信计算略显乏力。

区块链与安全多方计算的结合则可以有效解决计算加密的难题。通过安全多方计算，各参与方仅需提供隐私数据输入，链上智能合约进行函数分析并自动化执行协同计算任务，各方除正确计算结果外，无法得到其他任何有效信息，不泄露原数据，做到了数据的隐私计算。在隐私计算基础上，结合区块链技术与联邦学习技术，在去中心化、各节点互不信任的网络中，建立数据处理模型，联合多方、多节点训练人工智能模型，实现隐私数据不出库，完成隐私数据的隔离与保护。

未来更广范围内的数据治理可以分为三个层次：底层以各方本地数据库为基础建立数据层，提供隐私数据的输入；中间层以区块链技术+安全多方计算为分布式架构，提供数据的可信存储、流通、确权和溯源支撑；上层以联邦学习为基础建立分布式的机器学习与数据处理模型，实现不同部门、不同企业在不泄露原数据下的协同计算，打破数据孤岛。

可以预见，融合了区块链技术和联邦学习的数据可信交换方案将有助于在更广泛的范围内实现隐私数据的安全共享和可信计算，具有广阔的应用前景。

3. 人机协同智能

人机协同智能主要针对人与机器人共存的应用场景，机器与人通过交互协作共同完成某一复杂任务。从实现人机协同的层面来看，交互是其核心技术之一，自然交互能力主要包含人机对话能力、多模态的情感感知能力、人类意图理解能力、环境感知理解能力等。2021年12月，工业和信息化部、国家发展和改革委员会等15个部门正式印发《"十四五"机器人产业发展规划》，其中将"人机自然交互技术、情感识别技术"等列为"机器人核心技术攻关行动"的前沿技术，足见自然交互技术在未来机器人产业中的重要性。

人类的"智能"是在适应和理解复杂多变的物理和社会环境的过程中进化而来的，并非只适用于解决具有明确规则的任务。如何让机器能够像人一样思考，能够理解、解释并进行推理决策，获得人类所独有的认知能力，实现机器智能与人类智能的相互融合，知识图谱的地位一定是举足轻重的，知识图谱的向量表示使人们可以利用表示学习获得概念、类层次、实体和关系的嵌入，进而获得图结构、路径、子图的嵌入。同时，有关本体嵌入、规则学习的工作又使人们逐步能够在向量空间中实现一些简单的逻辑推理。而知识泛化就是利用知识图谱，将一个实体具体表达泛化为多样性表达，将一个实体泛化为一类实体。简单来说，就是通过知识泛化让机器具有"举一反三"的能力。

当机器具备一定的"知识"后，需要理解人的意图、将人的意图转化为机器人理解的触发条件才能够实现交互。在人机对话系统的实际应用场景中，意图识别是关键且极具挑战性的重要难题。将用户语义映射到预先定义好的用户意图类型的过程称为已知意图分类。发现未出现在预定义意图集中的用户未知意图类型的过程称为未知意图检测。良好的意图表示与意图分类是有效的交互意图理解的重要一环，也是实现人机协同共融的核心之一。

随着大数据与表征学习的不断融合、机器人制造业的发展，人机协同智能将会迎来更大的机遇与挑战。

1.2　从数字化平台到智能数字化平台

数字化包括数据的采集、传输、处理、存储、应用和交易等过程。数字化平台是融合技术、聚合数据、赋能应用的数据服务平台，在基础设施服务能力之上，提供系列能力支撑，涵盖洞察顾客、生态塑造、服务供给、数据决策和能力创新等众多功能。数智化是指在大数据、物联网、人工智能和云计算等技术的支持下实现智能化。智能数字化平台能够提供智能化能力、包括 AI 计算能力、AI 分析能力和 AI 数字服务等，可以实现自动治理、智能运维、系统自愈和智能安全等功能，是数字化平台基础上的新模式。

1.2.1　数字化平台的概念及构成

数字化包括数据的采集、传输、处理、存储、应用和交易等过程。数字化平台是融合技术、聚合数据、赋能应用的数据服务平台，在基础设施服务能力之上，提供系列能力支撑，涵盖洞察顾客、生态塑造、服务供给、数据决策和能力创新等众多功能。数智化是指在大数据、物联网、人工智能和云计算等技术的支持下实现智能化。智能数字化平台能够提供智能化能力、包括 AI 计算能力、AI 分析能力和 AI 数字服务等，可以实现自动治理、智能运维、系统自愈和智能安全等功能，是数字化平台基础上的新模式。

企业利用数字化技术，对其生产方式、商业模式，甚至组织流程进行转型升级的过程，就是数字化转型。数字化转型需要通过技术载体来实现，其是技术与商业模式深度融合的结果。广义来说，将各种数字化技术进行高效集成和整合的平台，就是数字化平台。数字化平台是实施数字化战略的基础设施，是传统的信息基础设施进一步加载了各种数字化新技术的结果。

数字化平台与传统的信息基础设施的最大差别在于，数字化平台是围绕数据来构建的。一方面，数字化需要整合企业的各种基础信息资源，特别是云资源和网络资源；另一方面，需要有一个完整的体系来支持数据采集、处理、分析、存储的全流程，并且与企业生产、经营、管理等各个环节密切衔接。因此，"数字化平台"也可以定义为"围绕数据构建的信息基础设施"。但目前，数字化平台还仅仅是一个较为笼统的概念，其具体技术体系并未形成统一的行业共识，更多的是数字化技术系统的集合。数字化平台有以下几个特征。

- 围绕数据构建：数字化平台实现了面向连接的信息基础设施向数据驱动的信息基础设施的转变。从数据源头到决策的生命周期来看，数据驱动转型的信息基础设施从组织的内外部获取相关的多元数据和信息，再将数据汇集到灵活的数据分析架构中，根据各业务场景，通过适当的分析技术获得洞察力，并将洞察结果应用到决策或精确行动的流程中，以期更加契合业务发展需求，激发企业更大潜能。

- 多种技术聚合：数字化平台将区块链、人工智能、大数据、物联网、云计算等新技术整合起来，应用到数字化平台的不同环节。例如，通过物联网实现泛在的数据采集，通过大数据平台实现数据的加工和处理，通过云计算提供高效的数据存储和算力，通过区块链技术实现数据的可信存证等。

- 能力封装和开放：随着云原生技术的发展，数字化平台越来越倾向于通过容器等云原生技术，将各种数字化能力进行封装和管理，并实现统一的能力开放。基于云原生技术的数字化平台为数字化应用的敏捷开发、灵活加载、在线升级和动态资源扩容提供了一体化的方案，高效地实现了开发运营一体化，这使得数字化平台能够更加快速地响应企业业务需求的变化，为企业的数字化转型提供保障。

- 通过混合云、多云的方式部署：云计算可以实现计算、网络和存储资源的高效共享和弹性伸缩。通过混合云和多云部署的方式，数字化平台可以将本地的资源和来自公有云服务的资源进行充分的整合，按需进行部署，满足数字化应用的多样化承载需求。

具体而言，数字化平台涉及的技术包括云数据中心、数据仓库、数据湖等大数据处理平台，以及 AI 能力集等，这些内容将在第 3 章进行介绍。

1.2.2 数智化转型的基础——智能数字化平台

如前所述，人工智能的兴起驱动着数字化向数智化的高级阶段发展。人工智能技术在数字化技术体系中也正在发挥着越来越重要的作用。对于企业而言，从数字化转型上升到数智化转型，也是必然的趋势。那么，企业数智化转型的目标是什么？Teradata 公司首席运营官在 2017 年提出了感知型企业的概念。感知型企业，是指企业像人一样具有对环境的自我感知力，能进行自动化分析，并自主形成商业决策能力。感知型企业具有如下五大基础特征。

- 主动性：感知下一个机会的信号或预警下一次危机的小趋势。
- 无障碍：企业作为单一的组织存在，不会受到数据孤岛的阻碍或影响。
- 自动化：聆听数据，并进行实时决策，无须太多人工干预。
- 可扩展性：适合任何规模的企业，帮助它们利用任意数据做出业务决策。
- 可演进性：通过原生的、自然的智能实现决策的演进。

可以认为，这种"感知型"企业的方向，就是企业数智化转型的目标。相应的，智能数字化平台是数字化平台的进一步延伸和升级。智能数字化平台并非数字化平台+智能的简单升级，而是数据和智能的深度融合，其特征体现为三个融合：数智融合、云网融合、人机融合。

1）数智融合是实现数据和智能的深度融合。目前的各种数字化系统中，数据和智能是两套相对独立的技术体系，并未实现打通。数智融合强调数据与算法的融合，AI 不再只是某个数据处理阶段使用的工具，而是深入到了数据流转的各个环节，以不同的方式在数据到模型到知识再到数据的闭环流程中，全方位助力，发挥出数据最大的价值，并得以创造传统方式无法带来的应用价值。数智融合形成"Data for AI"和"AI for Data"交织的方式，让数据和算法都具有成长性，让数据的质量和价值以及算法的水平同步成长。

2）云网融合是实现基础的算力、存储和网络资源的深度融合。随着数据的爆发性增长,算力需求的指数级增加,需要一种更加灵活的方式在多个算力节点之间通过云边协同、多云协同的方式优化算力分配,并动态地调整其网络传输带宽。

3) 人机融合是人类智能和机器智能的深度融合。目前,人工智能还处于弱人工智能阶段,还无法胜任不确定复杂场景下的任务。因此,将人工智能和人类专家智能充分结合是最佳的选择。人机融合包括两个方面,一方面是知识融合,即将人类专家的领域知识通过知识图谱等方式转化为机器可理解的方式,增强机器智能性;另一方面是任务协同,即人和机器通过更好的分工协同,共同完成复杂的任务。这需要通过数字孪生等技术,将人和机器映射到共同的虚拟数字空间来实现,这也是"元宇宙"的目标。

基于三个融合,智能数字化平台可以实现三个闭环:生产流程闭环、感知决策闭环、数据应用闭环。生产流程闭环的目标就是将数据和智能贯穿到整个生产环节,实现全链条的优化。感知决策闭环是基础,即智能驱动的决策,实现智能感知、智能认知和智能决策。数据应用闭环是条件,所有的智能都离不开数据,只有形成数据应用闭环,才能源源不断地产生数据、优化数据,为智能的应用提供原料。通过这三个闭环,可以使企业的数字化平台从数据驱动提升为通过智能驱动,智能深入到生产、经营、管理等各个环节。最终,通过智能数字化平台,可以形成所谓的"企业大脑",真正达到智慧型企业的目标。

智能数字化平台,在技术上可称为数智融合平台。在第3章将进一步分析数智融合平台的构成和核心技术。

1.2.3 构建数智化生态体系

数字化发展到数智化阶段,技术越来越复杂,协同越来越深入,开放共享越来越广泛,已经不是某一家企业能够全面掌控的,需要全行业,甚至多个行业的共同努力。这是"数字产业化"赋能"产业数字化"的过程。这个过程中,非常关键的一点是要构建数智化生态体系。

数智化生态体系的目标是通过数智化能力,实现产业链的高效协同和共同成长。

数智化生态体系可以由一家行业领先的企业来主导,多个行业上下游合作企业参与。也可以由多家企业通过"产业联盟"的方式共同构建。数智化生态体系包括四个方面。

1) 技术开放体系,将各种数字化技术能力通过通用的封装方式封装,形成技术开放体系。目前，行业内已经有多个这样的技术开放平台，如物联网使平台能支持泛在异构的物联网终端的接入和管理；人工智能开放平台支持多样化的通用人工智能算法的服务；区块链公共基础设施通过公链和联盟链等方式提供可信的数据存证服务；云原生平台支持云原生应用的开发和运行。

2）数据共享体系，将数据进行封装后，在保障数据安全和隐私的前提下，实现数据共享。数据是企业的核心资产，通过数据共享可有效提升数据价值，促进数据要素化流动。目前，数据安全和隐私保护越来越重要，既要实现全系统、全流程的数据安全，又要充分聚合数据，挖掘数据价值，这就需要数智化生态具备安全的数据共享能力，这可以通过数据可信计算来实现，如联邦学习、安全多方计算等。

3）资源互通体系，除了技术和数据，用户资源、品牌资源、渠道资源、维护服务资源都是生态体系中的重要资源。在传统行业，这些资源很难被共享，只有通过将资源数字化和在线化，才能真正激活这些资源。以渠道资源为例，只有通过构建线上线下协同的数字化渠道体系，才能将渠道资源优势充分发挥出来。进一步，通过智能化的算法，才能真正把这些资源的价值发挥出来。例如，对于互联网企业而言，用户资源尤为重要，用户规模是衡量一家互联网企业价值的重要依据。通过智能化的精准推荐算法，用户资源将具有更高的商业价值。在生态体系中将资源数字化、智能化，激活资源价值，并通过资源开放体系共享资源，提升资源的价值，是数智化生态体系的核心目标。

4）价值协同体系。生态协同的一个难点是协同的效率，其本质是信任问题，其目标是构建高效率价值网络。价值网络（Value Network）是指公司为创造资源、扩展和交付货物而建立的合伙人和联盟合作系统。价值系统不仅包括公司的供应商和供应商的供应商以及它的下游客户和最终顾客，还包括其他有价值的关系，如大学里的研究人员和政府机构。传统的价值网络通过法律合同来保障，区块链智能合约的出现使得基于区块链通证的"算法合约"成为可能。通过智能合约，生态系统中的多家企业可以建立高效的信任机制，让价值网络中各个生产要素快速流动起来。目前，这种模式在供应链金融、投融资方面有了成功的案例。未来，基于区块链的价值协同体系将成为数智化生态体系的重要环节。

通过数智化生态体系，可以形成"飞轮效应"，加速行业数智化的发展，促进全生态内企业的数智化转型。数智化平台生态价值闭环如图1-4所示。

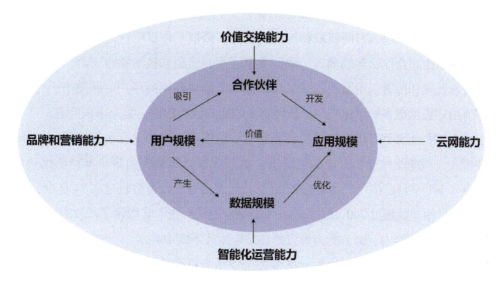

图 1-4 数智化平台生态价值闭环

数智化生态闭环的核心是通过数智化能力的开放和共享，打造生态协同的规模效应。对于一个数智化生态体系而言，用户规模、数据规模、应用规模、合作伙伴的数量，构成了这个生态体系的核心要素。这些要素相互作用，相互促进。用户规模的扩大可以产生更多的数据，扩展数据规模；数据规模的扩展可以优化应用的智能化能力，提升应用的效率，并有助于提升应用服务的规模；用户规模的扩展还可以吸引更多的合作伙伴，而更多的合作伙伴则可以提供更多的应用服务；应用服务规模的扩大和服务水平的提升，又能够吸引更多的用户。因此，要素之间互相促进，形成良性的循环，使得生态系统快速发展。

数智化能力在支撑生态系统快速发展的过程中也发挥了重要作用，智能的云网能力可以支持应用规模的扩展和优化；智能化运营能力可以支撑数据规模的扩大和价值提升；智能化的品牌和营销能力可以促进用户规模的扩展；价值交换能力可以促进合作伙伴之间的信任和高效合作。因此，数智化支撑能力是数智化生态体系有别于传统的生态体系的重要特征。通过数字化能力的加载，生态体系可以更加灵活、高效和开放。

目前，已经有许多成功的生态型数字化平台的案例。这其中包括腾讯微信小程序平台、阿里云钉一体平台、小米 IoT 平台。

微信小程序是一种连接用户与服务的媒介，它可以在微信内被便捷地获取和传播。微信小程序具有体积小、方便获取和传播的特点。微信小程序平台是典型的将微信平台的资源共享给生态合作伙伴的模式。微信共享了用户资源和技术平台资源，帮助小程序开发商快速开发和部署应用服务，并且借助微信渠道快速拓展用户。而微信平台则借助小程序为用户提供更多的增值应用，获得更多的用户行为数据，提升用户价值。

小米 IoT 平台则面向智能家居、智能家电、健康可穿戴、出行车载等领域，开放智能硬件接入、智能硬件控制、自动化场景、AI 技术、新零售渠道等小米特色优质资源。目前，小米 IoT 平台已接入产品超过 2700 款，已连接智能设备数超过 3.74 亿台，5 件及以上 IoT 产品用户数超过 740 万人。小米 IoT 平台的核心在于其构建了开放的生态，将品牌优势、硬件设计能力、服务能力等资源在整个生态系统中共享。

钉钉是由阿里巴巴官方推出的一款专为企业量身打造的统一办公通信平台。阿里云智能总裁张建锋在发布会上表示："钉钉不仅仅是一个沟通工具，新钉钉的目标是成为中国最好的企业协同办公和应用开发平台，让所有业务环节的微小创新变得更容易，让进步发生。"阿里云提出的云钉一体，将阿里云的云网能力、云原生的应用开发能力进行生态化开放，形成了面向企业协同办公的数智化生态。

第2章

现有企业数字化平台的问题

企业数字化平台是伴随互联网、大数据、云计算技术在各行各业得到广泛应用的产物，互联网技术让信息触手可得，大数据技术让数据产生价值，云计算技术使计算资源可以自由支撑业务。数字化已带来一轮企业创新转型，但其支撑转型的数字化平台的整体架构设计通常是为了满足企业在数据采集、分析层面的需求，例如，基于大量沉淀在业务系统中的数据，对企业的业务逻辑和管理过程进行优化，进而指导企业日常运营，或规模化生产通用产品。如今，新一代信息技术已发展到智能化阶段，企业面临的市场特性大不相同，商业模式被重构和颠覆，企业需要数字化平台叠加智能化的属性，提供更进一步的决策能力，以及更加碎片化、个性化的服务。现有的企业数字化平台在与以机器学习为代表的智能化核心要素融合的过程中，面临算力资源、数据资源、算法资源、应用场景及知识积累泛化等层面的问题，亟待解决。

2.1 算力资源缺乏统一规划

算力，也称计算力（Computing Power）。诺贝尔经济学奖获得者 William D. Nordhaus 在其 2001 年发表的文章 *The Progress of Computing* 中，认为算力是每秒处理标准化信息的数量。开放数据中心委员会（Open Data Center Committee，ODCC）在 2020 年发布的《数据中心算力白皮书》中，将算力定义为：通过对数据进行处理后实现结果输出的一种能力，认为广义上，算力包含数据处理能力、数据存储能力和数据流通能力。

近年来，数智化转型已经逐渐成为企业发展和生存的刚需，在这一过程中，数据是基础，算法发挥着创新源泉的作用。企业数智化转型的过程，实际上是算法加工后的数据逐渐成为企业核心要素和核心竞争力的过程。算力可以被视为一种基础能源，可以类比为工业时代的煤和石油。算力的规模、利用效率，决定了企业对数据的采集、处理、利用、再创新等能力的下限。也就是说，没有充足和高效的算力，就谈不上数智化转型的驱动力，就不会有数据、算法和应用场景叠加带来的产品服务创新、商业模式创新、管理流程创新。随着数据的激增和算法框架的日益复杂，各种参数体量庞大的人工智能训练过程完全依赖大型数据中心的规模化算力支撑，算力不足的问题日益凸显。

2.1.1 算力需求剧增

随着互联网的兴起，人们在工作、学习、娱乐、购物、金融交易的过程中，通过互联网和移动互联网制造出各式各样的数据。遍布世界各地的移动传感器、无线传感器、射频识读器、摄像头等，无时无刻不在采集和观测，产生了大量位置、图像、视频、语音等数据。物联网技术、云计算技术、新型通信技术，使得人与人、人与机器、机器与机器时刻都在互联互动，数据因此进一步激增。《IDC：2025 年中国将拥有全球最大的数据圈》白皮书预测，2018—2025 年，全球数据总量将增长 5 倍以上，2025 年将达到 175ZB。中国数据增速最快，平均每年的增长速度比全球快 3%，预计到 2025 年将增加到 48.6ZB，占全球的 27.8%，中国将会成为全球最大的数据圈。

在软件时代，数据只是作为一种"资源"；互联网时代，数据逐渐成为一种"资产"；而进入当前的数字化时代，数据已经是一种"能力"，成为企业的核心竞争力。

2020年4月9日，新华社刊发《中共中央国务院关于构建更加完善的要素市场化配置体制机制的意见》，明确提出，生产要素包含5种：土地、劳动、资本、技术、数据。数据作为生产要素之一，被正式纳入到国家所定义的要素市场化配置中，如图2-1所示。

运用算力对数据价值的挖掘，已经从运算、感知，进化到认知层面，未来甚至可以完成创造性的任务。早期的数据挖掘，运用统计优化、决策树、蒙特卡洛等算法就可以解决基于统计学原理的问题，运用人脸识别、语音识别、模式识别等就可以解决感知层面的问题；而在认知层面则需要构建概念、构建知识，同时对概念和知识进行抽象，得到它们的因果关系来进行推理。

图 2-1　要素市场化配置

各行各业为谋求产业升级甚至变革，都在积极拥抱大数据和人工智能技术，随之而来的是算力需求的剧增，人工智能已成为最重要的算力资源需求之一。埃隆·马斯克的人工智能研究实验室 OpenAI 在 2018 年发布的《AI 与计算》报告中指出，随着深度学习模型的演进，其复杂度成指数级增长趋势，人工智能对算力的需求，2012—2018 年已增长了 30 万倍，2020 年，深度学习模型对算力的需求达到了每天百亿亿次计算，AI 模型构建所需算力呈现出阶跃式增长。

2.1.2　企业算力建设面临的问题

企业对于数据价值挖掘的重视，直接促使大数据中心及其供给的算力成为未来基础设施的核心组成部分，成为数字经济发展的基石。国际数据公司 IDC 在《2020—2021 中国人工智能计算力发展评估报告》中提到，近七成企业期望未来可以采用具备公共基础设施意义的人工智能算力基础设施。如何布局算力，是企业在未来很长时间内需要关注的重点。

1. 新兴信息技术的算力供给不足

提及算力，人们通常会想到中央处理器（Central Processing Unit，CPU），CPU 作为通用计算处理器，更偏重支持控制流数据，只有小部分硬件资源是用来做计算的逻辑运算单元。然而，企业对于以深度学习为代表的新兴信息技术的应用，向算力提出了高并发、多元化的需求，这些需求无法通过 CPU 来满足。越来越多的场景开始引入通用加速芯片，如图形处理器（Graphics Processing Unit，GPU）、专用加速芯片，如现场可编程门阵列（Field Programmable Gate Array，FPGA）、专用集成电路（Application Specific Integrated Circuit，ASIC）等异构硬件，加速硬件承担了大部分的新算力需求。CPU、GPU、FPGA、ASIC 等异构算力进行充分融合，成为企业数字化平台待解决的问题之一。

2. 存储及网络能力与计算力不匹配

广义的算力是包含计算、存储、网络等的综合概念，数据处理能力、数据存储能力、数据流通能力共同决定了整体算力水平。人工智能是一种典型的大数据应用，其所需的数据有自身特点，如以视频、图片、音频等非结构化数据为主，大规模训练常常伴随着庞大的文件数量和体积规模，大量的并行读操作等，这就对存储提出了新的要求。此外，应用侧对实时体验的需求，以及海量分布的智能化新设备，也要求网络具备大带宽、低时延甚至零丢包的能力，传统以太网已经不能满足需求。

3. 算力稀缺与利用效率不佳并存

硅谷顶级风险投资公司 A16Z，于 2020 年根据多家 AI 公司财务数据得到的现状是：AI 公司毛利率通常为 50%~60%，远低于软件即服务（Software as a Service，SaaS）业务 60%~80% 的毛利率，其中在算力资源上的花费超过收入的 25%。英伟达于 2020 年 5 月发布的全新 7nm 安培（Ampere）架构的 Tesla A100 显卡，售价近 10 万元。算力的相对稀缺性，决定了它从来都不是廉价的。然而，大多数 AI 芯片及服务器仍然被独占使用，无法同时支持多用户或者多任务并行处理，导致算力资源利用率低。以 GPU 资源为例，在 AI 模型研发过程中，经常会遇到缺少 GPU 资源或 GPU 性能不足的问题，导致大规模训练无法完成，或面临训练时间过长、效率低下的窘迫局面。在 AI 模型推理应用中，也往往因资源受限导致前端用户体验不佳。充分利用算力资源，实现资源的灵活调度，并降低资源碎片化程度，从而节约算力成本，帮助企业降本增效成为企业一大诉求。

4. 中心算力难以满足应用场景

IDC 预测，到 2025 年，全球联网设备总量将达到 559 亿，其中物联网（Internet of Things，IoT）设备总量将达到 416 亿个。边缘计算在安防、交通、能源、制造等行业多个场景中应用，已进入落地阶段，人工智能又进一步促进了边缘计算的发展。云计算时代，人们通过建设一个集中的超级计算资源池（云计算中心）来提供计算服务。随着物联网和 5G 时代的到来，大量业务计算不得不向边缘端转移，边缘计算设备、高算力终端的需求巨大。数字化基础设施将不得不从传统的云到端部署，演变为云-边-端协同的无处不在的新型计算架构，由单一场景部署转向多场景协同。传统的基于云计算的中心化算力供给模式已不能满足实际需求。

一方面，让分散的算力资源通过网络高效连接，并被合理地分发，针对用户不同类型的需求，提供最优的算力、存储资源，以实现整网资源最优化使用。另一方面，为了真正实现就近部署，边缘计算服务器需要应对各种复杂环境，这就要求其具备特定的外形、尺寸、低能耗、防潮、防尘、抗震、耐腐蚀、灵活部署等特点，以适应更加恶劣的工作运行环境。

5. 算力与算效不平衡

处理能力越来越强的服务器，容量越来越大的数据存储设备，速度越来越快的网络设备，都需要消耗越来越多的电能。高性能设备意味着更高的集成度和更加集中的发热，使得机房温度控制面临非常大的挑战。在数据中心，除了 IT 设备本身的能耗外，巨额的用于制冷的非 IT 设备能耗带来的额外电能费用已经成为制约其高速发展的瓶颈，空调制冷系统优化成为降低数据中心基础设施能耗的关键所在。电源使用效率（Power Usage Effectiveness，PUE）是评价数据中心能源效率的指标，是数据中心消耗的所有能源与 IT 负载消耗的能源的比值。PUE = 数据中心总能耗/IT 设备能耗，其中，数据中心总能耗包括 IT 设备能耗和制冷、配电等系统的能耗，PUE 的值大于 1，越接近 1 表明非 IT 设备耗能越少，即能效水平越好。每年，全球超级计算 Top500 榜单发布的同时，都会出炉一张 Green500 榜单，也就是全世界最节能的超级计算机排名。近年来，我国政府也不断颁布对数据中心 PUE 值限制的新规定，政策逐渐趋紧。

6. 资源规划管理手段亟待升级

随着数据中心规模越来越大，计算体系架构越来越复杂，运维监控项目越来越多，面对上万台服务器、几千个软件模块、海量的访问数据，单纯的人工运维显得越来越低效，甚至已经无法完成运维任务。从被动的"管理"到主动的"干预"的转变成为必然，更智能的自动化运维成为发展方向。

2.1.3 国家政策约束与支持

从 2013 年起，国家陆续发布了多项政策，支持数据中心作为数字经济发展的新型基础设施，并引导数据中心向规模化、集中化、绿色化、布局合理化发展，见表 2-1。2020年 3 月 4 日，中共中央政治局常务委员会召开会议，明确指出"加快 5G 网络、数据中心等新型基础设施建设进度"，将数据中心建设列入"新基建"系统布局范畴。2020 年 4月 20 日，发改委明确将大数据中心与人工智能、云计算、区块链等共同纳入新型基础设施的范围。其中，大数据中心的发展是重心，人工智能、云计算、区块链等新技术需要通过大数据中心进行聚合发展。2020 年 12 月 23 日，发改委发布了《关于加快构建全国一体化大数据中心协同创新体系的指导意见》，在 2021 年 5 月 24 日印发了《全国一体化大数据中心协同创新体系算力枢纽实施方案》，后文简称"方案"。

表 2-1 数据中心发展相关政策

时　间	发布部门	政　　策
2021.05	发改委	《全国一体化大数据中心协同创新体系算力枢纽实施方案》
2020.12	发改委、网信办、工信部、能源局	《关于加快构建全国一体化大数据中心协同创新体系的指导意见》
2020.06	发改委	《关于 2019 年国民经济和社会发展计划执行情况与 2020 年国民经济和社会发展计划草案的报告》
2020.05	工信部	《2020 年工业通信业标准化工作要点》
2020.03	中央政治局常务委员会会议	加快 5G 网络、数据中心等新型基础设施建设进度
2019.02	工信部、能源局	《关于加强绿色数据中心建设的指导意见》
2017.08	工信部	《关于组织申报 2017 年度国家新型工业化产业示范基地的通知》
2017.05	住建部	《数据中心设计规范》
2017.04	工信部	《关于加强"十三五"信息通信业节能减排工作的指导意见》
2017.04	工信部	《云计算发展三年行动计划（2017—2019 年）》
2017.01	国务院	《"十三五"节能减排综合工作方案》
2016.12	国务院	《"十三五"国家信息化规划》
2016.07	中共中央、国务院	《国家信息化发展战略纲要》
2016.07	工信部	《工业绿色发展规划（2016—2020 年）》

(续)

时　间	发布部门	政　　　策
2016.06	工信部	《国家绿色数据中心试点工作方案》
2016.06	国管局、发改委	《公共机构节约能源资源"十三五"规划》
2015.08	国务院	《促进大数据发展行动纲要》
2015.05	国务院	《中国制造2025》
2015.03	工信部、能源局	《关于国家绿色数据中心试点工作方案》
2015.01	国务院	《国务院关于促进云计算创新发展培育信息产业新业态的意见》
2013.02	工信部	《工业和信息化部关于进一步加强通信业节能减排工作的指导意见》
2013.01	工信部、发改委、国土部、电监会、能源局	《关于数据中心建设布局的指导意见》

方案中，发改委给出了全国大数据中心的总体发展思路和实施要点。围绕国家重大区域发展战略，根据能源结构、产业布局、市场发展、气候环境等，布局建设全国一体化算力网络国家枢纽节点，加快实施"东数西算"，提升跨区域算力调度水平。对于用户规模大、应用需求强烈的地区，如京津冀、长三角、粤港澳大湾区、成渝，强调大规模算力与土地、水、电等资源的协调可持续，并就近优先满足一线需求侧高频实时交互型计算业务需求；对于可再生能源丰富、气候适宜的地区，如贵州、内蒙古、甘肃、宁夏等，应提升算力服务品质和利用效率，重点发展全国范围内大规模数据云端分析处理等非实时算力需求；对于国家枢纽节点以外的地区，重点打造具有地方特色、服务本地、规模适度的算力服务。国家将从政策上落实各项保障措施，明确责任部门，细化建设方案，制定建设标准。满足政策要求，符合政策引导，也是企业算力资源统一规划需要考虑的一大要务。

2.2　大数据平台功能繁杂

大数据平台建设的最终目的是解决当前业务问题或者满足未来的规划，本节首先介绍了大数据平台构建思路，调研了当前主流的大数据产品及服务供应商，分析及总结了阿里云、百度数智平台、腾讯云智大数据平台及华为云等平台，最后总结了大数据平台搭建面临的主要问题。

2.2.1 大数据平台构建思路

研究机构 Gartner 对大数据的定义：无法在一定时间范围内用常规软件工具进行捕捉、管理和处理的数据集合，是需要新处理模式才能具有更强的决策力、洞察发现力和流程优化能力的海量、高增长率和多样化的信息资产。IBM 定义的大数据 5V 特性包括 Volume（大量）、Velocity（高速）、Variety（多样）、Value（低价值密度）、Veracity（真实性）。

大数据平台是以处理海量数据存储、计算及不间断流数据实时计算等场景为主的一套基础设施。企业大数据平台借助通用的技术架构将企业内外部业务数据、生产数据打通构建完整体系，集中管理、存储及调度数据资源，满足各流程及业务要求，实现对海量数据高并发、高可用的调用需求。将实时数据、离线数据打通，充分挖掘数据价值，发现数据规律及业务规律，通过对数据规律的挖掘和识别更好地预测及指导企业的未来发展方向。企业大数据平台需确保各系统间的互通互联，形成的信息流及业务流透明化，为运营决策的智能化提供重要依据。

随着企业信息化程度的提升，数据资产的管理及其价值挖掘的需求日渐凸显，然而面对庞大的数据资源，了解企业内外部有哪些数据以及这些数据的结构、来源、含义、关联、质量及局限性等是非常耗时耗力的。了解数据全貌后，数据处理、特征工程、建模及生产应用还有很长的路要走。因此，需要大数据平台进行数据管理及项目管理，获取数据信息并发挥数据价值。

大数据平台设计需要与现有的生产系统及流程结合，最终目的是服务于业务需求，解决现有业务问题或者满足未来战略规划。企业数字化平台建设的核心流程是打通企业生产经营、内外部数据；从企业生产自动化系统整合入手，实现智能化；全面规划企业管理和生产自动化、智能化一体化发展。

大数据平台主要包括数据源、数据采集、数据管理、数据分析四部分数据源是从生产及业务流程收集汇总的数据；数据采集是构建大数据平台的第一步，需要梳理业务流、信息流、设定数据更新时间及存储格式；数据管理基于大数据处理框架及 AI 算法实现的元数据管理、数据编织；数据分析包括数据挖掘、商业智能、可视化分析等。

2.2.2 主流的大数据平台产品与服务提供商

信息化提升以及数据资产积累，对数据管理提出了更高的要求，众多企业均在逐步构建各自的大数据平台。大数据平台产品的发展使得数据价值被充分地发现及挖掘。互联网企业在积累了大数据平台建设经验后纷纷包装自己的能力对外提供产品及服务，此外也涌现出一批专门提供企业数字化平台建设服务的公司。当前国内主流的大数据平台产品，包括阿里云、百度数智平台、腾讯云智大数据平台及华为云。阿里云提供了搜索及智能推荐等功能，百度推出了网站统计、舆情平台等功能，腾讯推出了企业画像、腾讯云搜等功能，华为云提供了大数据治理相关功能模块，具体功能如下。

1）阿里云提供了大数据计算与分析工具、开发与治理工具、应用与可视化工具。其中，计算与分析工具包括 MaxCompute、交互式分析。Hologres、E-MapReduce、Elasticsearch、数据湖构建工具（Data Lake Formation）、实时计算工具 Flink 版、日志服务工具（SLS）、数据洞察工具 Databricks、开放搜索工具等；开发与治理工具包括 DataWorks、Dataphin；应用与可视化工具包括数据可视化分析工具 Quick BI、数据可视化工具 DataV 等。

2）百度打造了数智平台，提供大数据基础产品及应用产品。其中，基础产品包括大数据传输工具 Minos、数据工厂 Pingo、数据治理工具 Dayu、可信数据计算工具、数据仓库工具 Palo、搜索分析工具、数据科学平台工具 Jarvis、大数据可视化工具 Habo 等；应用产品包括网站统计、移动统计、智能推荐、舆情平台等。

3）腾讯推出了云智大数据平台、大数据可视化以及大数据应用。其中，大数据平台包括大数据处理套件、弹性 MapReduce、Elasticsearch Service、云数据仓库 PostgreSQL、云数据仓库 ClickHouse、云数据仓库 Doris、流计算 Oceanus、数据开发平台 WeData、图计算服务、数据湖计算、数据湖构建、腾讯云安全隐私计算 NEW 等；大数据可视化包括大数据可视交互系统与商业智能分析等；大数据应用包括企业画像、腾讯云搜、腾讯文智公众趋势分析、腾讯增长平台等。

4）华为云提供了大数据计算及大数据应用及可视化服务，其中，大数据计算服务包括 MapReduce 服务（MRS）、实时流计算服务（CS）、数据湖探索服务（DLI）、数据仓库服务（DWS）、表格存储服务（CloudTable）、可信智能计算服务（TICS）；大数据应用服务包括推荐系统（RES）、大数据搜索与分析、云搜索服务（CSS）、日志分析服务（Log）；数据可视化服务包括数据可视化工具（DLV）、大数据治理与开发服务、数据湖治理中心（DGC）、数据接入服务（DIS）等。

2.2.3 大数据平台搭建面临的主要问题

大数据平台产品服务从计算、应用及可视化三方面进行布局，其中，计算层涵盖了基础组件，当前大数据平台差异不大，应用层及可视化层个性化较强。企业建设大数据平台时主要面对以下问题。

1）功能多且差异大：面对如此丰富的产品品类以及企业个性化业务需求，在打造大数据平台时面对的选择越多，并且各家平台在功能上差异很大，并没有统一标准。

2）平台兼容性问题：平台相互独立兼容性较差，因此影响了大数据平台方案制定的灵活性。如何在海量的大数据产品及服务中，设计出一套成本较低、适合自身业务特点、满足长远规划的大数据平台方案需要企业不断思考及探索。

3）数据与业务融合问题：企业大数据平台建设是对当前业务流程的梳理和重塑，需要业务人员与平台建设人员密切配合，将企业战略规划及长短期规划阶段性地融入方案设计中，对系统架构设计能力要求较高。

4）版本迭代升级问题：大数据平台的建设是一个迭代优化的过程，需要根据业务需求不断升级及优化，传统的企业大数据平台选型及建设缺乏统一规划，因此在软硬件升级时兼容性较差，影响版本迭代。

5）缺乏与 AI 的对接能力：当前企业大数据平台主要满足传统的数据分析能力，如报表分析能力、数据挖掘与多维分析能力等，但缺乏与 AI 算法的对接能力，随着企业数智化转型的推进，传统的数据管理平台已无法满足更高算力的要求。

2.3 AI 能力调用缺乏体系

目前，企业已经普遍意识到数字化转型驱动业务增长的价值，数字化转型催生了海量的智能化应用场景，企业需要利用机器学习、深度学习等 AI 技术处理结构化数据，以及图像、视频、语音、文本等非结构化数据，改进企业的业务流程、分析决策过程、提供更优质的产品以及创新的商业模式,见表 2-2。企业价值链的每一个环节都存在可以利用 AI 改善的空间,大量基于 AI 的新增长点等待被挖掘,AI 在企业、行业智能化发展过程中的价值日渐凸显。

表 2-2 企业智能化应用场景分类

	业务流程改进	分析决策智能化	产品及商业模式创新
含义	内部管理流程或客户运营过程等的自动化	人工智能辅助分析、推理、决策	通过人工智能技术的广泛应用,改变企业价值链,挖掘新的商业模式或交付新产品
举例	财务 RPA 机器人、客服机器人等	设备运行监控预警、金融分析量化投资	无人驾驶、智能安防产

然而现实中,大量企业缺少完善的 AI 能力体系,AI 面临着真正渗透到各行各业的执行层面的障碍。Gartner 曾将"人工智能工程化"列为 2021 年度九大重要战略科技趋势之一,认为从现在到 2023 年,至少 50% 的 AI 项目难以从原型转化为实际生产力,企业必须以工程化的技术来解决 AI 研发全链路生命周期管理的问题。

艾瑞咨询在《2020 年中国人工智能产业研究报告》中对我国企业 AI 应用的调研显示,"AI 中台"的普及率与需求程度仅次于数据中台,排在第二位。AI 中台正是 AI 工程化的具体落地方案,可以协调多种数据、运算能力以及业务场景,承担复杂的学习预测类智能需求研发,解决"烟囱式"低水平研发问题,并实现各类 AI 能力推广及共享。

2.3.1 "烟囱式"低水平研发

AI 研发全生命周期,包括数据采集、数据处理、特征工程、建模与训练、模型评估、模型部署、管理监控等多个关键环节,如图 2-2 所示,每个环节都面临着各自的挑战。

1. 烦琐的人工干预

人工智能的质量和数据质量息息相关,而数据处理工作往往烦琐且依赖人工。以数据标注为例,只有使用经过准确标注的数据进行训练才能达到预期的效果。在大多数企业中,数据标注的工作是人工完成的,企业配备了具备专业背景、较强理解力的标注人员,为了保证数据标注的质量,还需要设定相应的标注流程和标注质量验证方法,甚至

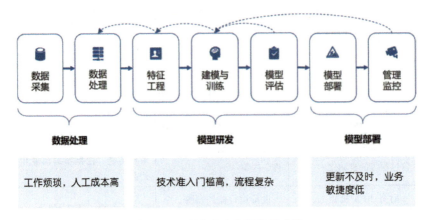

图 2-2　AI 研发全生命周期示意图

为此与人事管理相结合，增加适当的奖惩机制等，面临标注人员培训成本高、标注效率低、数据管理冗余等一系列问题，企业需要通过标准化、自动化的手段尽可能解放人力。

2. 计算资源管理缺失

在 AI 产品研发的过程中，普遍会遇到对训练、推理基础资源的管理、使用、封装等问题。如果采用本地开发方式，开发者需要提前配置基础的环境，包括 CPU 和 GPU 等的支持、深度学习框架准备、科学计算库的加载等，基础环境配置完成之后，方可进行开发工作。即使一切就绪，本地训练在资源申请和迭代开发方面仍然具有一定的局限性，如计算资源有限、训练时间长、扩容不易、难以多任务并行等，大型 AI 项目甚至无法通过人工完成资源调度。按需将 AI 训练任务上云，有效地完成云端资源的按需申请、多任务并行处理、任务参数记录等工作是显而易见的共性需求。

3. 研发环境难以复用

不断涌现的 AI 框架和不停更新的软件版本使得工程师的软件栈越来越复杂，不同工程师使用的框架、工具各不相同，造成开发效率低下，同时不利于协同开发和工作延续。用户需要用到的算法模型也越来越多，部署和使用越来越复杂烦琐，人力成本和时间成本越来越高。不同的算法框架、不同版本的框架部署需要的基础环境不同甚至有冲突，完整地部署一套框架环境可能耗时数天，如果再更换算法框架，多数情况下需要推倒重来，重新部署新框架所需的开发环境。这在商业化应用爆发的今天，时间成本的巨幅提升会带来难以估量的损失。

4. 研发过程响应缓慢

Algorithmia 发布的《2021 Enterprise Trendsin Machine Learning（2021年企业机器学习趋势报告）》中，通过调研403名参与机器学习计划的商业领袖（来自收入在1亿美元或以上的公司），发现只有11%的企业能在一周内完成模型的生产环境发布，64%的企业需要一个月或者更长时间。也就是说，对于多数企业，从完成一个模型训练到发布需要数月的时间。随着物联网云时代数十亿设备连接到互联网以及人们对于实时智能需求的不断增长，这样的响应速度根本无法满足人们的需求，任何流程衔接不平滑，都会给全流程业务带来瓶颈。急需一套含数据处理、模型研发、模型部署等的AI研发标准化流水线，来提升AI生产效率。

2.3.2 AI能力共享不足

AI能力是人工智能输出的软件形态，是人工智能得以应用的起点。

AI能力共享，已使得AI产业呈现出百家争鸣百花齐放的局面，无论是BAT（百度、腾讯、阿里）、华为这样的互联网AI巨头，还是新晋的AI独角兽企业，都不可能再以一家公司之力研发出所有的算法模型。AI能力共享可以说是人工智能产业本身得以健康发展的基础。

同样的，企业内部也存在不同业务领域、相同特定类型数据的AI学习、预测、分析任务，当这些任务存在部门独享、低水平重复研发、产出能力难以落地等问题时，这就意味着企业的AI能力共享不足。具体表现如下。

1. 典型高频AI能力重复研发

在实际AI研发过程中，各个业务部门仍然常常根据各自需求构建阵地，执行重复的数据预处理、特征工程和重复的模型训练，缺少常用的业务领域专用横向AI模型预训练规划，导致项目过程重复、成本高、不易集成。对于明确的业务领域，面向常见的数据类型和场景，如果能提炼业务领域内数据的通用性，只维护、更新少量预训练模型，就可以快速复用适用的AI模型，从而节省大量成本。例如通用领域中，计算机视觉的ImageNet项目、自然语言处理的BERT项目等。企业根据自身需求搭建典型高频应用场景 AI 算法、模型库，可以避免重复造轮子。

2. 个性化 AI 能力缺少沉淀与编排

团队之间 AI 能力信息不透明，让本身就层出不穷且瞬息万变的 AI 个性化应用开发任务雪上加霜，专门的人工标注，反复地训练与调优，无一不需要大量时间与精力，最终导致项目进展缓慢，成本急剧上升，甚至拖垮项目。一方面，企业需要对各种细分领域能力分门别类进行管理，形成 AI 能力资产在平台中沉淀；另一方面，需要最大程度应用现有能力，比如基于既有的算法模型库，通过现有能力相互集成、合理编排，形成完整的解决方案，支持更复杂的业务场景，尽可能满足更多的个性化需求。

依托 AI 中台搭建体系化的 AI 能力共享平台，可以打造完善的模型库、算法库，方便的可复用的解决方案设计，实现 AI 能力研发和共享无缝衔接，可以有效打破企业内部的集成和协作壁垒，提升 AI 能力共享水平。

2.4 数据孤岛难打通

数据孤岛是企业在信息化过程中存在的问题，可以分为物理性和逻辑性两种。物理性的数据孤岛是指，数据在不同部门相互独立存储、独立维护、彼此之间相互独立，形成了物理上的孤岛。逻辑性的数据孤岛是指，不同部门站在自己的角度对数据进行理解和定义，使得一些相同的数据被赋予不同的含义，无形之中加大了跨部门合作的沟通成本。

与此同时，受限于社会分工和组织管理等因素，不可避免地存在"数据孤岛"现象。在已经取得过一定信息化建设成果的行业，如公安、金融等行业，不难看出，这些行业在信息化建设及应用过程中积累了大量的数据，其数据量大，类型繁多，但是基层的业务人员在进行日常的数据查询工作时，需要通过一个个单独垂直的系统去获取目标对象在各个维度的数据后，再进行信息关联。这种方式耗时久且不易获取深层信息，比如在公安行业，通话数据需要通过电话号码去查询，轨迹信息需要通过 MAC 地址去查询，之后需要再将电话号码和 MAC 地址进行匹配，才能将二者关联起来。因此各行各业的人员都面临着数据孤岛难打通的问题，都迫切需要构建数据融合分析的机制和系统进行辅助提升。

"数据孤岛"问题对于企业数字化平台构建的影响，不单单是指数据本身的融合问题，具体来看"数据孤岛"问题的主要表现如下。

1. 数据维度单一

"数据孤岛"问题的初期表现就是数据维度单一，主要原因是企业内部不同部门之间数据独立存储，或者数据逻辑按照自己的角度进行理解和定义；企业和行业之间因为数据安全、数据价值等原因，无法实现数据打通，造成数据割裂。所以很多企业和行业在进行数据分析的时候，基本只使用单一的数据源或很少的几种数据源来解决复杂问题。比如在公安行业，在进行嫌疑人员分析的时候，不仅需要公安自身采集的数据，像运营商行业具备的通信数据以及互联网行业具备的行为数据，对于问题的分析与解决都是非常重要的，但在实际的业务当中，由于数据之间很难完全打通，便会出现数据缺失的问题。

2. 数据与应用割裂

数据与应用割裂是在数据融合后常出现的问题。在实际的业务场景中，行业专家和数据科学家之间存在着经验屏障：数据科学家对于数据的情况和各种分析算法十分了解，但是缺少对于业务的理解，他们往往可以构建出在实验环境中的"完美"模型，但是这种"完美"模型在实际的业务中会面临很多问题；行业专家对于业务问题十分了解，业务规则如数家珍，但是这种基于人工经验的规则主观性强，且难以覆盖所有的情况，需要大量的人工工作，耗时耗力且难以复用。

3. 被动赋能

被动赋能一般出现在"数据孤岛"问题的后期，具体表现是各数据组件厂商通常只是提供基础的 API、文档等开发工具，供使用者调用，但是如何将数据、工具和业务问题进行融合，构建整套的解决方案，实现主动赋能，是"数据孤岛"问题的第三层表现，通常出现在基于场景的数据融合解决方案构建之后，需要进一步思考的是如何实现提高已有解决方案的通用性和灵活性，构建真正的"数据大脑"。

近年来，我国就加快信息系统整合、数据共享做出了一系列部署，明确要求破除"数据孤岛"，大力推荐信息共享，推动跨部门业务流、数据流的整合再造，在电子商务、征信体系、并联审批、城市应急指挥、社会保障等业务应用中，进行了跨领域信息交换应用实践，对促进政府科学决策、提升监管能力、优化政务服务水平等发挥了重要作用。但受管理体系条块分割、法律法规相对滞后、标准规范不够完善等客观因素的影响，我国信息化建设特别是数据体系建设，仍然存在信息资源孤立、业务协同困难、系统重复建设等问题。信息共享内容有限，信息共享覆盖面窄，信息交换实施困难，成为制约我国数字化建设的主要瓶颈。打通"数据孤岛"，实现信息按需共享，将是我国今后一段时期内数字化建设的重要内容。

2.5 业务与 AI 能力难融合

20 世纪中期，有专家从定量的角度对信息传输与提取进行描述，创建了信息论，为信息科学的研究设定了初步研发的理论基础，由此开启了"信息化"的时代。而随着科技的不断进步、算力的不断发展，"自动化""数字化""智能化"等字眼逐渐进入大众视野，和之前的信息化并称"四化"，各领域企业也在随着科技的不断进步调整自身战略方向。如今，信息化和数字化的概念趋于系统性，数据化则涉及执行层的概念，一切业务数据化。人们纷纷以数据分析为切入点，通过数据发现问题、分析问题、解决问题，打破传统的经验驱动决策的方式，实现科学决策，实现智能化。最终信息化、数字化、数据化、智能化实现人工付诸的精力和时间的最小化，利用人工智能改变工作效率。

智能化应用在各行各业普及的过程中，问题也逐渐显现，最突出的问题就是耗时耗力建设的"智能化应用"往往与业务相去甚远，空有一个"智能化"的壳子，却无法真正在业务中使用，很难达到降本增效的成果。其表现主要有技术人员不懂业务、业务人员不懂技术，造成的结果是应用构建中沟通不畅，业务人员只能提供大量的数据而技术人员只能从数据中建模；有的则是在模型建好后，明明在历史数据上的指标很好，但却很难用到实际业务中；还有的则是模型无法随着业务的变化而变化，只能适用一时，业务稍有变化原有的应用就无法使用。

究其根本原因还是业务与技术的难融合，即 AI 能力不能很好地贴合业务的各项需求，因此构建的模型、应用则是独特性差、实时性差、适应性差。深入分析业务与 AI 能力难融合对于企业数字化平台建设的影响，不单指业务与技术难融合本身，其问题表现具体如下。

1. 特征选取难确定

打造智能化应用赋能业务是企业数字化平台建设的核心使命，而数据特征选取则是打造智能化应用的重要基石。在经历过一定信息化发展的行业，如公安、金融等行业，人们不难看到这些行业在信息化的过程中积累了大量的数据，数据量大、类型繁多。然而在实际应用构建时，需要根据特定业务特点选取相应的数据维度。在此过程中，"技术人员不懂业务、业务人员不懂技术"难以沟通的情况普遍存在，行业专家对于业务问题十分了解，但是单纯依靠行业专家的人工经验进行特征选取主观性强，且难以覆盖所有的情况；而技术专家对算法模型非常熟知，技术特征一清二楚，然而单纯依靠算法模型拟合选取数据特征对于训练数据依赖性强，灵活性不够，同样难以覆盖业务的全部情况。

2. 评价标准难灵活

评价标准的设计关系到智能应用作用到业务中的效果如何，也是非常关键的一环。技术侧有明确的评价体系对算法模型效果进行评估，如准确率、召回率、F1值等，然而这些评价指标很难直接对应到所有业务场景中；而业务中的评价指标也难以翻译成技术指标去衡量模型的优劣。此时，多数企业则选择分开衡量，但是以技术指标衡量出一个好的模型在实际业务运行期间的表现却难以尽如人意，以业务指标评价模型时很难构建这个评价标准的技术表达。

3. 模型应用难进化

在各行各业多种业务需求中，很难做到某一业务需求是一成不变的。这就要求智能化应用可以根据业务情况的变化而调整，模型可以根据需求的变化而迭代更新。因缺乏业务且与AI算法的融合度不够，无法打通数据闭环。在当前智能化应用建设中大多只能保证数据的实时更新，而很难满足模型基于业务的变化而进行端到端的从数据选择、特征生成到模型选择、训练和优化全流程的迭代更新。

2.6　知识积累与泛化能力缺乏

21世纪初，我国许多企业纷纷开展有关企业知识管理的研究与实践，近80%的企业在知识管理方面的实践均以失败告终。先行者的惨痛教训，使越来越多的企业虽然认识到推行知识管理的重要性，但不敢轻易尝试，国内的知识管理呈现出不温不火的局面。通过对大量国内外知识管理案例的研究分析发现，很多企业或者组织普遍存在如下问题：知识的价值性普遍偏低，员工获取心仪知识的代价过高，企业绝大多数均是非结构化的知识，且大多是以往型号研制过程中产生的直接素材，并没有经过一定的加工提炼。

2.6.1 知识组织薄弱

1. 知识间的关联性弱，知识的潜在价值难以得到充分挖掘

目前大多数企业的知识关联性基本依靠人工梳理，然而这种关联关系往往较为单一和松散，甚至准确率也难以保障。因此，员工很难通过系统化地获取和应用知识来解决实际业务问题，知识库中海量知识的潜在价值未能得到充分挖掘。

2. 专家知识未能得到有效留存，核心知识资本面临流失风险

一方面，专家知识往往通过"师徒制传授"或"小团队交流"的方式，仅在很小的范围内传播，一旦核心成员流失，企业知识资本亦将面临流失风险。另一方面，大多数企业缺乏有效的技术途径来将专家知识（技能、经验等 Know-How 知识）进行显性化的表达与应用，造成专家知识无法得到有效的存留与广泛传播。

3. 知识与业务结合度低，造成知识转化为生产力的周期较长

知识转化为生产力的实质是实现知识在业务活动中的广泛运用，形成应用价值。大多数企业缺乏从工程化需求的角度，全面剖析知识的工程化应用场景和应用模式的手段，从而导致知识往往沉寂在各知识库中，无法将知识运用到具体业务中。

4. 未形成知识共享机制与文化，知识难以持续积累与创新

在知识管理制度化方面，有些企业虽然发布了相应的体系文件，然而在执行过程中，存在较为严重的"两张皮"现象。在知识共享文化方面，一方面缺乏持续的宣传与引导，员工尚未形成良好的共享意识；另一方面，缺乏有效的知识保护机制与手段，员工创造与共享知识的积极性得不到有效鼓励与认可。

随着当今世界在知识管理理念与相关技术方面的不断发展，并结合互联网知识经济模式的实践总结，知识服务化趋势传统的知识管理目的在于知识的整合与知识导航，侧重知识组织、知识共享与知识传递，其实质在于为知识工作者提供"知识学习"的环境。然而随着互联网知识共享、知识付费等模式的兴起，一系列帮助人们获取信息、处理信息的知识服务模式应运而生，为人们提供了更高质量知识的生产、传播和应用创新的渠道。人们对知识的诉求已变为更加期待能够直接得到问题的答案，而非是与其相关的知识素材或资源。与传统的知识管理所强调的知识共享化不同，知识服务的目的在于知识运用和知识创造，更侧重于对用户知识需求的理解与响应，通过一系列智力活动，为用户提供个性化的知识服务，显著提高用户知识应用和知识创新效率。

知识自动化趋势在现代企业生产过程中，通过生产分工和自动化技术，使得体力型工作已经基本上可以被机器所替代。得益于计算机技术、机器学习、自然的用户接口和自动化技术的发展，很多知识型工作将来也可以通过自动化技术由机器来完成，从而实现知识自动化。著名的麦肯锡全球研究院在其发布的名为《展望2025：决定未来经济的12大颠覆技术》的报告中将知识型工作自动化（Automation of Knowledge Work）列为第2顺位的颠覆技术，排在物联网、云计算之前。随着知识自动化技术的不断发展，企业在面对复杂分析、精确判断、创新决策等知识型工作方面将更为高效。以往严重依赖个别高水平知识型工作者进行主观决策的局面将大大改变，企业核心的专家知识（经验、技能等Know-How知识）能够被广泛地传承与运用，未来知识型工作中占80%的初级的体力与脑力劳动将逐步被机器所替代，知识工作者可以将更多的精力投入到创新型工作中。

2.6.2 知识泛化能力不足

Web 2.0时代，以微博、知乎等为代表的知识社交平台使人们分享知识、获取知识的渠道更为多元、快捷。知识社交作为一种新型的社交模式，它把知识作为人与人之间建立社交关系的重要媒介，人们通过对知识的交流、分享和互动来传递信息、交流思想，进而构建一种基于知识认同的社交关系。

事实上，企业在发展过程中积累的大量案例，急需转化为知识沉淀下来，但目前各行业的企业在知识泛化能力上均表现不足。

当前企业对知识泛化的需求可以概括为缺乏知识工程化的能力，即基于知识产品化、服务化思想，以应用需求为导向，以实现知识增值为目标，组织协调知识的加工、流通以及消费使用等过程有序开展。

知识泛化强调实现知识服务的精品化、通用化，能够为企业用户提供解决问题方案的核心知识内容。这就要求需要将以往分散在各个文档、数据库中的专业知识加以集成，从中提炼出对产品研发、技术创新、经营管理决策有用的"知识精品"，帮助企业寻找新知识的生长点，激发知识创新的灵感与主观能动性。而做到这一点，企业在推行知识工程建设过程中依然缺乏以下核心能力。

1）知识可应用。企业应能够将知识资源按照应用需求进一步提炼加工，形成一系列能够帮助用户解决问题的知识产品与服务。

2）知识可创新。企业应具备知识创新的激励机制以及更为智能化挖掘知识的手段方法，促进企业知识不断地更新、完善。

3）知识可发现。知识应能与业务情境相结合，让员工能够在实际工作中快速地发现所需的知识，提升知识应用效率。

4）知识可保护。应不仅关注企业的知识产权，更应考虑针对知识贡献者个人的知识产权保护措施，使知识工作者不再有后顾之忧。

5）知识可关联。建立企业级的知识资源网络，促进知识资源得到充分整合与关联。

第3章

构建智能数字化平台
——建立企业数智化转型基础

随着企业数智化转型的不断深入，人工智能和大数据技术在企业的各类数字化系统中得到越来越广泛的应用。传统的企业数字化平台在支持数据和智能的深入融合方面逐渐显露出一些问题，制约了企业向数智化的纵深发展。本章从数据和智能深入融合的角度提出了智能数字化平台——数智融合平台的目标，并从技术演进的角度分析了传统数字化平台在技术上存在的一些问题，提出了新的数智融合平台的设计思路和技术架构。

3.1 智能数字化平台的目标

随着企业数智化转型的不断深入，适应社会发展需要的新的业务需求逐渐成为企业发展的驱动力，传统的企业数字化平台越来越难以承担现代企业发展的需要，面临着如算力资源规划不统一、大数据平台功能繁杂、AI 能力调用缺乏体系、数据孤岛、业务和 AI 的融合性差、知识泛化能力缺乏等问题。这些都是在数字化的建设过程中随着发展会出现的阶段性困扰。

从技术架构设计的角度，导致这些问题的原因在于传统的数字化平台是围绕功能来设计实现的。例如，企业各类的信息管理系统、面向外部产业链上下游供应商的注册备案平台、数字安全平台、智能分析决策平台、物联感知及管理平台等，都属于根据明确的应用需求开发完成的、具有明确应用功能范围和价值作用的信息系统。这种"就事论事"的平台的优点是显而易见的，其功能划分清晰、应用分工明确，建设完成投入日常使用后，满足了相应的业务需求，但也会逐渐浮现出一些问题，具体如下。

- 各个平台之间各自为战、难以形成联动和呼应。当企业需要各部门、各系统协同开展某项重点工作时，就会出现各部门的各个系统只能在固定的业务范畴提供支持，无法形成合力，或者整合后杂乱无章、甚至出现各种自相矛盾的问题，例如，同一主体在不同系统中的数据限制条件可能是不同的，整合后可能出现数据对不上、不一致的尴尬情况。

- 各个系统各自产生了大量的数据，由于在时间阶段上和业务职责上都是分别独立建设的而难以建立数据关联。相同的数据在不同的系统中"长得不像"，不同的数据本来是"亲属"关系，却难以取得联系。

- 各个系统自成一套技术应用体系，从底层硬件到产生的数据，再到调用的算法能力、产生的应用服务，全部只在自己的体系内建设运行，一旦出现资源共享、业务联动、数据关联的需要，就彼此打架，难以形成有效的合力。

- 体系臃肿、结构反复。由于要进行大量的数据处理，各种大数据和 AI 平台就应运而生，然而诸多的数据处理流程和各类的数据处理能力混杂在一起，各类通用型、专用型的算法也混杂在一起，调用不清，效果不佳。这种结构只能解决简单问题，满足简单的统计分析，难以实现深入的"洞察"，难以满足日益复杂的业务需求。

上述这些问题都制约着企业数字化建设步伐的迈进。为了应对现有企业数字化平台中存在的各类问题，更好地打造企业数智化转型的基础，需要从技术上寻求一种更能体现智能化优势、更适合现代企业数智化转型需要的平台架构，帮助企业更好地实现数智化转型，全面提升企业的智能化水平。

为此，提出了智能数字化平台（也叫数智融合平台）来实现这一目标。数智融合平台，以围绕企业经营发展为核心目标，以实现资源共享、数据全局联动、解决企业复杂场景业务问题为目的，通过整合云计算、大数据、人工智能、数字孪生、知识泛化等技术手段，实现数智融合。数智融合平台是企业数智化转型的基础，以"数据+算法+场景"的方式，帮助企业打通数智化转型的路径，从而促进企业发展。

具体而言，智能数字化平台在系统设计上需要考虑如下的技术目标。

- 建立数据、算力和算法的高效协同机制，优化算力调度。
- 建立端到端的数据闭环，不断提升数据价值。
- 智能化的数据治理体系，实现全局的数据关联。
- 支持复杂的 AI 应用场景。
- 以知识为核心构建企业"大脑"，实现人机智能协同。
- 支持跨企业的数据共享和智能协同，促进数据要素流动。
- 安全可信。

数智融合平台区别于传统数字化平台单纯以数据流或业务流为核心，数据和智能是"1+1"的构建思路，数智融合平台强调数据与算法的融合，AI 不再只是某个数据处理阶段使用的工具，而是深入到了数据流转的各个环节，以不同的方式在从数据到模型到知识再到数据的闭环流程中，添加助力，发挥出数据最大的价值，并得以创造传统方式无法带来的应用价值。

数智融合平台，既是企业数智化转型发展的需要，也是人工智能技术发展的需要。人工智能发展到现阶段，越来越多的 AI 技术走出实验室，从学术理论转向应用实践，从小规模的试点验证到大规模的复制推广，这需要将人工智能技术和真实的业务场景结合起来。这种结合，不但为人工智能技术提供了更加丰富的数据资源，也提出了更高的要求，特别是在复杂的环境条件下，系统的可靠性和可用性要求。因此，数智融合平台将不断推动人工智能技术的进步，并缩短从技术研究到成果转化路径的时间。

3.2 智能数字化平台设计思路

本节从企业数智化转型的需求出发，分析传统企业数字化平台技术体系中存在的问题和局限性，提出了智能数字化平台的设计思路和技术体系。并从企业开展建设的角度，简要介绍智能数字化平台技术架构的实施路径。

3.2.1 传统企业数字化技术体系

传统企业数字化平台的技术架构主要在于物理资源的云化，以传统的大数据平台为技术底座，将数据汇聚在一起，以数据分析和服务为主，AI算法为辅，为最上层的应用提供服务。各层功能相对独立，根据业务需求，整合云资源、数据资源、算法能力资源等要素，完成应用功能开发。传统企业数字化平台体系架构如图3-1所示。

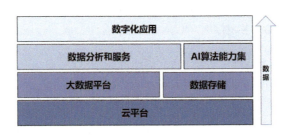

图3-1 传统企业数字化平台体系架构

1. 云平台

云平台是企业数字化平台的物理基础，企业通过搭建或使用私有云、混合云或公有云的方式，将物理设备虚拟化，来灵活、弹性地为上层功能提供服务。近年来，随着云技术的发展，基于云的底层架构设计已经成为绝大多数企业的选择，而云技术的突飞猛进，虚拟化和容器化居功至伟。云平台自下而上由物理硬件层、硬件虚拟化层、云管理平台、容器层组成。

1) 物理硬件主要指服务器和网络，服务器负责计算和存储，网络负责数据传输。

2）虚拟化（Virtualization）是将各种实体资源（如计算单元、网络、内存、存储等）抽象转换后，打破实体结构上的不可分割，摆脱地域和组合方式的限制后，而形成的一种资源的管理技术。虚拟化主要分为网络虚拟化和硬件虚拟化，网络虚拟化是在物理网络上模拟出多个逻辑网络，硬件虚拟化是将计算机虚拟化为完整的硬件平台，对用户掩藏底层的物理特性，硬件虚拟化如图 3-2 所示。

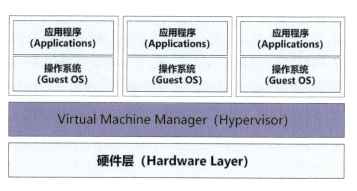

图 3-2 硬件虚拟化

硬件虚拟化具有高性能和隔离性，其核心为虚拟机监控程序（Hypervisor，有时也称为 VMM），对下直接运行在硬件上，将资源池化；对上基于池化后的资源，创建和管理多个独立的虚拟环境，即虚拟机（Virtual Machine，VM），虚拟机拥有自己独享的计算资源（如 CPU、内存、存储），多个虚拟机可以同时运行。目前，虚拟机监控程序有很多选择，企业方案如 VMware 的 vSphere、Microsoft 的 Hyper-V 等，开源方案如 Xen 和已内置于 Linux 内核的 KVM 等。

3）云管理平台（有时候直接称为云平台）是为私有云或公有云的建设与管理提供软件服务的平台，一般都满足以下基本特性：基于虚拟化、兼容大多数主流厂家的硬件设备、支持高可用的集群部署及快速横向扩展、安全可控、响应迅速、提供管理界面、可以实时管理并监控资源池和网络的使用及分配情况等。

目前，除了大厂的内部自研平台外，可用的开源平台也有很多，如 OpenStack、Eucalyptus、CloudStack、Cloudpods 等，其中，OpenStack 是一个使用较广泛、更新迭代较快、社区较活跃、功能较齐全的开源云平台，华为云就是基于 OpenStack 开发的。OpenStack 由 Rackspace 和 NASA 共同开发，帮助企业实现类似于 Amazon EC2（Elastic

Compute Cloud）和 S3（Simple Storage Service）的云基础架构服务。OpenStack 的核心模块为 Nova 和 Swift。Nova 是 NASA 开发的虚拟服务器部署模块，Swift 是 Backpack 开发的分布式云存储模块，两者可以单独使用或一起使用。OpenStack 除了有 Rackspace 和 NASA 的大力支持外，还有包括华为、Dell、Citrix 等重量级公司的贡献和支持，发展速度很快，有取代另一个业界领先开源云平台 Eucalyptus 的趋势。

4）容器化也是一种资源管理技术，不过主要是针对软件资源，在云平台中所占比重较小，从宏观上看，容器化跟虚拟化是类似的，都是进行资源的隔离和分配，但实际上有较大区别，容器化的产物是容器（Container），它是寄生在操作系统内部的（见图 3-3），本质上是操作系统内与其他部分隔离开的一个或多个进程，容器中只可以运行一种操作系统，类型由宿主机的操作系统决定，如运行在 Linux 系统中的容器只能运行 Linux 操作系统。

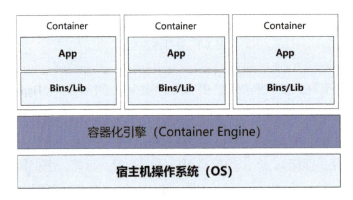

图 3-3　容器化

提到容器首先会想到 Docker，其实 Docker 只是 Docker 公司自己的容器化工具。2015 年 6 月，在 Google、RedHat 等厂商的运作下，Linux 基金会成立了 OCI（Open Container Initiative）组织，旨在围绕容器格式和运行时制定一个开放的工业化标准，也就是常说的 OCI 标准，运行时分为低阶和高阶，低阶运行时是直接与系统内核功能（如 namespace 和 cgroups）进行交互来创建并运行容器的主流工具为 Go 语言编写的 runc、C 语言编写的 crun、Google 的 runsc 等；高阶运行时是对低阶运行时的接口封装，如 Docker 的 containerd、Kubernetes（k8s）的 CRI-O 等，它们也都实现了 k8s 定义的容器运行时接口

(Container Runtime Interface，CRI），基于 OCI 标准和 CRI，k8s 可以支持越来越多的容器化工具，如 Docker、Podman、Buildah 等。

2. 大数据平台

大数据平台是企业数字化平台的技术基础，其核心为分布式存储和分布式计算，主要功能分为四方面，分别为大数据采集、大数据处理、大数据存储、大数据计算。大数据采集是对各种非结构化和结构化数据进行收集和聚拢；大数据处理是为了提高数据质量，对采集到的原始数据进行清洗、转换、加载以及结构化等操作；大数据存储是通过多副本的方式将数据分布式存储在集群的节点上，以保证数据的高可用和高可靠；大数据计算是依靠离线的或实时的分布式计算方式，对数据进行分析和统计的过程。

传统企业中主流的大数据平台主要以开源的分布式生态体系 Hadoop 为基础。Hadoop 以分布式文件系统（HDFS）和 MapReduce 算法为核心，为用户提供了底层细节透明的分布式基础架构，可以基于通用硬件实现海量数据的分析和处理。但是生产环境中单纯依靠核心模块几乎无法完成生产任务，还需要依靠很多其他模块的协助，比如 ZooKeeper、Hive、HBase、Spark、Kafka 等，Hadoop 是一个生态体系，其下所包含的开源项目有 30 多个，生产环境中为了使用 Hadoop 就需要对很多模块进行集成，为了免去人们的集成和管理痛苦，就有公司基于 Hadoop 体系预先集成好常用的功能模块，搭建好数据处理平台，其中比较著名的为 Cloudera 公司的 CDH 和 Hortonworks 公司的 HDP（2018 年后，两家公司已合并）。

传统企业常用的大数据平台架构如图 3-4 所示，以 Hadoop 生态体系为主，通过数据

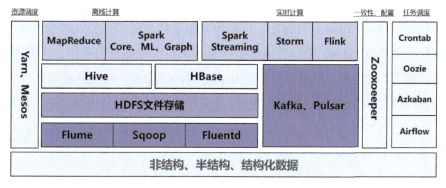

图 3-4　常见的大数据平台架构

采集模块（如 Flume、Fluentd）可以吸收和容纳各种各样的数据，存储在 HDFS 中，并以此来构建数据仓库 Hive 和 NoSQL 列式数据库 HBase，通过离线计算（如 MapReduce、Spark）、实时计算（如 Spark Streaming、Storm、Flink）来快速进行统计分析和数据挖掘。

3. 数据存储

除了大数据平台中的分布式文件存储 HDFS、数据仓库 Hive、列式数据库 HBase 外，传统的数字化平台也依赖常用的数据存储方式，比如关系型数据库以及其他非关系型的 NoSQL 数据库。

关系型数据库是采用结构化、类似表格的存储方式，数据多以行的方式进行存储，数据在入库之前需要提前定义好表的结构和字段类型，入库后若想修改表结构会十分困难，依赖速度更快、性能更高的计算机，扩展空间有限，通常只具备纵向扩展能力。关系型数据库强调的是事务性，即 ACID 规则（原子性（Atomicity）、一致性（Consistency）、隔离性（Isolation）、持久性（Durability）），可以满足对事务性要求较高或需要进行复杂数据查询的数据操作。同样也因为强调数据的一致性，极大地降低了数据的读写性能，尤其遇到海量数据、高并发读写的时候，性能会下降得比较厉害。常见的关系型数据库有 Oracle、MySQL、SQL Server、DB2 等，关系型数据库大多需要收费。

非关系型数据库又称为 NoSQL（Non-Relational 或 Not Only SQL）数据库，区别于关系型数据库，它多采用动态的数据结构，可以随时根据需要灵活地改变数据内容，支持对非结构化数据的存储。非关系型数据库大多不遵循 ACID 原则，或只是部分遵循，数据之间没有强相关性，因此具有非常高的读写性能，且容易横向扩展。根据数据的存储内容和形式的不同，非关系型数据库可以分为多种。

1）键值对（Key-Value）数据库：这类数据库结构类似于一个大的哈希表，特定的键 Key 指向特定的值 Value，部分数据库运行时数据直接加载在内存中，查询速度很快，部署简便。常用的键值对类型的数据库有 Redis、Memcached、Voldemort 等。

2）列存储数据库：这类数据库多用来应对需要分布式存储的海量数据，数据按列进行存储，单列数据类型相似，压缩比例较高，一个主键对应多列数据。常用的列式数据库有 HBase、Cassandra 等。

3）文档型数据库：这类数据库主要用来将半结构化的文档以特定的格式直接存储，比如将一篇法律文书以 JSON 的格式存储在数据库中，且允许嵌套，在处理复杂数据时，比传统的键值对数据库效率更高。常用的文档型数据库有 MongoDB、CouchDB、SequoiaDB 等。

4）图数据库：使用图结构进行存储和查询的数据库，图一般由顶点和边组成，顶点表示实体，边表示实体间的关系。图数据库中数据之间的关系跟数据本身同样重要，关系被作为数据的一部分存储起来，因而在进行实体间关联关系查询时，灵活且性能高。常用的图数据库有 Neo4j、JanusGraph、TigerGraph、Galaxybase、GraphDB 等，主流的图查询语言包括 Gremlin 和 Cypher 等，核心的图算法可以分成路径搜索、中心性分析和社区发现。

4. 数据分析和服务

数据分析和服务层为上层业务应用提供数据基础，需要结合业务场景（如精准营销、风控等）通过服务直接赋能业务应用。传统数字化平台中数据的分析和服务基本都是以业务为驱动和导向，基于大数据平台的数据处理能力将原始数据转化为数据资产，依赖于核心的联机分析处理（On-Line Analytical Processing，OLAP）和联机事务处理（On-Line Transaction Processing，OLTP）对数据资产进行统计、聚合、挖掘，然后通过服务接口的形式输出各种业务能力。数据分析和服务如图 3-5 所示。

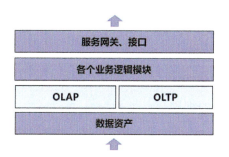

图 3-5 数据分析和服务

OLTP 是传统的关系型数据库的主要应用，侧重于数据的增、删、改，比较在意实时性和事务性，需要确保每次数据操作的及时和成功，常见的系统如交易系统、订单系统等。当数据积累到一定程度、需要进行总结分析时，就需要 OLAP，OLAP 侧重于数据的多维分析，基于已有数据挖掘出更有价值的信息，多用于支撑决策，常见的 OLAP 数据库有 Presto、Impala、Kylin、Greenplum、Clickhouse 等。

5. AI 算法能力集

AI 算法能力集是将常用的 AI 算法统一封装后对数据服务和上层数字化应用提供算法支持。AI 算法在传统的数字化平台中比重较低，一般属于辅助功能，功能单一，可用于人脸识别、语音识别、OCR 等。AI 算法主要包括传统的机器学习方法，如决策树、朴素贝叶斯、支持向量机等；也包括目前主流的深度学习算法，如卷积神经网络（CNN）、循环神经网络（RNN）、注意力机制（ATT）等。深度学习的快速发展得益于各种深度学习框架，比如 Google 的 TensorFlow、Facebook 的 PyTorch、百度的 PaddlePaddle 等。

6. 数字化应用

数字化应用是实现业务需求的各种系统平台，如数据大屏、统计报表、专题分析、个性化推荐等。传统技术架构的各层均能够完成该层的既定任务，但随着企业的发展，数据量的激增，AI 需求层出不穷，此时传统的技术架构就凸显出了很多问题，并且各种问题相互交结、相互影响。数字化应用的核心问题如下。

- 传统体系架构在设计之初并未对 AI 能力予以足够的重视，AI 需求增多后，大多做法只是硬堆硬砌，缺乏科学的规划和管理，造成了资源和算力的浪费。
- 传统体系架构在设计之初并未对知识的建设予以足够的重视，不注重元数据的管理、数据质量的监管、数据之间的融合，各自为营，且数据的流转始终是自下而上，难以形成闭环，不利于数据的循环与再生。

数字化应用面临的具体问题如下。

（1）算力资源缺乏统一的规划

从广义上来说，算力包含数据的处理能力、存储能力、流通能力。处理能力主要是指令控制和逻辑计算，涉及中央处理器（CPU）、图形处理器（GPU）及其他各种异构硬件；存储能力主要是指数据的高速存储及落地存储，涉及内存、硬盘等硬件设备；流通能力主要是指数据传输，涉及各种网络设备，如交换机、路由器、负载均衡等。各个能力之间是相互影响、相互关联、相互作用的，比如内存很大势必会提高数据的处理能力，如果网络带宽很小，即使 CPU 核数再多，也势必会拉低数据的处理能力。

从传统的数字化平台体系中可以看出关于算力的几个特点，具体如下。

1) 数据处理能力集中在大数据平台，且以处理海量数据、进行数据分析为主。

2）AI 算法能力是作为辅助模块而存在的，并未作用到整个数据生命周期中，在设计之初并未得到足够的重视。

3）底层以 OpenStack 为代表的云平台大多是针对 CPU 资源进行虚拟化，未能预测到 AI 需求的爆发增长，而忽略了 GPU 资源的重要性。

4）当有新需求出现而底层硬件不满足时，以业务驱动为主的开发及生产模式往往都是临时堆砌的。

5）数据的中心化设计体系会对网络和中心平台造成很大的压力。

企业向智能化发展是大势所趋，传统企业单纯以大数据处理和分析为基础，以人工经验为主导，依赖业务需求自上而下进行驱动，虽然在创建之初做过规划，但是低估了 AI 智能的重要程度及其发展态势，近年来企业越来越注重 AI 智能的应用，增加了很多 AI 需求，尤其是针对非结构的音频、视频、图片等数据，例如摄像头，之前大部分只是用来进行安全生产（防盗），当出现问题时进行回看，数据只是存储在边缘点，但是随着深度学习的大力发展，基于视频数据可以做很多事情，比如银行可以通过分析门口摄像头中的视频数据，及时发现徘徊者、潜在威胁人员，变被动为主动，超市可以通过视频数据分析顾客在超市中的活动规律，以规划货物摆放位置等。传统体系中突然要处理视频数据就会暴露其算力资源缺乏统一规划的问题，具体如下。

1）网络资源缺乏规划，数据的中心化设计难以应付大量数据的传输，数据的处理能力都集中在中心点，将视频数据传输到中心点，势必会占用大量带宽，影响到其他业务体验，且远距离传输再处理也势必会增加时延，而且在设计之初，中心点内部交换机的传输能力未必能承受大量非结构数据的流通。

2）存储资源缺乏规划，目前云数据中心为了提高数据的读写性能，大多以固态硬盘（SSD）为主，但固态硬盘的缺点很明显：价格贵、容量偏小。海量视频数据进入中心点数据平台后，如果使用固态硬盘，则势必会造成成本剧增，使用机械硬盘虽然比较合适，但需要采购设备、底层云平台重新进行硬件虚拟化、上层数据平台重新进行节点配置、硬盘挂载等操作，周期较长且过程繁杂。

3）计算资源缺乏规划，传统数字化平台中计算能力大多以海量数据的分析处理为主，设备以 CPU 为主，注重的是指令集并行和任务并行，而视频数据的处理大多基于深度学习框架，更依赖于 GPU 等异构硬件，注重的是数据并行和计算并行。如果一定要用

CPU 来进行视频数据的处理也是可以的，各个深度学习框架都有 CPU 版本，不过效率很低，会长时间独占算力资源，势必会影响其他任务的执行，增加 GPU 设备是常见的选择，但是 GPU 的使用也需要根据实际情况而定，是独立使用（很多 GPU 不支持虚拟化）还是将 GPU 虚拟化，虚拟化的方式又有多种，比如 GPU 直通（透传）模式、GPU SR-IOV 模式、GPU 半虚拟化（Mediated Passthrough，包括 Intel GVT-g 和 NVIDIA GRID vGPU）、VMware 的 GPU 全虚拟化（vSGA），每一种虚拟化方式的侧重点不同，比如直通模式是直接将 GPU 以独占的方式透传给上层的虚拟机，对 GPU 的性能影响较小，其他方式因为调度复杂，势必会影响性能，且各种方式只有对应的专门厂家，在使用方面各个厂家的要求也不同，NVIDIA 的 vGPU 需要网上取得授权，然后内网搭建授权中心节点，才可以正常使用。

4）算力不平衡、不匹配，存储、网络、计算能力难以做到平衡和匹配，任意一个环境出现短板，都会影响整个过程。

传统数字化平台的体系架构本身就决定了难以做到算力资源统一规划，体系中缺乏对算力资源的整体调度和监控，单纯地依赖人工去监控底层的 OpenStack 平台和上层的大数据平台，这种运维方式很被动，很难提前发现问题，势必会造成算力利用效率不佳。

（2）大数据平台功能繁杂

传统企业数字化平台基本都是以 Hadoop 为基础而建立的，Hadoop 虽好但是仍然有很多问题。

1）Hadoop 版本众多，互不兼容，没有统一标准。Hadoop 有太多版本：社区版、Cloudera 公司的 CDH、Hortonworks 公司的 HDP、MapR 公司的版本，除了社区版，其他各家公司都想做业内领先，因而都按照自己的理解对 Hadoop 做了不同的修改，增加了不同的功能模块，最终的结果是各不相同、差异较大，造成用户选择、维护、升级及迁移的困难。

2）Hadoop 过于繁重和复杂。Hadoop 生态体系中涉及的项目非常多，常用的就有十多个，单纯依赖一两个项目解决不了实际问题，必须有很多项目一起协作才可以，这就增加了整个平台的技术复杂性，带来了部署和维度的难度。

3）Hadoop 过于自由，容易造成数据冗余、孤岛以及算力的浪费。Hadoop 本身是开源的、社区又很活跃、网上资料很多，各个业务部门都以能自由操作 Hadoop 平台为傲，喜欢自己"跑数据"。而 Hadoop 平台大多以 Kerberos 作为身份认证机制，对内部权限细分粒度不足，很多情况下，各个业务部门也不需要了解别的部门有哪些数据，容易造成数据孤岛，另外也很容易出现同一种数据各个部门都存一份的情况，造成数据冗余，甚至存储的格式和方式也不同，同源不同质。数据冗余本身就是算力中的存储浪费，同一份数据不同部门分别进行数据处理，也就造成了算力中的计算浪费。

4）Hadoop 缺乏对 AI 的融合能力。Hadoop 的核心是通过分布式的方式来处理海量数据，主要目的是数据的分析，况且 Hadoop 是在深度学习井喷之前就出现了，所以 Hadoop 的设计之初就没有考虑过跟机器学习进行融合的问题，只是到后来 Spark 出现后，才慢慢加入一点机器学习相关的内容，比如 SparkML，但也仅仅是传统的机器学习算法，如分类聚类、随机森林等。到后来，基于 Python 语言的各种深度学习框架的出现及活跃，更间接地削弱了以 Java 为主的 Hadoop 对 AI 的融合能力。

（3）AI 能力调用缺乏体系

从传统企业数字化平台的技术体系中不难看出，AI 能力仅仅作为中上层一个辅助模块而存在，传统体系对 AI 能力本身就不够重视，更没能充分发挥 AI 的能力，企业内部各个部门之间对 AI 能力的开发和调用也缺乏体系和规划，喜欢各自为战。如图 3-6 所示，相同的能力重复出现，软硬件环境各不相同，框架版本也参差不齐，计算资源管理缺失，研发环境难以复用，研发过程响应缓慢，AI 能力单一，研发目的仅仅是满足单个业务需求，最终结果就是造了一个个的"烟囱"。

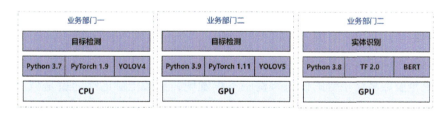

图 3-6　AI 各自为战

传统体系中缺乏对 AI 能力的共性提取，其实无论是研发过程还是调用过程，都有很多共性应该形成标准化和规范化，很多可以重复利用的能力应该沉淀和共享出来，构建一个 AI 能力共享平台，来快速响应个性化需求，打破企业内部的协作壁垒。

(4) 数据孤岛难打通

传统的数字化平台体系中不重视元数据的治理和数据目录的构建，数据的流转都是按业务需求而动，各个业务平台只关注自己的发展，且因为数据目录的缺失和元数据的管理不善，也很难了解其他业务平台的数据情况，得力于大数据平台的开放性，各个业务平台又都可以实现自己的数据存储和数据处理，时间一长，势必会出现一个个的数据孤岛，即使有一天想要进行各个业务平台之间的数据融合，也会因为各种原因（如数据定义不同、融合需时较长、影响业务系统的正常运作等）而中断。

传统体系中有时候也通过提供 API、文档等开发工具的方式，来试图打通数据孤岛，且不说这种被动检索方式的效率低下，即使连在一起，也并非真正的融合，融合是需要彼此交融、相互影响、形成体系，并基于融合创造出新的知识，由量变到质变的过程。

(5) 业务与 AI 能力难融合

传统企业数字化平台中的 AI 能力开发基本完全依赖于技术工程师，从数据标注、特征提取、模型开发及训练到模型评估及部署等，整个过程的把控者都是技术人员，业务专家虽然很了解业务，但不懂技术，很难给出全面的建议，技术人员虽然懂技术，但又不懂业务，所以模型会比较依赖训练数据，灵活性不足，难以覆盖业务的全部情况。因此，急需一种能力平台，可以让业务专家自由选择算法模型，调配模型参数，制定评估标准，将其业务经验更好地融入 AI 能力中。

传统体系中的数据是自下而上进行流转，没有形成闭环，AI 能力在业务中的成败结果没有反馈到 AI 模型中，模型无法做到实时优化及更新迭代，因而也就没办法更好地支撑业务需求。

(6) 知识积累与泛化能力缺乏

从传统企业数字化平台的体系架构中不难发现，其最上层的终点就是数字化应用，完成了业务需求就算满足要求。当业务出现变化或出现新的需求时，大部分情况还是自下而上重复一遍，没有将积累的带有业务理解的数据进行深层次的提炼，形成可泛化、可认知的知识，基于知识来快速适应业务变化和新的场景需求。

3.2.2 数智融合平台架构设计

数智融合平台的核心理念是数据和智能的深度融合，这种融合体现在平台架构设计的多个方面。这种理念在此被形象化地描述为"数智融合交织模型",以表示数据和智能的融合特点。如图 3-7 所示。

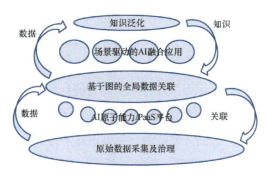

图 3-7　数智融合交织模型

数智融合交织模型的核心理念包括如下内容。

1）原始数据通过采集和预处理模块进入大数据平台,用以保证数据的多样性、真实性、完整性、可用性。

2）大数据平台里面的原始数据通过 AI 原子能力的处理,形成高质量的"小"数据,从而实现数据调用的灵活性,避免了数据仓库/数据湖出现的难以支持多样性、高速度、大容量处理、不适应多业务的数据灵活读取等问题。

3）高质量"小"数据通过图计算等方式,实现数据之间的有机关联,形成全局数据视图,避免数据仓库对于非结构化、半结构化数据的不适应,实现数据更便捷的调用。

4）全局数据有助于支撑全面复杂场景的 AI 数字化应用。同时,这些数字化应用不断形成新的数据,构成数据闭环,从而避免了原有 AI 算法和数字化应用中 AI 与数据缺乏有效整合的问题,实现算法贴合业务场景,使 AI 数字化应用更加智能而非更加技术。

5）进一步,全局的数据在知识计算算法的帮助下生成知识(即数据知识化),知识化数据可表现为知识图谱,为实现数据闭环而非业务闭环打下基础。

6）知识图谱可进一步结合人类专家的领域知识,实现人机智能的有机结合,进一步提升系统的智能化水平,指导业务向智能化新模式、新形态、新需求的方向发展。

7）知识本身也可以数据化,通过知识图谱等方式沉淀为数据,并指导全局数据关联的优化，从而打造数据生态实现数据闭环，推动智能化应用催化新的业务模式，使原有应用更加贴合业务需求。

8）场景驱动 AI 数字化应用，其算法也可以不断被原子化，从而沉淀到 AI 原子能力平台，并形成数据到算法，再从算法到数据的闭环。解决原有 AI 算法能力缺乏有价值的能力复用、模型训练与推理过程割裂、缺乏有效的能力梳理等问题，真正实现算力、算法、数据、场景的融合，对外提供更加贴合需求的智能化服务。

上述过程体现了数据和智能的高度融合。在这个过程中，数据、算法和知识构成了"数据-算法-知识"的闭环，这使得数智融合平台具有多方面的优势，具体如下。

1）数据的质量和关联性不断提升，价值不断增长，类似于一个炼油的过程，将原油不断提炼为高价值的精品油，算法可以在高质量数据上训练和优化，提升算法的性能。

2）算法所需要的数据不断产生，算法也得以持续优化。这就解决了算法所需要的数据供给问题，这对于解决实际场景中"数据难"的问题尤为重要。

3）数据的全局高度关联使得数据对于复杂场景的表征能力极大增强，使面向复杂场景下的 AI 应用成为可能，从而解决了传统的 AI 应用场景单一、难以触及生产过程核心环节的问题。

4）数据的知识化和知识的数据化使得系统具备迈向认知智能的潜力。通过知识化，特别是在叠加了人类专家的知识后，系统可拥有一定的因果推理能力，这在某种程度上可以解决传统 AI 模型的可解释性问题。

因此，数智融合平台是未来数智化发展的必然趋势，是数字化平台的演进方向。

3.3 智能数字化平台的技术实现

就技术实现而言，智能数字化平台的建设需要依据总体技术架构逐层开展，将"数据+智能"的思想贯穿始终，既能够通过技术手段解决传统数字平台在企业发展过程中遇到的问题，又可以通过技术驱动产生新的价值增长。通过对智能数字化平台各层建设实现的概括性分解，可以更直观、更明晰地呈现平台内部结构、各层内在运转机制、上下层协同关联等情况，为企业数智化转型提供完整的技术体系支持，帮助企业打通数智化转型的技术通道，依照建设实现思路，完成自身平台的建设和能力的提升。

3.3.1 智能数字化平台的技术架构

智能数字化平台实现了上述数智融合交织的过程，其技术架构如图 3-8 所示。

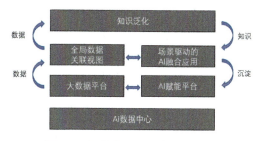

图 3-8　智能数字化平台技术架构

智能数字化平台由六大系统组成，其中 AI 数据中心负责提供算力资源和底层的存储资源；大数据平台负责原始数据的采集、预处理和数据治理等功能；AI 赋能平台负责算法能力的开发、训练、调用等环境和工具的统筹管理；全局数据关联视图负责以图的思维在企业全局视角形成内外部数据的整体关联视图；场景驱动的 AI 融合应用负责实现高度体现业务需求和数据能力、AI 能力充分融合的场景化应用；知识泛化负责从数据和应用中泛化形成知识，并进一步将这些沉淀下来的知识以数据的形式反哺数据关联和融合应用。

3.3.2 智能数字化平台的建设

1. AI 数据中心

对应于技术演进趋势，每个阶段技术的演进也促进了数据中心的发展：物理数据中心对应软件化阶段；互联网数据中心对应互联网化阶段；云数据中心对应云化阶段。随着人工智能和大数据技术的快速发展，数据中心也即将向智能化发展。

具备各类 AI 能力的数据中心是在传统云数据中心的基础上，构建具备各类职责分工的人工智能新基建，以各类 AI 技术为数据中心的各个环节提供更灵活、更适合企业需要的运转机制，并以技术驱动解决原有云数据中心无法解决的新问题，从而为上层的数据调用、数据安全和隐私保护、模型训练等提供更可靠的保障。

AI 数据中心借助人工智能的各类技术能力，可以解决异构算力资源的融合、算力虚拟化调度、算力分发、算力与数据融合、节能减排、管理运维等问题，提供异构算力融合技术、GPU 虚拟化与 vGPU 调度能力、面向 AI 调度的数据中心网络、AI 及大数据混合计算加速技术等 AI 能力，并为数据中心的节能和自治管理提供综合智能化解决方案。

AI 提供的多维度技术辅助，包括基于云化底座和超算所带来的大规模并行数据处理和计算的能力、通过 AI 芯片带来的算力赋能、大数据技术及深度学习技术针对数据和算法层面的能力加载等。融合了公共算力服务、数据开放共享、智能生态建设、产业创新聚集的"四位一体"综合平台，可以提供算力、数据和算法的 AI 全栈技术能力，从而共同构建新型的 AI 数据中心，这也代表了数字化未来的发展方向。

随着智能化社会的不断发展，AI 数据中心将成为新基建的核心，不再局限于算力供应。通过 AI 数据中心，能够有效整合数据、算力、网络、存储等资源，充分融合人工智能、大数据、物联网、新型网络、机器人等新兴技术。以 AI 数据中心为载体，可以为数字化的新基建提供统一的承载方案。其广泛应用将加速推动产业 AI 化和 AI 产业化，带动形成多层级产业生态体系，推动数字经济与传统产业深度融合，加速企业数智化转型升级，促进经济高质量发展。

2. 大数据平台

构建适合企业自身业务需要并具有一定长远规划的大数据平台，可以进一步掌握企业数据全貌、加强数据管理、获取数据信息、挖掘数据价值，实现数据驱动业务发展，为企业经营决策服务，从而满足上层能力调用、业务场景使用的需要，从大数据平台的数据采集及治理、数据存储、数据标签建立、与其他相邻平台（AI 数据中心、AI 赋能平台）的协同等多个方面构建数智融合机制，对于企业内部生产层面和外部客户层面均能够起到决策、分析的有效助力作用，在整个技术架构体系中发挥着上下层级关联衔接的作用。

企业级大数据平台主要承载数据管理职责，对于数据开发处理的全流程进行统一整合和管理，避免传统数据开发应用的独立运转，打破信息孤岛，避免数据资源各自为战。建设统一的数据平台管理机制，整合应用的建设逻辑及开发流程，避免开发冗余和资源浪费。改造数据孤岛和服务孤岛，增强平台的拓展性及可维护性。实现大数据平台对数据资源、计算资源的统一管理，提升上层应用对数据调用的规范化和安全性，并实现众多应用开发的协同。

大数据平台的核心价值在于为企业提供数据平台化的运营机制，提供"自助式"服务，从而更好地了解、开发和分析数据。因此，企业级大数据平台需要具备由基础到延伸的核心功能服务，具体如下。

（1）数据采集、存储及资产管理

数据采集是第一步，数据存储是第二步。大数据平台利用先进的大数据存储架构，集中存储海量的多来源、多类型数据。此外，数据已经不仅仅是企业的信息化建设过程资源，已经成为企业的一种固有资产，对于数据的资产性管理也是大数据平台应具备的功能服务。

（2）数据分析及数据可视化

大数据平台需要具有对数据进行快速加工、初步分析的能力，这是企业内部获得数据服务的起点，可极大地激发数据的价值。数据可视化是基本需要之一，将相对简单的数据分析结果以可视化的方式直接进行呈现，方便快捷，满足了很大一部分典型企业的数据 BI 服务诉求。

（3）连接和互通的能力

大数据平台需要整合企业已有的业务数据库，并在数智融合的技术架构中与下层的 AI 数据中心实现算力、网络层面的对接，与上层的 AI 赋能平台实现算法调用的无缝连接，充分发挥中间层上下联结的作用，将算力、算法串联起来，共同为上层应用服务。因此，大数据平台需要具有较好的灵活性，能更快速地适应上层数据应用的变化，同时也能够屏蔽底层异构数据源的差异，具有更强的扩展能力。此外，大数据平台需要提供能力共享机制，开放数据能力，包括二次开发接口、中间件 API 等。

（4）规范化及标准化

大数据平台需要不断地整合内外部的新数据接入以及应对数据访问和调用的需求，所以必须具有一套规范化、标准化的数据格式、接口要求，以更好地完成数据对接工作。

除了核心功能服务，大数据平台在技术性能方面应具有及时响应、高可靠性、高实用性、高兼容性、高安全性、技术先进性、可扩展性等特性。在核心技术层面，应包括 HDFS、Hive、HBase、Yarn、ZooKeeper、Spark 等业界主流的大数据技术。

企业级大数据平台的构建，需要根据企业自身的需求量身定制，从繁杂的功能服务、多元的技术体系、频繁的内外部访问互通中，选取符合企业需要的方式，完成平台建设。

3. AI 赋能平台

随着企业应用对于数据训练任务量的不断增大、算法复杂度的不断提高，企业应用对 AI 资源弹性伸缩管理、集群管控和任务编排调度等功能的需求越来越高，为应对传统 AI 算法能力集 AI 能力调用缺乏体系建设的问题，可以以集约化的建设思路，从资源管理、数据接入、模型管理、AI 开发等各个环节，构建企业高度统筹、高效协同的 AI 赋能平台。AI 赋能平台以人工智能作业调度平台实现统一的算力资源管理，统一纳管常见的 AI 框架和工具并提供基础部署环境，提供自动机器学习平台帮助开发人员根据数据需要自动选取模型并自动完成优化调参，以统一的数据训练及推理过程的流程整合平台实现业务闭环，通过"法超市"实现对算法能力的精准化梳理，以算法和数据的双向交互实现 AI 和数据的有机整合。

AI 赋能平台以企业整体化的视角统筹平台 AI 能力建设，基于下层数据资源和上层应用需求梳理各类 AI 算法框架的特性和适用特点，形成支持多种方式、多重维度的 AI 赋能调用及算法开发训练平台。通过整合核心 AI 技术框架、提炼关键 AI 共性技术、区分相似技术的应用场景、规范化业务研发流程等方式，推进效率化、工业化的 AI 生产过程，节省研发时间和研发成本。AI 赋能平台可以实现计算资源的统一管理、研发环境的有效复用、研发过程的闭环管理、算法能力的差异化共享，提供集中资源管理、集约数据接入、一站式 AI 开发、统一模型管理和便捷 AI 服务，促进多个团队流水线"一条龙"协作，服务企业 AI 及数据科学探索。包括的核心功能如下。

- 算力管理：建设人工智能作业调度平台，进行 GPU 集群的计算资源分配，保障企业日益增加的算力资源的统一调度和管理，充分发挥硬件性能优势，包括存储虚拟化（即物理存储与服务器之间通过虚拟层进行访问和控制）以及计算资源虚拟化（即 CPU 和 GPU 虚拟化）等相关技术。

- 数据管理：包括数据采集、数据预处理、数据标准等方面的技术能力，帮助企业进行数据的基本处理。

- 框架管理：针对不同的 AI 框架和工具，提供统一纳管，并进行常用算法模型的适配、镜像框架基础环境、模型训练可视化，以降低企业工程师自行熟悉和部署所需用的时间，有效提升开发效率。

- 算法管理：加载各类常见的通用领域模型与行业领域模型，以满足企业算法开发需要，如传统机器学习算法、深度学习算法、计算机视觉类算法、语音类算法、自然语言处理类算法等。加载成熟自动调参策略、自动机器学习工具，辅助算法工程师根据数据需要进行特征抽取、算法选择、参数调优等工作，极大缩短算法实验所需要的时间，更全面、更快捷地完成算法选择和调优工作。通过模型压缩技术进行模型压缩和重新训练的自动迭代，使算法模型在精度损失尽可能小的情况下，解决边缘侧场景对于模型本身大小的加载限制。建设统一整合的模型训练和推理平台，实现模型的快速生成和统一发布，将模型训练和应用推理的过程有效整合，快速实现与云推理平台和上层应用的平滑对接，以更高效地进行模型的应用对接和验证。对于加载到平台上的算法能力进行精细化的梳理和应用说明，为企业各类应用场景提供精确的算法支持，推荐最适合场景需求的算法。

- 应用管理：面向内外部应用服务，利用 SaaS 平台式的 AI 产品服务，实现 AI 技术赋能、产业供需交流以及产业生态圈合作的构建。

AI 赋能平台在业务和技术双轮驱动下，实现底层资源的按需交付和上层能力的积累沉淀。业务与平台协作加速了 AI 赋能平台的企业应用实践，结合应用反馈又可以持续开展平台迭代优化并支持 AI 创新，更加实现了推动 AI 赋能平台（特别是 AI 算法能力）向工程项目应用转化的目标和定位。

此外，AI 能力要提升主动性，要体现技术驱动的优势就需要加强与数据的充分、主动的融合，拒绝等、停、靠，主动出击，对数据开展进一步的深加工，使数据价值得以提升。这里一个典型的例子就是传统企业数字化转型技术架构中通常没有的一个部分——全局数据关联视图。

4. 全局数据关联视图

企业内部的各个信息系统均产生了大量的数据，同一数据字段在各个系统内独立存在，规则不一、缺乏整合，不同的数据维度存在很多复杂的内在关系。结合企业所掌握的外部数据资源，在现有的数字化平台中，这些内外部数据各自孤立，缺乏有效的内部数据关联，传统方式一般是按照关键字在不同的数据表中通过搜索得到数据关联，这是一种浅层、直观的关联。在目前的数据应用过程中，数据多以这种被动调用的方式赋能，很难主动提供价值。

为打破传统企业数字化平台中根据应用需求处理和调用数据的传统思路，以图数据库、数据索引、ID-Mapping、图计算等典型的数智融合技术构建企业的全局数据关联，将企业各个系统的多维数据以全局 ID 的视角形成一个整体的数据关联视图，并以 AI 算法训练模型，不断丰富全局数据关联网。以全局化的方式形成数据在不同业务系统之间的联动，真正实现"牵一发而动全身"，基于全局数据关联开展企业整体性的应用体系和能力的构建。不但可以解决同一数据字段在不同系统中的一致性整合问题，还可以在不同数据维度产生关联后，以企业全局业务发展的视角产生更多的主动赋能价值。此外，当有第三方外部数据接入时，同样可以遵循全局数据关联的逻辑将外部数据与企业内部数据通过核心要素的全局 ID 以及数据关联属性形成全局数据图谱，更有利于数据推理的拓展以及数据价值的体现。企业的内外部数据存在多种维度，不同维度的数据之间存在错综复杂的逻辑关联，以全局的视角形成的数据关联可以清晰地表达数据之间的关联，从中进一步进行数据类型分析、数据属性分析和数据组分类分析等操作，对于企业数据价值挖掘具有极大的提升，从而企业可以以全局性、整体性的视角进行业务决策支持。

需要说明的是，图是一种用于表示对象之间关联关系的数据结构，以节点和边进行描述，节点表示对象，边表示对象之间的关系。当企业数据的关联关系可以抽象成用图的方式进行描述时，即形成了图数据。图数据库是用来进行图数据存储的数据库系统，图计算技术是以图作为数据模型来抽象问题、解决问题的技术方式。

图计算在传统的企业数字化技术架构中通常是不存在的，企业一般按照主题库、资源库、索引库等方式对数据进行整合，更多依据数据的属性以及企业的业务需求将同属性数据整合归并，这种数据集通常是同一维度的数据，并没有形成不同维度数据的广泛关联。当不同维度的数据出现典型的属性关联时，以图技术中的"节点-边"的形式就可以更好地表达和展现数据之间的关系，从而构建一张大的网状数据关联图，基于这张图，就可以进行节点的预测、边的预测、社群的划分。根据数据关系，以图数据库进行数据存储，以数据索引和 ID-Mapping 技术进行数据关联，以图计算技术进行图嵌入和图特征分析，并最终完成结合业务需求的算法模型的推理。相同类型的节点可以组成同构图，不同类型的节点可以组成异构图，节点随时间推移变化就可以组成时序图。根据不同类型的需要，不同类型的图结构可以完成不同的任务，基于这种节点与节点通过属性相连接的全局数据关联图，可以结合算法开展应用推理，包括节点预测、边预测、社群划分等功能。节点预测多是寻找不合于众的异常节点,即节点特征较显著异于其他节点的情况,如异常人员发现;边预测多是进行属性异常的发现,即较显著异于其他属性的情况,如异常行为发现;社群划分则是可以通过全局数据关联寻找特征相似的一类节点,即相似的群体,如团伙发现。

这一部分首先基于企业级大数据平台的数据支持,然后叠加 AI 能力平台的技术辅助,形成的全局数据关联图谱进一步为上面的应用层服务。这就是典型的 AI 能力"主动"发力,以技术驱动,使得数据发挥出更多可能。基于图的全局数据关联示意图如图 3-9 所示,在大量、多维的原始数据中心,根据数据的关联情况,形成一堆一堆的块数据,将这些块数据根据一定的数据关系构建成全局性的数据关联,然后再根据具体的业务需求,从这个全局数据关联中抽取一部分业务需要的子图,最后基于子图做进一步的应用分析。

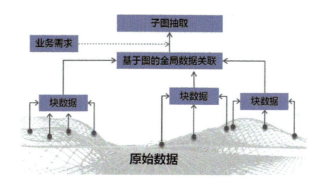

图 3-9　基于图的全局数据关联示意图

5. 场景驱动的 AI 数字化应用

基于全局数据关联提供的整体数据视图及 AI 赋能平台提供的 AI 开发及算法训练能力,根据业务场景中存在的难点、痛点及新的需求,将 AI 能力、大数据服务应用到具体的业务场景中,以技术驱动业务问题的解决和应用的创新。尤其是针对复杂的业务场景需求,基于多维度的数据,利用不同的 AI 技术和算法模型进行融合碰撞,以满足企业数智化转型的需要,这也是数智融合平台的优势所在,突破了传统企业数字化平台只能支持相对简单的业务场景数字化应用的局限。

企业的智能化应用首先必须是场景驱动的,是业务上提出的需求,可能是已有的难点和痛点，随着技术的发展，已经可以通过技术手段解决问题，也可能是企业发展的需要，受降本增效、外部竞争压力等因素的影响，需要改变原有既定模式、流程，需要更加智能化的技术手段开发新的智能应用服务。在 AI 与业务场景充分融合的基础上，制定恰当的 AI 效能评估体系以及模型的优化升级机制，从而将 AI 能力与业务场景的融合推进得更加深入。技术和场景需求也只有实现了深度融合，才能够真正解决企业现实场景中的复杂业务问题，才能够迸发出技术驱动业务创新的高价值。"数据+智能"的融合，能够真正适应企业数智化转型的需要，解决企业现实复杂业务场景的问题，真正实现业务场景与 AI 技术深度融合的应用。

实际上，业务场景中是很难直接提出技术需求的，需要业务专家与技术专家的深入磨合，才能在业务场景的需求中找到 AI 技术的用武之地，也就避免了为了技术而技术，为了面子要亮点。一旦技术能够找到适合发挥作用的场景，就会将业务的价值及创新的能力提升千百倍。反过来，业务场景也会驱动技术创新自身的应用适用性建设，而带来技术的创新甚至革命。从业务场景的需求出发，让"用的人"发表看法，由需求明确功能，再由功能研究技术实现方式，在技术的实现方式中评估技术的研发需求。

6. 知识泛化

传统企业数字化平台的最上层都是以应用为终点，完成了满足企业业务需求的应用开发，数字化建设工作就完成了，这是一个完整的业务闭环。然而以人工智能、大数据等智能化技术为驱动，得以把应用提升到一个新的高度——创造智能，完成类比、规划、洞察任务，知识泛化就是企业数智化建设的一种典型的创造智能的体现。人工智能技术对于人类智能的学习和模拟的能力越发提高，使机器具备了一定的人类学习知识和应用知识的智能化能力。学习的依据是数据，数据经过业务场景赋予一定的业务解释，就形成了可认知、可泛化的知识。知识具有可推演性和可传播性，可以作为一种能力被应用以及被复制。知识的本质是构建事物之间的关系（如关联关系、因果关系、约束关系等）以及基于这些关系开展的确定性预测（预测的确定性概率，不一定是确定性结果），知识是对数据和业务进行抽象并建立联系的过程。这种以技术为驱动形成的知识泛化，能够提供应用开发之外的泛化服务能力，形成由此及彼、举一反三的泛化成果，能够使企业数智化建设的价值得以极大地提升。比如企业针对某些数据，叠加一定算法，结合业务场景形成了应用服务，继续从知识泛化的角度，将前序过程的成果提取成知识，知识成果可以针对企业其他类似的数据或类似的业务场景输出推理结论，类似于专家知识库的指导，从而实现了价值提升。

基于数智融合平台的下层输入，知识泛化从数据和应用中汲取知识，通过 AI 技术（信息抽取、知识融合、知识加工等）与知识型应用相结合而产生特有模式。对数据和应用进行泛化、提炼，形成知识（如知识图谱、事理图谱等形式），从而产生更多、更智能的应用服务。而后，知识还可以作为另一种形式的数据，回归企业级大数据平台，以备使用。这也就实现了从"数据知识化"到"知识数据化"的数据闭环。这样，在智能数字化平台之中，就同时存在数据和业务的两个闭环。业务闭环解决了企业业务场景的应用需求，这是企业数智化建设的第一步，属于"数字化"的价值范畴；数据闭环解决了企业数据价值挖掘的深度需要，这是企业数智化建设的第二步，属于"智能化"的价值范畴。两个闭环，双轮驱动，才能为企业数智化转型保驾护航。

知识泛化的典型价值在于"触类旁通"，打破"就事论事"的传统数字化建设思路的限制。通过现有的数据、数据之间的因果关系、应用构建的功能服务，产生智能化的推理和分析的能力，从而产生更大的应用价值，能够将企业的数智化转型水平引领到一个新的高度。

构建企业的知识中台，基于自然语言理解、知识图谱、事理图谱、搜索和推荐等技术，为企业提供知识应用全生命周期一站式服务。一方面，知识中台根据特定需要，自动化地从数据中提取知识，形成泛化成果和能力加载；另一方面，在企业的各类业务场景中利用知识中台进行知识推演和知识应用，也形成知识本身的迭代升级。在企业中的决策辅助、效率提升、业务创新等诸多方面发挥价值。有了知识中台，企业可以更好地发挥大数据平台的价值，也为数字化应用提供了更多的解决方案。

第4章

构建算力基础
——建设具备 AI 能力的数据中心

数据中心已有几十年的发展历程，随着数字化转型进程的快速推进，传统数据中心面临越来越多的性能瓶颈。建设具备 AI 能力的数据中心（AI 数据中心），已迫在眉睫。数据中心需要把数据、算力、网络、存储等资源有效整合起来，把大数据、人工智能、区块链、物联网、新型网络等新技术充分融合起来，为新基建提供统一的承载方案，加速推动产业 AI 化和 AI 产业化，带动多层级产业生态体系的形成，推动传统产业数字化、智能化，加速产业转型升级，促进数字经济高质量发展。

4.1 什么是 AI 数据中心

20 世纪 40 年代，重达 30t 的世界第一台电子计算机 ENIAC 诞生，从此开启了人类的新时代，同时也开启了数据中心的演进。20 世纪 90 年代，通信技术逐步发展，数据中心开始了近 30 年的飞速发展，分为以下几个阶段。

第一阶段是物理数据中心。电信企业面向大型企业提供机房（包括场地、电源、网络、通信设备等基础电信资源和设施）的托管和线路维护服务。这种只提供场地和机柜的物理数据中心，一般称之为数据中心（Data Center，DC）。

第二阶段是互联网数据中心。随着互联网产业的兴起，服务器、主机、出口带宽等设备与资源集中放置与维护需求激增，出现了主机托管、网站托管等商业模式。拥有包括高速互联网接入宽带、高性能局域网络、安全可靠的机房环境，提供专业化管理、完善的应用服务平台的数据中心，一般称之为互联网数据中心（Internet Data Center，IDC）。

第三阶段是云计算数据中心。在数据中心物理基础设施之上，通过计算虚拟化和存储虚拟化等云计算技术，使得数据中心能够按需提供算力，具备了向集中化、规模化发展的条件，能够有效降低成本。这种通过软件定义，将软硬件资源全部抽象，并对外提供灵活、弹性、可扩展服务的数据中心，称之为云计算数据中心（Cloud Computing Data Center，CCDC）。

随着人工智能和大数据技术的快速发展，数据中心正在向智能化演进。2020 年 12 月，国家信息中心信息化和产业发展部联合浪潮公司发布了《智能计算中心规划建设指南》，由此提出了人工智能数据中心（AI 数据中心）的概念。AI 数据中心是以数据中心为基础的人工智能基础设施，是在超算中心和云计算数据中心大规模并行计算和数据处理的技术架构基础之上，通过大数据和深度学习技术保障其高效、安全运营，以人工智能专用芯片为算力底座，融合公共算力服务、数据开放共享、智能生态建设、产业创新聚集的"四位一体"的综合平台，可提供算力、数据和算法等人工智能全栈能力，是当前人工智能快速发展和应用所依托的新型算力基础设施。AI 数据中心与传统数据中心的区别见表 4-1。

表 4-1　AI 数据中心与传统数据中心的区别

	传统数据中心	AI 数据中心
建设目的	提供算力服务，帮助用户降本增效或提升盈利水平	提供人工智能算力服务，促进 AI 产业化、产业 AI 化
技术标准	标准不一，重复建设	统一标准，统筹规划 开放建设、互联互通互操作 高安全标准
具体功能	以更低成本承载企业、政府等用户个性化、规模化业务应用需求	公共算力服务、数据开放共享、智能生态建设、产业创新聚集
应用领域	面向众多应用场景，支撑构造不同类型的应用	面向 AI 典型应用场景，如图像识别、语音处理、自然语言处理、知识图谱等

4.2　AI 数据中心的技术构成

AI 数据中心的技术构成包括基于多租户共享安全的 GPU 资源池编排器、基于 RDMA 的数据中心高性能网络、面向大吞吐量低延迟 AI 业务的异构算力加速卡、基于持久化内存的高性能存储四部分。本节从理论出发，深入到行业实际应用，对 AI 数据中心的这四项技术构成进行详细阐述。

4.2.1　基于多租户共享安全的 GPU 资源池编排器

多租户在 GPU 集群上的一种比较常见的使用场景是进行深度学习训练。但是，目前的 GPU 集群分配资源的方式都是基于配额的，即 GPU 的数目需求都是由每个任务所指定的，导致尽管任务已经被分配了足够的 GPU 数目，但是任务的等待时间或者执行时间仍然会大幅提升，这种现象被称为共享异常（Sharing Anomaly）。出现这种异常的原因是 GPU 的数目不够。不同租户在执行任务时会随时进行 GPU 的请求分配或者释放，从而导致大量的外部碎片（External Fragmentation）出现。外部碎片的概念与操作系统中的内存分配类似，即大量的 GPU 数目随着分配、释放的次数变多，可能会变成跨 CPU socket、甚至是跨机器。假设同样任务被分配了两个 GPU，但是跨 PCI-E、跨机器比不跨分别会有 40% 和 80% 的性能下降。同时，在任务中很有可能会有单个 GPU 资源面临多个请求的情况发生，导致请求不能很快得到满足。

当前对多租户 GPU 集群的管理方法多为一个大规模 GPU 集群由多个业务团队共享，每个业务团队都是一个租户，每个业务团队也都会为 GPU 集群提供他们的资源（预算或硬件）。租户共享 GPU 集群类似于共享 CPU 集群，即每个租户都会被分配到一些令牌作为配额。每个令牌都对应着租户能够使用 GPU 和其他类型资源的权力。配额代表租户可以访问其贡献的资源配额的"最少"期望。

用户通常为深度学习任务指定 GPU 亲和性需求，以提高集群的训练速度。举例来说，用户通常希望 64 个 GPU 以 8×8 Affinity 运行（即 8 个节点上每个节点运行 8 个 GPU）而不是 64×1（即 64 个节点每个节点使用 1 个 GPU）。给定关联需求，任务或作业将会被任务管理器以保证（硬）或尽力（软）的方式满足。如果没有满足 Affinity 要求的分配方式，工作会在队列中等待。如果任务有一个硬亲和需求或者如果需求较软（如 64×1，而不是 8×8），任务管理器将以宽松的相似性进行调度。

实际工作中，常会观察到来自用户投诉的异常：虽然 64 个 GPU 的配额被分配给了租户，但是用户的报告中说它无法运行单个（也是唯一的）8×8 深度学习作业。这种异常的出现是因为租户的指定关联关系已被分割，但是并不是租户自己造成的，而是由其他租户造成的，遭受损失的租户除了向集群操作人员投诉外几乎不能做任何事情。即使被分配的 GPU 配额充足，64 个 GPU 的作业还是必须在队列中等待，或者降低性能需求或者使用宽松的 Affinity 才能执行任务。对租户承诺的可以至少访问资源份额也无法被实现。图 4-1 显示租户在共享集群中比在自己的专用集群中的排队延迟更长。

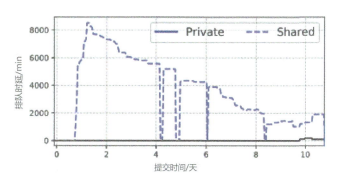

图 4-1　共享异常

如图 4-1 所示，一个租户共享群集中的作业具有硬相似性要求时遭遇的排队异常。在 10 天提交窗口（X 轴）中，租户在它自己的专用集群 1 中的平均作业排队延迟（Y 轴）明显低于共享集群。在共享集群中，第 1 天提交的作业必须在队列中停留超过 8000min（5 天），而在专用集群中其排队延迟为 0。此外，租户的保留资源量越大，其受到的影响越大。

HiveD，是一个专注于消除共享异常的资源预留框架，它提供一个干净的界面来尽可能整合任何最先进的深度学习调度器，以解决集群利用率、作业完成时间和公平性等问题。

如图 4-2 所示是 HiveD 资源分配方案的示例。HiveD 提供了一个被称为 VC（虚拟集群）的抽象层，让 GPU 的分配方式能够被用户更加细粒度地去指定，就像是在专用集群上一样。同时 HiveD 还集成了 Buddy Cell Allocation 的机制，其中 Cell 是指不同层次的 GPU 资源，Level-1 ~ Level-5 分别是指单个 GPU、共享 PCI-E 的一组 GPU、共享 CPU Socket 的一组 GPU、同一机器上的 GPU、同一机架的 GPU。因此，用户可以通过制定不同层次的 Cell 数目的方法，来对虚拟 GPU 资源进行分配，同时映射到物理资源上。

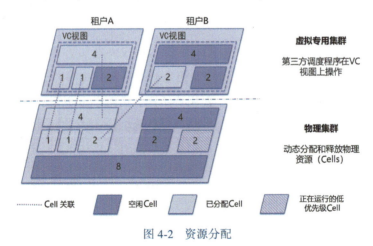

图 4-2 资源分配

同时，用户也能够通过指定优先级（Priority）的方式来控制 Cell 的分配。在资源分配冲突的情况下，优先级高的任务能够抢占优先级低的任务所需要的 GPU。

在测试中，HiveD 提供了真实部署和 Trace Simulation 两种场景。经测试，现有的共享训练测试系统会带来多达 1000min 的等待时间，而 HiveD 则可以有效减少等待时间。

在图 4-3 给出的一个测试中，展示了使用 HiveD 框架和不使用 HiveD 框架的三种不同调度器的区别。使用 HiveD 框架的情况下，由于能避免许多 1 个 GPU 请求带来的碎片，多 GPU 请求的等待资源时间可以大幅减少。

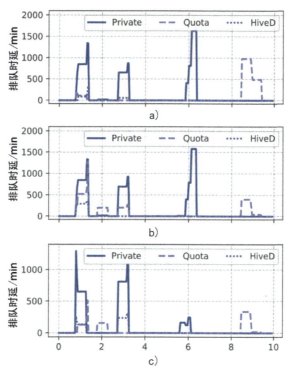

图 4-3　排队时延（横坐标是排队时间（天））

a）YARN-CS　b）Gandiva　c）Tiresias

4.2.2　基于 RDMA 的数据中心高性能网络

数据中心网络通信时延成为算力进一步提升的瓶颈，下一代数据中心的网络解决方案将聚焦在零丢包、低时延、高吞吐的智能无损网络的研发上。在过去很长一段时间，网络都不是数据中心性能的瓶颈，"大带宽"的网络设计可以完全满足业务应用需求。不过近些年来，受到服务器技术快速发展的带动，数据中心的计算和存储能力飞速提高，RoCE、NVMe over Fabric 等远程直接内存访问（Remote Direct Memory Access，RDMA）

技术则将数据中心的性能瓶颈转移到了网络侧。制约性能的主要因素已然变成了网络时延，特别是对于 HPC、分布式存储、GPU 云、超融合架构这些基于 RDMA 的新型应用。因此，带宽驱动走向时延驱动将会成为未来数据中心的设计目标，而业界长期探索的目标将会逐渐转为如何构建低时延、无损的大型以太网数据中心，并建立完整的缓存、时延监控机制。

基于 RDMA 的用户态应用程序可以在无内核干预和内存复制发生的情况下，直接读取或写入远程内存。起初，RDMA 只在高性能计算领域得到了应用。但是近几年，由于大规模分布式系统和数据中心中网络瓶颈越来越突出，RDMA 逐渐得到了人们的重视。而且，随着云计算的兴起，RDMA 技术也逐渐被应用到某些具有高性能要求的云数据中心场景中。作为原生于 InfiniBand（无限带宽）的技术，RDMA 早期被广泛用于高性能计算（High Performance Computing）机群。但是，InfiniBand 和绝大多数互联网公司数据中心原有的 Ethernet 架构不匹配，并且实施起来各方面成本（尤其是设备成本和运维成本）都很高，所以刚开始并不热门。RDMA 在互联网圈的兴起是由于 RoCE（RDMA over Converged Ethernet）的出现。但是 RoCE 并不是一个完全兼容所有设备的通信标准，虽然它兼容了以太网，但是目前来看还是不能直接兼容所有的已有应用。而且，RDMA 还缺少类似于 TCP 的 Socket 封装机制，这会导致很多复杂的问题。例如，使用者甚至需要考虑 RDMA 网卡缓存容量不够的问题。所以让 RDMA 扩展通用化并不容易。

传统的 DMA（Direct Memory Access）使得外部的设备（如网卡）可以直接访问内存，而不需要 CPU 参与，从而降低 CPU 的负担。RDMA 代表的是 Remote DMA（远程 DMA），即 RDMA 可以完全通过网络硬件操作，无须 CPU 参与。这代表在大吞吐、海量数据交互的场景中，RDMA 拥有极大的性能优势。RDMA 实现数据的远程搬运如图 4-4 所示。

此外，整个 RDMA 链路都要做优化和调整，图 4-5 是 RDMA 整体网络拓扑示意图。首先，传统 TCP 协议栈需要被摒弃，代之以专用的 RDMA 协议栈；其次，主机侧需要专用的 RDMA 网卡的支持；最后，为保障 RDMA 的性能，网络侧需要一定的流量与拥塞控制。

1. 主机侧

主机侧涉及两项关键的技术：内核旁路（Kernel Bypass）和网卡卸载（NIC offloading）。

第 4 章　构建算力基础——建设具备 AI 能力的数据中心　// 73

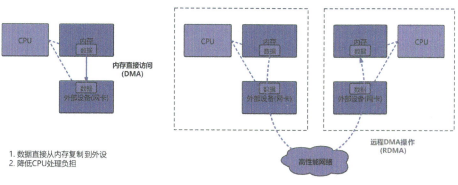

图 4-4　RDMA 实现数据的远程搬运

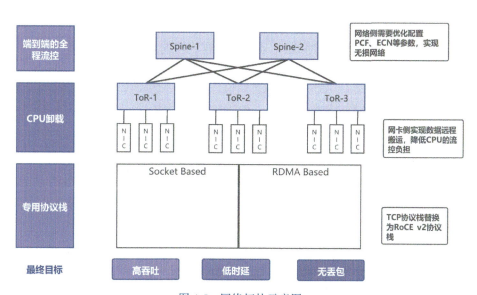

图 4-5　网络拓扑示意图

通常这两项技术可以独立存在，如无解释就是典型的内核旁路，DPDK 将从网卡收到的网络报文直接映射到用户态内存空间，从而减少一次内核到用户态的内存复制，且能够省去内核对报文的一系列处理流程；而网卡卸载则是网卡硬件功能，通过虚拟化技术，可以让多种网卡可以实现无解释的加解封装卸载。

RDMA 对上述两项技术都有采用。具体来说，专用的 RDMA 协议栈可以直接将用户态的内存数据映射到网卡,并省去了传统内核报文处理的一系列流程;此外,RDMA 可以将整个传输层的逻辑卸载,从而避免了消耗主机 CPU 处理流控的负担,最大程度上降低了主机 CPU 的使用和传输时延。

2. 网络侧

图 4-6 是网络侧拓扑示意图,在由 SDN 解决了路由控制问题的同时,要通过 RDMA 解决流量和拥塞控制问题。如果是交换机点对点两两互打的话,交换机不会产生较大的压力;每两点产生的流量再大,有线速保障的交换芯片也都可以顺利处理。但是,如果碰到多打一或者高速端口打低速端口的情况,则交换机必然会出现队列拥塞,这与交换机芯片的强大与否无关,只能从源端进行解决,就是把大流量变成原来的 N 分之一,才能够让出口那一端从容处理。为解决这种情况,一种最常用的源端分流方法是从 TCP 的端侧流控,但是其缺点是速度比较慢,可能在对端反馈过来之前,在网络的中途就已经丢包了。而 RDMA 可以解决这种问题,即采用全程流控的方法,让整个网络都可以参与流量拥塞的反馈调整。

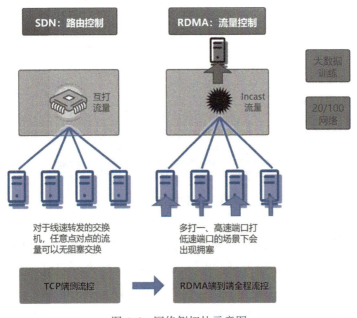

图 4-6 网络侧拓扑示意图

微软是当今的第一家在数据中心大规模部署 RDMA 的企业。微软在 2015—2018 年的 SIGCOMM 上有大量的论文来介绍 RDMA 在数据中心的部署。AWS 紧随微软之后部署了 RDMA。

3. 阿里在盘古云存储系统中部署 RDMA 的方案

从 2016 年开始,阿里就在部署 RDMA、提高传输性能方面投入专项研究。从底层网卡开始设计满足大规模应用的网络,并且结合阿里自己研制的 ToR 交换机,极大地提升了网络性能,最终建成了全球最大规模数据中心内的"高速网",能让时延显著降低 90%,突破了传输速度瓶颈。以 2019 年"天猫双 11"为例,基于 RDMA 网络技术的云存储和电商数据库服务器可以从容地应对峰值流量考验。图 4-7 是阿里的盘古云存储系统基于 CLOS(一种多级交换架构)的网络拓扑结构。

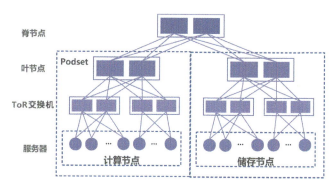

图 4-7　阿里的盘古云存储系统基于 CLOS 的网络拓扑结构

(1)网络和节点配置

盘古云存储系统部署了 Mellanox CX 系列双端口 RNIC 来连接带有两个不同 ToR 交换机的主机,这与常见的 Dual-Home 实践相一致。特别的是,该系统中两个物理端口能够绑定到一个 IP 地址。网络连接(如 RDMA 中的 QP)以循环方式(Round-Robin)在两个端口上进行均衡。当一个端口关闭时,此端口上的连接可以迁移到另一个端口。

表 4-2 介绍了 25Gbit/s 和 100Gbit/s RNIC 存储节点的典型硬件配置。每个节点的 SSD 数量由 RNIC 总带宽与单个 SSD 的吞吐量决定,这就能使 I/O 吞吐量与网络带宽相匹配。需要注意的是,25Gbit/s 和 100Gbit/s 配置中的 SSD 类型是不同的,这会导致数字不成比例。计算和存储节点部署在单个 Podset 中的不同机架中,计算节点数和存储节点数

由计算需求计算出。

表 4-2　25/100Gbit/s RNIC 存储节点的典型硬件配置

硬　件	25Gbit/s	100Gbit/s
CPU	Xeon 2.5GHz，64 核	Xeon 2.5GHz，96 核
内存	DDR4-2400，128G	DDR4-2666，128G×3
存储空间	1.92TB SSD×12	3.84TB SSD×14
网络	CX-4 Lx Dual-port	CX-5 Dual-port
PCIe	PCIe Gen 3.0	PCIe Gen 3.0

（2）RDMA 范围

为了让故障域最小化，盘古云存储系统只在存储节点和每个 Podset 内启用 RDMA 通信。计算和存储节点之间的通信通过专用用户空间 TCP 执行。这是因为计算节点的硬件有复杂的配置，更新速度快。所以，可以把 TCP 作为一个有效的独立于硬件的传输协议来应用。用户空间 TCP 比内核 TCP 更便于升级和管理，但是内核 TCP 具有通用性，常被用于跨 Podset 通信。

Podset 级 RDMA 的另一个关注点是生产部署。在常见的数据中心中，Podset 位于不同的建筑中（跨楼）。在交叉构建的 RDMA 链路中，基本链路延迟要大得多，而 PFC 机制需要更大的 headroom 缓冲区。在启用 RDMA 前，必须对 Spine 交换机上的 PFC/ECN 阈值仔细调整和测试。而这在目前还是一项没有取得足够成果的艰巨任务。

（3）RDMA/TCP 混合服务

传统 RDMA 部署的研究并没有探讨 RDMA 和 TCP 混合服务。在盘古云存储系统的部署中，整体遵循以可用性为第一原则，将 TCP 作为最后的手段。所以，当可用性或 SLA 受到威胁时，受到影响的链路将会从 RDMA 切换到 TCP，从而保持可用的带宽。未受影响的 RDMA 链接不会受此影响。

然而，即使 RDMA/TCP 流量被隔离在两个优先级队列中，共存的 TCP 流量在混合部署过程中仍会引发大量 TX 暂停（即 NICs 发送的 PFC 暂停帧）。表 4-3 介绍了盘古云存储系统在不同负载和大约 50% TCP 流量下的 TX 暂停生成率。测试在 Mellanox CX-4 25Gbit/s 双端口 RNIC 上执行。如此大量的 TX 暂停不仅对性能有害，而且可能导致 PFC 风暴。

表 4-3 盘古云存储系统在 RDMA/TCP 混合通信中的 TX 暂停

总 带 宽	TCP 带宽比率	TX 暂停
25Gbit/s	40%	0
30Gbit/s	45%	1Kpps
32Gbit/s	50%	8Kpps
35Gbit/s	46%	15Kpps

为了优化 TCP 的内存访问，阿里盘古云存储系统对数据访问过程进行了一些调整，以优化 TCP 的内存访问。首先，通过禁用大接收偏移量（Large Receive Offset，LRO）的方法减少内存带宽的使用。此外，非均匀存模型（Non-Uniform memory access，NUMA）的启用提高了内存访问的效率，从而对减轻 PCI-E 的压力提供了帮助。而且为了防止 TX 暂停，还为 RDMA 流量在 RNIC 上分配了更大的缓冲区。最后，使应用程序数据缓存线对齐（cacheline-aligned）技术提高了内存的使用效率。

4. 其他云服务提供商采用 RDMA 的方案

腾讯、京东、百度、星云等公司在 TensorFlow、Paddle、Amber 等平台上都利用 RDMA 技术做了二次开发。

在 2014 年前后，百度开始引入 RDMA 网络，并先后部署了 InfiniBand 集群和 RoCE v1 集群。到了 2015 年，百度分别在 SZWG 机房和 YQ01 机房大规模部署了 RoCE v2 集群，用于承载语音识别、自然语言和深度学习等相关的机器学习任务。目前，百度的 RDMA 集群总体规模为 600 台左右，是国内最大的一个 RoCE v2 网络。其中 NLP 机器翻译和语音识别训练使用 Open MPI 作为基础库，40G RDMA 通信性能相对于 10G TCP 网络提升了 1 个数量级。Paddle 图像训练使用类 Socket 库，在性能上也有不错的收益。简单来说，对于 Open MPI BenchMark，40G RDMA 相对于 10G TCP 能够提速 1~2 个数量级。

Amber，是腾讯微信–香港科技大学人工智能联合实验室（WHAT Lab）研发的一种深度学习计算框架，支持大规模分布式并行深度学习计算。其数据传输模块中的 RDMA 功能，使得 Amber 能够充分使用硬件 RDMA 性能，实现低延迟、高吞吐量的模型传输。这部分的 RDMA 功能由香港科技大学陈凯教授开发的 RoCE 提供技术支持。

京东人工智能研发团队也将 RDMA 技术使用到分布式的模型训练场景中，针对模型文件的高性能传输，满足了分布式训练的需求。在测试 RDMA 时，京东 IT 资源服务部的硬件系统部也发现，在 VM 的服务中提供同样物理服务器的情况下，利用 RDMA 来做数据传输，可以为计算提供几乎 100% 的 CPU 资源。CPU 在通信中的占用率降低了，用户就能利用这些 CPU 资源来做更多计算或提供其他的服务，这也相当于增加了 VM 的数量。

5. RDMA 应用中面临的问题

实现高性能的网络传输是 RDMA 的目标，但 RDMA 网络在协调低延迟、高带宽利用率和高稳定性方面仍然面临着根本性的挑战。这是因为高速意味着流以线速率开始，并且积极地攫取可用的网络容量，这会轻易地在大规模网络中造成严重的拥塞。除此之外，高吞吐量通常会导致深度数据包排队，从而挖掘延迟敏感流的性能和网络处理意外拥塞的能力。

RDMA 在应用中主要面临三个问题。

（1）PFC（优先流量控制）风暴

假设网卡驱动软件由于某种原因（比如挂死），无法及时处理网卡的接收队列，网卡一直处于拥塞状态，不间断地向上游发出 PFC，导致整集群通信中断，这就是 PFC 风暴。

曾经有一个带有 RDMA 的云存储（测试）集群遇到了一个持续时间很长的 PFC 风暴，导致网络范围内的大幅度流量下降。这是由于 Incast 事件和拥塞经常在这类集群中发生，且是否会有其他厂商的漏洞造成 PFC 风暴也是不确定的，所以需要尽量防止出现 PFC 暂停。因此，需要拥塞控制算法以快速降低速率，并且为避免触发 PFC 暂停，需保守地增加速率。这种处理方式确实得到了较少的 PFC 暂停（风险较低），但是网络中的平均链路利用率非常低（成本较高）。

（2）长延迟

机器学习（ML）中的一个应用程序抱怨短消息的平均延迟大于 $100\mu s$，它的期望是 RDMA 的尾部延迟小于 $50\mu s$。延迟时间长的原因是同一集群中带宽密集型的云存储系统把网络中的队列占用了。

（3）大规模组网的限制

从前文分析可知，RDMA 是具有超低延时、高吞吐特性的网络技术。对于数据中心来说，一个重要的考量因素是能否支持大规模的可扩展组网，在这一点上，当前的 RDMA 网络仍然存在一些瓶颈。

最主要的原因还是出自于硬件网卡的限制，为了大大降低主机 CPU 的处理负担，并降低时延，RDMA 将所有的传输层逻辑都放到硬件网卡上进行维护。但是硬件 RDMA 常常有连接数量的限制（数千量级），这对整个 RDMA 网络的可扩展规模影响很大，难以与大型数据中心上万量级的服务器规模相匹配。当前最大规模的 RDMA 集群物理服务器数量也只能在 1000 台左右。通常适用于机器学习训练以及分布式存储等专用集群。

与之相对应的，TCP 通常是靠 CPU 和内存维系传输状态，因此，只要内存够大，连接数就有机会扩展到百万级别，这非常适合大规模云数据中心场景。

综上所述，RDMA 实现了快速的远程数据搬运这一目标，技术上是多重优化的结合体（涉及主机侧的内核旁路、传输层网卡卸载以及网络侧的拥塞流控），达到的效果是高吞吐、低时延、低 CPU 损耗。同时，当前在组网规模上实现 RDMA 也存在配置与改造难度大等局限。

随着数据中心数据量的巨量增长与算力密集度的提升，数据中心中 RDMA 的流量比重将逐步上升。RDMA 的出现对高性能的计算集群的演进有一定的启发性，有着以下意义。

1）RDMA 在云数据中心中的引入，是大数据与智能计算大规模普及的必然结果，它也将成为数据智能时代的网络利器。

2）高性能集群计算，除了 RDMA 端到端的高性能通信外，还需要从网络的整体上、应用的通信结构上以及体系架构的异构性上做整体的优化。

3）国产化方面，对于 RDMA 技术的应用与改进有一些突破，但是 RDMA 的网卡芯片与网络交换芯片尚无法自主生产，国产化的道路还相对漫长。

4）RDMA 技术实现方面，技术复杂度与配置便捷性仍有可改进的空间，实现方式上有一些组合创新的可能。

4.2.3 面向大吞吐量低延迟 AI 业务的异构算力加速卡

算力是人工智能发展的基础，AI 模型构建所需算力呈现出跨越式增长，人工智能等新型数字化技术对算力的需求已经无法被单一架构处理器满足。为了充分释放算力，需要充分融合 CPU、GPU、FPGA、ASIC 等异构算力。现代超大规模云技术推动数据中心走向了新的架构，需要一种专门针对数据中心基础架构软件而设计的新型处理器，来卸载和加速由虚拟化、网络、存储、安全和其他云原生 AI 服务产生的巨大计算负荷。现在的成熟 CPU 处理器与自研芯片相比在性能、效率以及成本上的优势越来越小，因此，科技巨头们纷纷开始自研用于 AI 数据中心的专用算力加速卡。

1. 专用算力加速卡的类型

AI 数据中心中的专用算力加速卡有两种类型：可编程智能网卡和专用 AI 推理卡。

（1）可编程智能网卡

可编程智能网卡是具有独立的计算单元、能完成特定功能操作的网卡，可完成特定的重组加速、安全加速等操作，相对于普通网卡有较大的性能提升。可编程智能网卡上的可编程 ASIC 或 FPGA 单元有可以运行自定义软件的计算层，计算层可以为网络流量提供服务，并可以执行特定网络及数据中心基础设施功能，还为外部网络和服务器 OS 之间提供了额外的安全层。

目前的可编程智能网卡有 ASIC、FPGA 和片上系统（SoC）三种实现方式。基于 ASIC 的可编程智能网卡非常具有成本效益，可以提供最佳的性价比，但它的灵活性受 ASIC 中定义功能的限制；基于 FPGA 的可编程智能网卡则可以在可用逻辑门约束范围内，花费足够的时间和成本来相对有效地支持几乎任何功能；对于更复杂的、更广泛的用例，基于 SoC 的可编程智能网卡则具有良好的性价比、易于编程且高度灵活。

英伟达发布的 BlueField-2 DPU 就是一种基于 SoC 的智能网卡，它包括了 Mellanox 的网络和 ARM 处理器，还将 hypervisor、网络、安全以及存储方面的工作负载从 CPU 迁移到 DPU 上。DPU（Data Processing Unit，数据处理单元）是最新发展起来的专用处理器的一个大类，可以为高带宽、低延迟、数据密集的计算场景提供计算引擎，还可以作为 CPU 的卸载引擎，把 CPU 的算力释放到上层。DPU 还可作为新的数据网关，大幅提升安全隐私的保护。DPU 可作为存储的入口，将分布式的存储和远程访问本地化。DPU 可作为最灵活的加速器载体，成为算法加速的沙盒。

从根本上来讲，DPU 提供的是一个运行非应用型负载的可编程的协处理器，让服务器 CPU 资源更好地服务应用负载，它可以将服务器的计算、网络和存储资源分散开来，可以作为提供安全和网络加速服务的智能网卡。英伟达的 BlueField-2 集成了 Mellanox 的 ConnectX-6 Dx ASIC 网卡，提供 2×25/50/100 GbitE 或者 1×200GbitE 端口；安全方面，BlueField-2 能够提供隔离功能，为 IPsec 和 TLS 提供一个加密计算引擎进行加密；网络加速方面，支持 RDMA 和 RoCE，GPU Direct，SDN/NFV；存储方面，支持 NVMe-oF，包括重删和压缩。从定位来看，BlueField-2 已经和 AWS 的 Nitro 非常相似，阿里的神龙架构也有类似的 Offload 设定。

（2）专用 AI 推理卡

专用 AI 推理卡也可称为全定制化 AI 芯片，是一种基于传统芯片架构、对某类特定算法或者场景进行 AI 计算加速的芯片，其主流架构基于 ASIC。相较于通用的 AI 芯片，使用专用 AI 推理卡的优势是当深度学习算法稳定后，AI 芯片可采用 ASIC 设计方法进行全定制，使性能、功耗和面积等指标面向深度学习算法做到最优。

最具有代表性的专用 AI 推理卡之一就是谷歌 Argos VCU（Video Trans-coding Units）。谷歌设计自己的新处理器 Argos 视频（转）编码单元（VCU）的目的只有一个：处理视频。多年来，英特尔内置于其 CPU 中的视频编解码引擎一直主导着市场，不仅是因为它们提供了领先的性能和功能，还有易于使用的特点。但是因为定制的专用集成电路（ASIC）仅针对一种工作负载而设计，它的性能往往优于通用硬件。因此，谷歌转而为 YouTube 的视频处理任务开发自己的专用硬件，并取得了很好的效果。

2. 谷歌为什么自研 VCU

数据显示，用户每分钟向 YouTube 上传超过 500h 的各种格式的视频内容。谷歌需要将该内容快速转码为多种分辨率（包括 144p、240p、360p、480p、720p、1080p、1440p、2160p 和 4320p）和数据高效格式（如 H.264、VP9 或 AV1），所以对编码能力的需求很大。过去，谷歌转码/编码内容的选择有两种：一是英特尔的视觉计算加速器（VCA），包含三个 Xeon E3CPU，内置 Iris Pro P6300/P580 GT4e 集成图形内核和先进的硬件编码器；二是使用软件编码和通用英特尔至强处理器。

谷歌认为，以上两种选择对于 YouTube 的工作负载来说，都不够节能。视觉计算加速本身就相当耗电，使用至强 CPU 本质上要增加服务器的数量，带来额外的功率和更多的数据中心占用空间。因此，谷歌决定采用自研的定制硬件。

谷歌的 Argos VCU 与 GPU 中的流处理器不同之处在于，它集成了 10 个 H.264/VP9 编码器引擎、几个解码器内核、4 个 LPDDR4-3200 内存通道（具有 4×32 位接口）、1 个 PCIe 接口、1 个 DMA 引擎和 1 个用于调度目的的小型通用内核。除了谷歌自研的编码器/转码器外，VCU 大多数 IP 许可都是从第三方获得的，从而降低了成本。每个 VCU 还配备了 8GB 的可用 ECC LPDDR4 内存。

谷歌研发 VCU 的理念是把尽可能多的高性能编码器/转码器放入单个硅片中，并保持节能，之后把 VCU 的数量与所需的服务器数量分别扩展。谷歌在一块板上放置两个 VCU，然后在每个双插槽英特尔至强服务器上安装 10 个卡，让每个机架的解码/转码性能大幅提升。

3. VCU 加速替代 CPU

与英特尔 Skylake 驱动的服务器系统相比，Argos VCU 在性能、TCO（总体拥有成本）、计算效率方面实现了 7 倍（H.264）和 33 倍（VP9）的提升。Avgos VCU 与英特尔的 CPU 相比，这样的提升使其有着很大的成本优势，这也让 Avgos VCU 成为视频巨头 YouTube 的更优选择。

表 4-4 是谷歌分享的不同系统环境下 VCU 与 CPU、GPU 的性能表现，单个 Argos VCU 明显仅比 H.264 中的 2 路 Skylake 服务器 CPU 快。但是，单个服务器中可以安装 20 个 VCU，VCU 在效率的角度胜出了。对于要求更高的 VP9 编解码器，谷歌的 VCU 比英特尔的双路至强快了五倍，效率优势明显。

表 4-4 不同系统环境下 VCU 与 CPU、GPU 的性能表现

系统	吞吐量（MPix/s）H.264	吞吐量（MPix/s）VP9	性能/TCO H.264	性能/TCO VP9
2-way Skylake	714	154	1x	1x
4×Nvidia T4	2484	—	1.5x	—
8×Google ArgosVCUs	5973	6122	4.4x	20.8x
20×Google ArgosVCUs	14932	15306	7x	33.3x

自从谷歌的 Argos VCU 投入使用，这款专用 AI 推理卡已经取代了许多基于至强的 YouTube 服务器。

目前，谷歌已经在开发支持 AV1、H.264 和 VP9 编解码器的第二代 Argos VCU。现在尚不清楚谷歌何时会部署新的 VCU，但是很明显，谷歌希望尽可能舍弃通用处理器转而使用自己的专用处理器。

4. 国产 AI 推理卡

寒武纪、地平线、紫光、比特大陆、燧原科技、依图科技等国产芯片厂家百花齐放。

大力发展出如嵌入式神经网络（NPU）、深度学习处理器芯片指令集、人工智能本地化机器学习芯片、基于 FPGA 的 DPU 等多种优秀产品。我国 AI 芯片厂商正从原来强调算力和独特技术的倾向逐渐向针对特定应用场景而优化的方向转变。随着 AI 应用的普及和成效开始凸显，国产 AI 芯片将迎来全面爆发和增长。

4.2.4　基于持久化内存的高性能存储

高性能计算、大数据和人工智能的融合存储需求不断增长，需要处理的数据集也在持续增加，高性能数据分析工作负载生成大量随机读取和写入。人工智能工作负载的读取需求远超传统高性能计算工作负载。为避免数据丢失，从设备流向高性能计算集群的数据需要更高的服务质量。

现在，变得与写入带宽同等重要的是数据访问速度，数据集的查询、分析、过滤和转换有赖于新的存储语义，能够允许全新工作流程将高性能计算、大数据和人工智能相结合以进行数据交换和通信的、基于持久化内存的高性能存储就变得非常重要了。

1. DAOS 软件堆栈

分布式异步对象存储（DAOS）的基础是英特尔构建的百亿亿次级（Exascale）存储堆栈。DAOS 是一种开源软件定义横向扩展对象存储，面向高性能计算应用，提供高带宽、低延迟和高 IOPS 的存储容器。下一代以数据为中心的工作流程将会结合仿真、数据分析和人工智能，而 DAOS 能够为这些工作流程提供支持。DAOS 重新构建了全新的 NVM 技术，与主要针对旋转介质设计的传统存储堆栈不同，DAOS 选择了为访问高细粒度数据提供原生支持的 I/O 模型，以此释放下一代存储技术的性能。图 4-8 是 DAOS 的存储拓扑示意图。

现有的分布式存储系统多为高延迟点对点通信，但 DAOS 不同，它使用了能够绕过操作系统的低延迟、高消息速率的用户空间通信。DAOS 服务器将元数据保存在持久内存中，同时，将批量数据直接保存在 NVMe 固态硬盘中。为提供对于持久内存的事务访问，DAOS 使用了持久内存开发套件（PMDK），并使用存储性能开发套件（SPDK）为 NVMe 设备提供用户空间 I/O。这种架构让数据访问速度比现有存储系统快好几个数量级（从毫秒（ms）级加快到微秒（μs）级）成为可能。

图 4-9 描述了 DAOS 软件堆栈。DAOS 软件堆栈依赖客户端-服务器模型，I/O 操作将

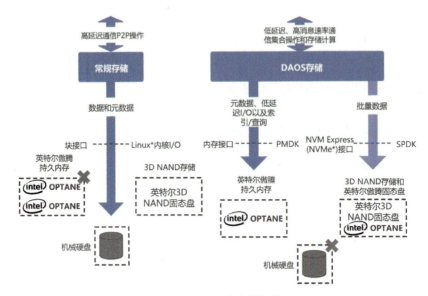

图 4-8　DAOS 的存储拓扑

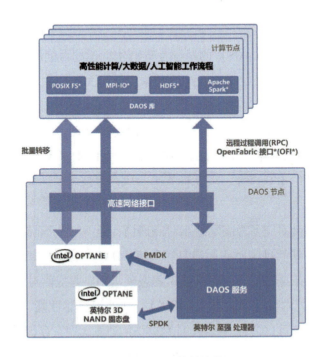

图 4-9　DAOS 软件堆栈

在与应用直接连接的 DAOS 库中处理，并由在 DAOS 服务器节点（DN）上的用户空间中运行的存储服务提供支持。

2. 应用接口和 I/O 中间件集成

DAOS 容器通过多个 I/O 中间件库向应用公开，可以达到在提供平滑迁移路径的同时大幅减少应用代码的修改量（甚至无须修改）的目的，图 4-10 展现了 DAOS 的生态系统。在 DAOS 库顶部运行的中间件 I/O 库包括 POSIX FS、MPI-I/O、HDF5 等。

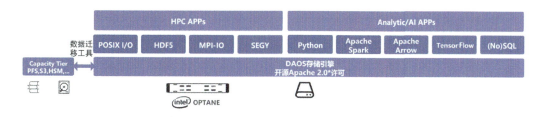

图 4-10 DAOS 生态系统

a) DAOS 的用户接口和生态系统　b) DAOS 中间件生态系统

1) POSIX FS：DAOS 提供两种支持 POSIX 的操作模式。第一种模式是针对生成无冲突操作以支持高并发性的"行为良好"的应用。第二种模式是面向对一致性要求更为严苛但可牺牲部分性能的应用。

2) MPI-IO：ROMIO 驱动程序在 DAOS 顶部为 MPI-IO 提供支持。使用 MPI-IO 作为 I/O 后端的应用或中间件 I/O 库都可以与让驱动程序在 DAOS 顶部无缝使用。这一驱动程序已推送到上游的 MPICH 存储库，并且可移植到其他使用 ROMIO 作为 MPI-IO 标准 I/O 实现的 MPI 实施方案中。DAOS MPI-IO 驱动程序直接基于 DAOS API 构建。

3) HDF5：HDF5 虚拟对象层（VOL）连接器使用 DAOS 来实现 HDF5 数据模型。通过 VOL 插件，使用 HDF5 表示和访问数据的应用只需进行少量修改（甚至无须修改）现有 HDF5 API 的代码，就可以利用 DAOS 容器替换 POSIX 文件中的传统二进制格式。该连接器通过原生 DAOS 后端实现官方 HDF5 API。在内部，HDF5 库管理 DAOS 事务并提供从 H5Fopen 到 H5Fflush、H5Fclose 的一致性。另外，HDF5 通过 API 扩展提供异步 I/O、快照和查询/索引等新功能。

4.3　AI 数据中心的建设

近年来，随着"新基建"的提出带来的 5G、AI、区块链、物联网等新兴技术的迅猛发展，数据流量出现了爆发式的增长，数据中心机架随之出现供不应求的情况。并且，根据 IDC 估算，2020 年全球数据中心的市场规模约为 623 亿美元，未来还会保持持续性的增长。建设具备 AI 能力、绿色节能、灵活高效的 AI 数据中心的需求应运而生。建设 AI 数据中心，包括以下五个方面。

4.3.1　计算能力建设

计算资源是人工智能算力的基础，适用人工智能、云计算、大数据等众多使用场景。当前的 AI 运算，很多都属于并行运算密集型场景，此类应用场景对计算资源需求量大、性能要求高，业界的算力主要由基于 X86 架构的 CPU 服务器所提供，随着芯片工艺面临物理极限，CPU 性能的发展速度逐渐变慢，此类服务器核心计算部件 CPU 计算能力与人工智能需求间的差距越来越大。AI 数据中心应引入新的算力提供方式。

1. AI 芯片

传统 CPU 服务器由于采用的是串行架构，擅长逻辑计算，负责不同类型的数据处理及访问，同时逻辑盘引入了大量分支跳转中断处理，使得 CPU 内部结构复杂，受芯片工艺制约，目前 CPU 算力的提升多以堆核数来实现。但人工智能计算场景中，以深度神经网络（Deep Neural Networks，DNN）为代表的深度学习神经网络算法中有大量卷积、残差网络、全连接等特殊计算需要处理，传统 CPU 中大量的计算逻辑控制单元在 AI 计算中并不会大量参与，传统 CPU 架构已被证明不能满足需要大量并行计算的此类算法。通过加入 GPU 等 AI 芯片为主体的服务器架构，则可以适应人工智能的需求场景。

在 AI 数据中心加快步伐部署 48 核以及 64 核等更高核心 CPU 来应对激增的算力需求的同时，为了应对计算多元化的需求，越来越多的场景开始引入专用的 AI 芯片（如 GPU）、专用 AI 芯片（如 FPGA、ASIC）等异构硬件，这些硬件承担了大部分的算力需求。

1）图形处理器（Graphics Processing Unit，GPU）：具有数以千计的计算核心，应用吞吐量为 CPU 的 10~100 倍，专为矩阵数学运算进行优化，可提供 PFLOPS（每秒浮点运算次数（Floating Point Operations Per Second，FLOPS），它是衡量一台计算机计算能力的标准。1PFLOPS 等于每秒 1 千万亿次浮点运算）级性能。使用 GPU 来训练深度神经网络，所使用的训练集可以更大，所耗费的时间能够大幅缩短，占用的数据中心基础设施也更少。相比于其他的定制化神经网络计算芯片，GPU 具有更好的可编程性和通用性。

2）现场可编程门阵列（Field-Programmable Gate Array，FPGA）：其灵活性介于 CPU、GPU、ASIC 之间，在硬件固定的前提下，允许灵活使用软件进行编程。近年来，FPGA 在数据中心的应用日益广泛，已在全球七大超级云计算数据中心（IBM、Facebook、微软 Azure、AWS、百度云、阿里云、腾讯云）得到部署。

3）专用集成电路（Application Specific Integrated Circuit，ASIC）：是一种为专用目的设计的、面向特定用户需求的定制芯片的统称。谷歌的 TPU、Pixel Visual Core、英特尔的 Myriad 系列 VPU 等各式各样的 ASIC 芯片相继问世。

2. 当前主流的 AI 芯片-GPU

（1）GPU 与 CPU 协同工作原理

当前，CPU 和 GPU 的结合计算可以提供巨大的计算能力，是主流的 AI 模型训练解决方案。下面以 GPU 计算部件为例，详细说明 GPU 与 CPU 协同工作，其架构图如图 4-11 所示。

GPU 与 CPU 的协同工作大致可以分为以下几个流程。

- 在人工智能算法的训练过程中，待处理的数据从 CPU 内存复制到 GPU 显存中。
- CPU 将程序指令发送给 GPU。
- GPU 的多计算核心对现存中的数据执行相关处理，并将结果存放在显存中。
- 将计算结果从 GPU 显存复制到 CPU 内存中。

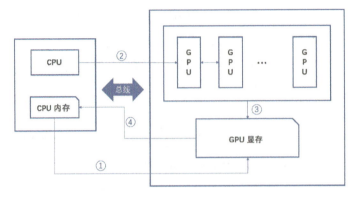

图 4-11　GPU 与 CPU 协同工作的架构图

在此架构中，CPU 主要负责总体的工作协调和计算结果汇总，大量的可并行计算负载则由 GPU 加速部件完成。通过使用 GPU 的这种高性能并行计算能力，可以大幅缩短 AI 算法模型的训练时间，提高算法模型迭代效率。

（2）GPU 参数与算力表

通常，人们使用每秒浮点运算次数（FLOPS）来衡量 GPU 的算力，即 GPU 处理浮点数的能力，其计算公式为

浮点运算能力=处理器核数×每周期浮点运算次数×处理器主频

常用的还有 MFLOPS（megaFLOPS）代表每秒一百万次的浮点运算；GFLOPS（giga-FLOPS）代表每秒十亿次的浮点运算；TFLOPS（teraFLOPS）代表每秒一万亿次的浮点运算；PFLOPS（petaFLOPS）代表每秒一千兆/一千万亿次的浮点运算；EFLOPS（exa-FLOPS）代表每秒一百京/一百亿亿次的浮点运算。浮点运算能力最强的超级计算机之一为富士通与日本理化学研究所共同开发的超级计算机富岳，其以 442 PFLOPS 的计算速度成为 TOP500 排名第一的超级计算机。

英伟达比较有代表性的 GPU 产品 A100 的计算能力表见表 4-4。

表 4-4　英伟达 GPU A100 计算能力表

数 学 精 度	浮点运算能力
FP64	9.7 TFLOPS
FP64 Tensor Core	19.5 TFLOPS
FP32	19.5 TFLOPS

(续)

数 学 精 度	浮点运算能力
TensorFloat32（TF32）	156 TFLOPS ǀ 312 TFLOPS *
BFLOAT16 Tensor Core	312 TFLOPS ǀ 624 TFLOPS *
FP16 Tensor Core	312 TFLOPS ǀ 624 TFLOPS *
INT8 Tensor Core	624 TFLOPS ǀ 1248 TOPS *

当前，用于 AI 训练的默认数学精度是 FP32，没有张量核心加速。A100 的 Ampere 架构引入了对 TF32 的支持，使得 AI 训练时可以使用张量内核。在表 4-4 中，对于 TF32，A100 可以达到 156～312 TFLOPS 的计算能力，即每秒可以进行 156 万亿～312 万亿次的 32 位张量计算。但与此同时，性能越好的产品往往意味着更高的价格。随着人工智能技术飞速发展，带来了对算力的持续性需求的增长，如何根据业务需求选择合适的 GPU 产品，并且将有限的 GPU 资源发挥出最大的效用也是一个十分重要的问题，在后文将详细探讨用于解决这一难题的 GPU 虚拟化、GPU 资源调度等技术点。

3. 异构芯片互联互通

过去，随着半导体技术的进步和频率的提升，绝大多数计算机应用不需要结构性的变化或者特定的硬件加速，即可不断提升性能。随着人工智能、5G 等新兴技术领域的迅速发展，实际应用当中经常会碰到内存、功耗等方面的限制。由于计算芯片拥有以上提及的多种不同的架构、指令集与功能，如何通过引入特定单元，使得不同类型的计算单元都可以执行自己擅长的任务，让计算系统成为计算能力更强大、更高效的混合结构成为一个必须要解决的问题。异构计算是一种可以实现异构芯片互联互通、提高计算系统处理效率的有效技术方案，不仅可以合理有效分配计算资源，还可以降低成本。

异构是将 CPU、DSP、GPU、ASIC、FPGA 等不同制程架构、不同指令集、不同功能的计算单元，组合起来形成一个混合的计算系统。目前，AMD 和 Intel 通过 Chiplet（AMD）、Foveros（Intel）等技术，正在致力于实现统一的高速互联，实现 CPU、GPU、FPGA、ASIC 等计算单元的按需组合，来应对更多样的异构计算需求。例如，在 AI 训练流程的数据准备阶段，不但使用一般的结构化数据，也有大量图片、声音、视频等非结构化数据，针对结构化数据，通常 I/O 占比远高于计算占比，因此这部分数据的处理依旧以 CPU 为主；但对于非结构化数据处理，使用异构计算可以显著提升数据处理能力。

在 AI 模型训练过程当中，目前的深度模型主要是基于张量（Tensor）的模型，AI 处理器就需要较强的乘累加（MACC，基础的矩阵计算操作）处理能力，GPU、TPU 等其他芯片在此时就能够发挥出它们的优势，可以提高训练速度。

4. AI 服务器

AI 算力机组是生产算力的核心和基础，是以 CPU+GPU 加速芯片为主体的异构计算架构，是面向 AI 应用、承载 AI 数据中心计算能力的核心基础设施。区别于传统 CPU 服务器，AI 算力机组由于内置多颗 AI 芯片，考虑到系统散热、噪声、能源效率、延迟等因素，服务器系统结构、拓扑架构设计面临巨大挑战，需要深度优化结构，极致优化的散热设计，确保高功耗下保持高稳定性，同时高效利用冷热风流水流，实现低功耗高散热的冷却系统环境。

同时，虽然整体架构类似，但是应用在不同场景中的 AI 服务器在设计上会存在差异。例如，云端训练场景普遍具备大存储、高性能等特点，其数据处理能力会达到千万亿次每秒；云端推理场景则更强调数据吞吐率、能效和实时性；边缘推理场景则是在稳定的前提下将效率推向极致。因此，AI 服务器的技术选型和部件配置需针对不同的业务场景做相应的调整优化。

计算能力的提升会导致 AI 服务器产生一系列新要求，其基本设计思路如下。

1) 并行处理拓展能力：AI 服务器中除 CPU 外，需根据业务需求补充可支持高性能并行处理的计算加速部件，如 GPU、FPGA、ASIC 等。新一代存储体系的优化，可以使用如全闪存储、混闪存储、NVMe 协议、软件定义存储等新技术，根据业务需求确定存储形态，构建安全可靠、性能更快、空间利用率更高、可扩展性更强的存储系统。

2) 存储能力与计算能力匹配：缓存、内存、外存等构成的存储体系因性能无法和计算部件匹配而成为瓶颈。

3) 高速的数据传输连接：集群内部通过建立 AI 芯片之间的高速互联通信，可以有效提升 AI 服务器的整体计算能力。这方面的设计包括 NVIDIA 针对 GPU 设计的 NVLink 协议以及支持多种 AI 芯片的 OAM（OCP Accelerator Module）协议互联通信等。集群间可尝试使用 100G 以太网技术，在实现高传输速率的同时，推进以以太网技术为基础的高性能计算网络、存储交换网络、通用计算网络间的"三网合一"。

4.3.2 网络能力建设

大数据、计算能力、算法的快速迭代,正驱动着人工智能的发展和应用进入新阶段,数据的海量增长对数据中心网络的低延时、无丢包、高性能等方面提出了更高的要求。本节就数据中心网络演进及 AI 数据中心可采用的数据中心网络技术进行探讨。

1. 传统数据中心的三层网络架构

自 21 世纪初,随着谷歌和亚马逊为代表的互联网企业的兴起,云计算技术得以快速发展,产生了数据中心(IDC)的建设浪潮,三层网络架构被普遍采用,如图 4-12 所示。

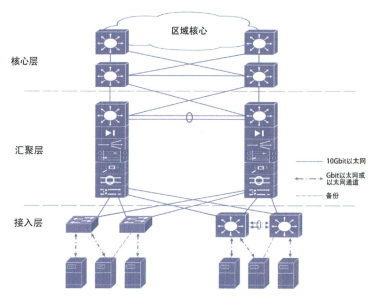

图 4-12　三层网络架构

此架构数据中心一般由核心层、汇聚层、接入层三层网络构成。

1)核心层(Core):负责流进、流出数据中心数据流的高速包交换,以及多个汇聚层之间的路由,实现整个数据中心与外部网络的三层通信。

2)汇聚层(Aggregation):实现服务器到服务器之间多种业务流的二层交换,支持生成树协议。集成了业务功能,支持负载均衡、防火墙、网络分析等。

3)接入层(Access):负责服务器的接入,通常以交换机的形式存在。

2. 数据中心网络向 Spine Leaf 架构升级

2010 年后，随着数据中心开始采用虚拟化技术，网络中出现了大量的虚拟机（Virtual Machine，VM），微服务架构开始流行，虚拟机之间的数据流量大幅增加。而在传统三层架构中，服务器之间的通信需经过接入交换机、汇聚交换机和核心交换机。这意味着核心交换机和汇聚交换机的压力不断增加，基础 IT 资源需跟上上层数据传输需求，就需要有高性能、端口密度大的汇聚层和核心层设备，从而导致设备升级花费陡增。

Spine Leaf（叶脊）拓扑网络架构由此登上舞台。相比于传统网络的三层架构，Spine Leaf 变成了两层架构。

1）Spine 类似于上层架构中的核心交换机，叶和脊交换机之间通过等价路由（Equal Cost Multi Path，ECMP）动态选择多条路径。

2）Leaf 相当于传统三层架构中的接入交换机，作为柜顶式（Top of Rack，TOR）直接连接物理服务器。

图 4-13 展示了三层网络和 Spine Leaf 网络的对比。

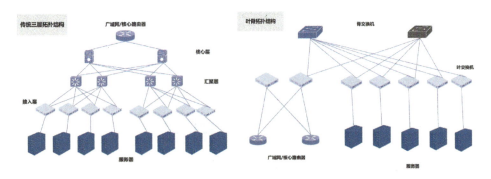

图 4-13 传统三层网络和叶脊架构网络

Spine 交换机下行端口数量决定了 Leaf 交换机的数量，而 Leaf 交换机上行端口数量决定了 Spine 交换机的数量，它们共同决定了 Spine Leaf 网络的规模。任意两台 leaf 交换机之间的通信路径是一致的：Leaf→Spine→Leaf，每个 Leaf 交换机都连接到结构中的每个 Spine 交换机，无论服务器连接到哪个 Leaf 交换机，它总是必须跨越相同数量的设备才能到达另一个服务器，除非另一个服务器位于同一个 Leaf 交换机上。因此，穿越 Spine Leaf 网络的延迟时间，是可以被控制和预测的。Spine Leaf 网络架构的优势如下。

1）扁平化：扁平化设计缩短了服务器之间的通信路径，从而降低延迟，可以显著提高应用程序和服务性能。

2）带宽利用率高：每个 Leaf 交换机的上行链路以负载均衡方式工作，充分利用了带宽。

3）易扩展：如果 Spine 交换机的带宽不足，只需要增加 Spine 的节点数则可以提供路径上的负载均衡；如果接入连接不足，则只需增加 leaf 节点数。

4）安全性和可用性高：传统网络采用生成树协议（Spanning Tree Protocol，STP），当一台设备故障时就会重新收敛，影响网络性能甚至发生故障。Spine Leaf 架构中，一台设备故障时，不需重新收敛，流量可以继续在其他正常路径上通过，网络连通性不受影响，带宽也只减少一条路径的带宽，性能影响微乎其微。

3. AI 数据中心"三网合一"

由于按传统底层基础设施所提供的服务能力已无法适应当前业务急剧扩展所需的资源要求，AI 数据中心建设必须从根本上改变传统思路，利用适配未来 AI 技术发展的崭新体系结构思路来构造新的数据中心网络架构，以满足现有数据中心需求分析中所描述的系统建设需求和目标。

传统数据中心经常共存三种不同协议的网络：高性能计算网络（InfiniBand 或其他专有技术）、存储交换网络（FiberChannel）、通用计算网络（Ethernet）。业务在某个或多个区域间的数据流动依赖于数据中心网络提供的高质量服务，例如，自动驾驶场景下，路侧或车侧每时每刻产生的视频数据、感应数据等探测数据，这些数据经过清洗在高性能计算集群中进行 AI 训练，得到不同的智能导航算法，算法在单车上应用，实现单车针对不同场景的自动驾驶。在这个持续循环过程中，网络就是连接计算和存储的中枢神经，贯穿数据处理的全生命周期。数据中心算力水平不仅取决于计算服务器和存储服务器的性能，在很大程度上也会受到网络性能的影响。传统数据中心中，服务器所需的资源虽然网络化，但并没有集中化，仍分散在不同的网络环境中，传输资源无法统一调度和充分复用。

随着深度学习在高性能计算领域的不断拓展，互联网应用成为一种趋势，新兴的应用推动高性能计算网络中无限带宽（InfiniBand）与以太网，尤其是采用远程直接内存访问（Remote Direct Memory Access，RDMA）技术的以太网的融合。目前，深度学习中主流的学习框架如 TensorFlow、Caffe、Cognitive Toolkit、PaddlePaddle 都可以很好地支持基于融合以太网的远程直接内存访问（RDMA over Converged Ethernet，RoCE），从而大幅度加快深度学习的训练速度，缩短训练时间。

存储交换网络一直追求提高存储盘和 CPU 的使用效率，近年来 RoCE 技术因其更低时延、更高吞吐、远超 FC 的更高带宽、更低成本成为存储网络技术的新趋势；随着更高速率的固态硬盘（Solid-State-Drive，SSD）不断替代硬盘，存储需要更高速、更高效的网络，存储业务系统开源软件（如 Ceph）的广泛应用并云化，进一步加速了存储交换网络中使用以太网技术的这个趋势。

可以看到，随着以太网技术生态的不断完善，传统数据中心中竖井式的三类物理网络必将走向统一。

标准以太网络由于其工作机制，云上数据复制会由于拥塞丢包从而造成处理器空闲，导致整体并行计算性能下降，无法通过简单增加服务器数量来提升整体计算性能。为保证三网统一的实现，AI 数据中心网络必须提供高品质的传输能力能够满足高性能、低延迟、不丢帧的要求。

AI 数据中心，可通过采用智能无损网络技术，来提升数据中心内网络性能。

在无损网络方面，标准以太网络虽然有服务质量（Quality of Service，QoS）以及流量控制能力，但执行机制通常是通过静态水线控制。静态水线无法适应未来数据中心的存储业务流量，设置过高可能引发丢包，设置过低则无法充分释放存储的 IOPS 性能。在具备 AI 能力的数据中心中，可将 AI 机制引入到交换机中，一方面交换机可以毫秒级感知流量变化，另一方面基于海量存储流量样本持续训练获得的 AI 算法可以通过智能动态调整队列水线实现亚秒级流量精准控制。

在可靠性方面，通过交换机毫秒级主动告知故障，联动存储协同倒换，可支持亚秒级的网络故障倒换，真正实现网络单点故障存储业务无感知。

在网络易用性与运维方面，通过无损以太网络环境下的存储热插拔，相比传统以太网逐节点、逐 ZONE 手工配置方式，可以做到业务单点配置、全网同步，实现存储设备的即插即用。

将通用计算网络、高性能计算网络和存储交换网络统一承载在基于无损以太网络技术栈上，实现三网协议统一，TCP、RoCE 数据混流运行，打破传统分散架构限制，最大程度释放整体计算性能。

如上所述，在数据中心的整个生命周期中，80% 以上的时间都是在运维，运维效率在一定程度上决定了数据中心的运行效率。基于统一的网络数字孪生底座，当网络管理层实现管理、控制、分析能力融合后，通过大数据和 AI 技术，以一套智能运维系统来实现规划、建设、维护、优化，代替人工来处理重复和复杂工作，并可基于海量数据提升网络预测和预防能力，打破多工具多平台分散管理限制。

如图 4-14 是以太网实现三网合一后的组网架构，可以看出，采用以太网进行统一管理，将大大简化网络维护工作。

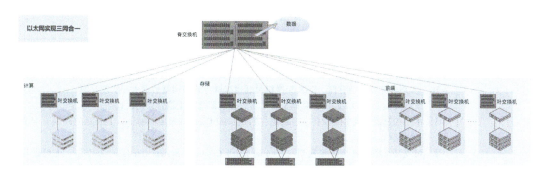

图 4-14 以太网实现三网合一

4.3.3 存储能力建设

存储系统是整个 IT 系统的基石，是数据中心 IT 技术赖以生存和发挥效能的基础平台。

早先的存储形式是存储设备（通常是磁盘）与应用服务器其他硬件直接安装在同一个机箱之内，并且存储设备是给本台服务器独占使用的。随着数据中心规模不断扩大，数据中心内服务器数量不断增多，磁盘数量也在增加，存储设备分散在不同的服务器上，每一个存储设备的运行状况都需要到不同的应用服务器上去查看。更换磁盘也需要拆开服务器，中断应用，不利于互联网应用中不间断使用的场景。于是，将存储磁盘从服务器中脱离出来，集中到一起统一管理的存储主机出现了。

1. 数据中心主流存储产品

目前，数据中心中常用的 X86 架构存储产品类型包括高端集中型存储、闪存集中型存储、对象存储以及采用通用服务器设备实现的超融合或分布式存储系统。高端集中型存储采用高性能、高可靠、大容量、低延时的存储系统，可提供多控横向扩展体系架构，可用于核心数据库、管理运维服务等关键计算资源的数据存储。闪存集中型存储针对闪存磁盘专门优化，用于承载对延时、IOPS 有极高要求的大型桌面虚拟化、高并发数据库等业务系统，可用于关键计算资源的数据存储。分布式存储可通过使用存储型服务器设备来实现，采用通用的服务器架构和标准的硬件平台，提供一套高可靠、高性能、易扩展、灵活弹性、可快速部署且成本低廉的存储系统。

它们的主要特点见表 4-5。

表 4-5 数据中心存储产品特点

类型	特点
高端集中型存储	1）通过存储区域网络（Storage Area Network，SAN）与关键计算资源池主机、云计算资源池互连，实现业务数据的存储。SAN 交换机可通过级联方式与同城数据中心实现互通 2）承载关键业务的多控融合存储系统平台，控制器之间紧耦合架构设计 3）多个控制器之间外部设备互联通道（Peripheral Component Interconnect Express，PCIe）全交换、全局共享缓存等 4）可支持小型计算机系统接口（Internet Small Computer System Interface，iSCSI）、光纤通道（Fibre Channel，FC）、以太光纤通道（Fibre Channel over Ethernet，FCoE）、无线带宽技术（InfiniBand，IB）及 100GbE 等主流主机接口 5）融合数据护、灾备功能重要组件采取冗余配置，以保持高容错性和高系统可靠性 6）具备高可靠、高性能、高扩展、智化等特点 7）支持磁盘巡检、跨 RAID 卷技术，支持 RAID 磁盘更换后的快速重建 8）支持存储自动分层、自动精简、QoS 等功能 9）支持跨 RAID 逻辑单元（Logical Unit Number，LUN），支持在不停止业务的情况下扩容 10）支持双活或远程复制，同时支持一对多式或级联远程复制等多种容灾方式
闪存集中型存储	1）通过 SAN 与关键计算资源池主机、云计算资源池互连，实现业务数据的存储。SAN 交换机可通过级联方式与同城数据中心实现互通 2）通厂商会使用 SSD 缓存优化算法，对全固态硬盘进行优化，以应用于高性能环境下的高可用存储场景 3）支持横向扩展的集群模式，支持在线扩展控制器 4）支持快照及恢复、数据克隆容灾复制、存储集群数据容灾复制、虚拟化场景数据等多种功能，且无须额外附加软硬件 5）支持快速高效的在线数据重删和全局压缩 6）支持集群模式下存储系统用于 PB 级全固态存储 7）支持多盘冗余，提供无损性能和存储容量的快速重建

(续)

类型	特点
分布式存储	1）分布式存储架构，冗余设计，无单点故障 2）系统规模动态扩展、缩减，性能随系统规模线性增长 3）标准可移植操作系统接口（Portable Operating System Interface，POSIX），支持文件顺序接口，支持文件顺序/随机读写 4）副本和纠删码机制，跨存储节点数据冗余，无单故障支持不停机数据自动检测、修复 5）采用数据与副本存储位置分离等技术实现机架级、机房级容灾 6）支持权限控制、目录配额分级存储元数据集群等高级功能 7）支持 100GB、InfiniBand 等多种主机接口

2. 面向 AI 的存储产品

高质量的模型需要通过反复高效的训练学习，才能发挥满足设计目标的 AI 能力，而在整个模型的学习和训练过程中，存储系统是大规模资源调度和性能优化的关键点，AI 场景下的数据存储有以下特点。

1）海量非结构化数据：样本数据集的大小会影响训练模型的精准度，通常训练任务的文件数量可以达到亿级别；大部分场景如图像识别、语音识别、自动驾驶等，其模型训练使用的是图片、音频片段或视频片段等非结构化数据。

2）数据共享访问：AI 计算集群中的服务器访问同一共享存储源，以保证不同服务器上访问数据的一致性。

3）数据读多写少：AI 训练的特点是读多写少，模型训练过程中，一般会对数据集进行多次读取并进行计算，很少产生中间数据，模型的迭代需要大量数据支撑，并且模型训练往往需要多个批次。所以，数据的读取速度会对训练时间产生很大影响。

AI 数据中心存储系统在满足 AI 场景的同时，还需满足数据的高可靠和可用性等基本要求。分布式存储已成为对 AI 场景下数据进行管理的一个普遍接受的解决方案，其优势如下。

1）通常一个分布式存储系统可以同时提供文件存储、块存储和对象存储这三种形式的服务，以满足 AI 计算集群对文件访问接口的需求，匹配 AI 的上层平台。

2）相比于集中式存储架构，分布式存储易扩展的天然优势，避免了数据孤岛的产生；高度并行下的 AI 工作负载，分布式存储架构中 CPU 和内存的工作压力优于集中式存储。

3）很多分布式存储产品可在应用不感知的前提下，周期性地做数据检查，可发现并修复静默数据错误和集群中副本间不一致的数据。

3. 数据中心间数据容灾

随着数据量成指数级增长，AI 数据中心需拥有高可用的存储架构以减少甚至消除正常和非正常的停机对业务可用性造成的影响。建立多个数据中心来实现业务的容灾成为必然的选择。

建立多个数据中心来承载业务系统的主要目的是实现应用的高可用性，根据数据中心之间的关系，通常将数据中心分为表 4-6 中的三个类型。

表 4-6 不同类型的数据中心

数据中心	详细描述
主数据中心/灾备数据中心	1）用户所有的业务系统在主数据中心中运行，而灾备数据中心为业务系统提供冷备或热备 2）当主数据中心的应用出现故障时，可以将单个应用或者数据中心整体切换到灾备数据中心
双运营数据中心	1）一部分应用在第一个数据中心运行，另一部分应用在第二个数据中心运行 2）两个数据中心实现应用的互备，当某个应用出现故障时，由对应的备份数据中心应用接管服务
双活数据中心	1）两个数据中心都是在线运行的，一个数据中心中断之后，另外一个数据中心还是在正常运行的 2）对用户来说是不可感知的，业务几乎不受影响 3）充分利用资源，避免一个数据中心常年处于闲置状态而造成浪费 4）通过资源整合，"双活"数据中心的服务能力是双倍的

存储双活技术是双活数据中心的重要基础，存储双活技术使数据能够在数据中心内部以及数据中心之间共享、存取或移动，从而将不同的存储系统联合成单一资源。它允许地理上分离的两个数据中心间的存储系统同时进行数据存取，保证了数据的可靠性和可用性。

利用跨数据中心的存储虚拟化功能和数据镜像功能，结合上层应用集群，使两个数据中心都处于运行状态，可同时承担相同业务，提高数据中心的整体服务能力和系统资源利用率，并且互为生产和备份，当单数据中心故障时，业务会自动切换到另一数据中心，实现复原点目标（Recovery Point Objective，RPO）等于0，复原时间目标（Recovery Time Objective，RTO）约等于0，解决了传统灾备中心不能承载业务和业务无法自动切换的问题。

结合未来数据中心规模不断增大、用户数据指数级增长的背景，AI数据中心建设应在单数据中心中选择匹配应用需求的存储架构，同时基于自身信息安全保障角度，采用双活数据中心架构，在数据中心内数据冗余的前提下实现跨数据中心数据安全。

4.3.4 软件系统建设

在数据中心云化阶段，云计算数据中心将软硬件资源全部抽象为服务，具有灵活、弹性、可扩展的优势。AI数据中心的软件系统建设基于云计算数据中心技术实现对外提供服务，并且随着近年人工智能技术的飞速发展，AI数据中心将会提供更加智能化、便捷的软件化服务。

软件系统建设通过引入软件定义的技术（如虚拟化技术、分布式网络、分布式存储技术等），使数据中心成为软件主导的计算中心，用户可以以更小的代价来获得更灵活、快速的业务部署、管理及实现。

AI数据中心的软件系统应该由以下四部分组成：软件定义计算、软件定义网络、软件定义存储、安全体系。软件系统通过虚拟化的方式对计算、网络、存储资源进行抽取和封装，以基于策略的方式进行自动化配置、部署及扩展。AI数据中心可以通过机器学习或深度学习等人工智能算法，对资源进行智能化的统一管理，完善资源的自动化交付、统一的监控以及基于云平台的运维管理。安全体系的建设是网络安全、系统安全、应用安全和数据安全的有力保障，可以实现对用户的统一认证和授权管理。

1. 软件定义计算（SDC）

软件定义计算主要通过服务器虚拟化技术将计算资源抽象化，并调用相应的池化调度技术，充分利用算力资源，实现资源的灵活调配，并降低资源的碎片化。虚拟化技术在一台计算机上同时允许多个操作系统实例。每个操作系统实例都共享同一物理硬件上一定量的资源，基于服务器虚拟化与调度技术实现计算资源池化，使AI数据中心的计算资源重新合理分配，实现计算资源的高效利用、智能调度。

当前，GPU 仍然是数据中心最通用、最主流的加速计算方案。算力应用方往往由于 GPU 资源本身的相对稀缺性，面临大规模训练无法完成或训练效率低下、推理环节时延长导致前端用户体验不佳等问题。GPU 虚拟化切片技术及相应的 vGPU 池化调度技术能够有效提升 GPU 利用率，充分发挥算力，帮助企业降低成本。

（1）GPU 虚拟化切片技术

NVIDIA vGPU 是目前主流的 GPU 虚拟化技术方案，把一块物理 GPU 虚拟成多块 vGPU 卡，每个虚拟机（VM）可以独占一块 vGPU，每个 vGPU 直接跟物理 GPU 对接，在多个工作负载之间共享 GPU，带来了成本效益和可扩展性。在某些场景下的 AI 模型训练或推理时，其算力要求不需要占用整块 GPU，一块 GPU 卡由多租户共享使用，使得 GPU 负载任务量以及利用率成倍提升。

（2）vGPU 池化调度技术

GPU 虚拟化切片技术使得按需调度 GPU 资源成为可能，vGPU 池化调度技术可在共享计算环境中公平有效地分配资源。基于 Kubernetes 的原生调度器可以深度开发满足企业需求的容器编排引擎，调度器以最终计算资源利用率最优为目标，挑选满足要求的节点部署容器。常用的调度算法有 Binpack、Spread 等。如图 4-15 所示，Binpack 算法会优先将一张 GPU 卡分配完后，再分配另一张 GPU 卡，以减少资源碎片；Spread 算法，会尽量将申请的显存分散到各个 GPU 上，以减少资源空置。

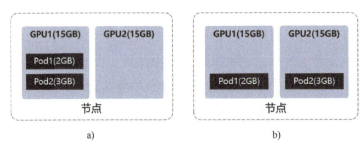

图 4-15 Binpack 及 Spread 调度算法

a）Binpack 算法 b）Spread 算法

2. 软件定义网络（SDN）

根据思科的全球云指数（Global Cloud Index）报告，至 2021 年，全球数据中心流量

（包括数据中心与用户、数据中心与数据中心以及数据中心之内的所有流量）达到 20.6ZB/年，2016—2021 年复合年增长率（CAGR）达 24.7%。而根据市场研究机构 Research and Markets 发布的《全球数据中心托管服务市场机遇报告 2021—2025》预测，超大规模数据中心预计将从 2019 年的 509 个增长到 2025 年的 890 个，年复合增长率为 9.76%。

传统的数据中心网络架构面临着运维管理压力大、版本更新及业务变更困难、流量难以精确控制等问题。软件定义网络（SDN）是一种新型网络创新架构，其核心技术 OpenFlow 通过将网络设备控制面与数据面分离开来，从而实现了网络流量的灵活控制，为核心网络及应用的创新提供了良好的平台。未来，借助 AI，将会打造零丢包、低时延、高吞吐的面向 AI 调度的数据中心网络。

可以承载 RDMA 的无丢包损失、无吞吐损失、无时延损失的开放以太网，是面向 AI 调度的数据中心网络的主要发展方向。当前，华为已经发布了 AI Fabric 智能无损数据中心网络方案。通用的无损网络拥塞控制算法（DCQCN）需要网卡和网络进行协作，每个节点需要配置数十个参数，全网参数组合达到几十万种，而通用的配置又无法同时达成零丢包、低延迟和高吞吐。AI Fabric 方案，一方面通过研发提炼流量模型特征；另一方面通过在交换机集成 AI 芯片实时采集流量特征和网络状态，基于 AI 算法；本地实时决策并动态调整网络参数配置，使得交换机缓存得到合理高效利用。同时，基于全局采集的流量特征和网络状态数据，结合智能拥塞调度算法，对未来流量进行预测，从全局视角实时修正网卡和网络参数配置，实现 RDMA 业务流的零丢包、高吞吐和超低时延，加速 AI 数据中心的计算和存储效率。

3. 软件定义存储（SDS）

软件定义存储是通过对异构存储资源进行抽象化处理，实现存储在逻辑上的池化、副本控制和按需分发，并以应用为中心进行消费和管理，实现基于策略的自动化高可用。通过对存储的资源池化可实现对存储的更为细粒度化的管理与交付，可通过策略设置对存储资源的类型、性能等进行控制，如磁盘类型、每秒的读写次数（Input/Output Operations Per Second，IOPS）等。

软件定义存储的主要关键点在于简化存储的管理、降低总成本、实现端到端的服务级别交付。在存储资源池建设中，目前最好的建设模式是通过软件定义存储的方式，如通过 Server San 技术将应用于服务器的先进技术运用于存储领域。

通过软件定义的存储，可以动态满足虚拟机动态存储要求，而无须重新调整逻辑单元号（LUN）或卷。虚拟机工作负载可能会随着时间的推移有所变化，而底层存储可以随时适应工作负载。

4. 安全体系

数据是数字化组织的核心资产，数据的安全关系着组织的日常运行，影响组织的经营决策，干扰阻塞组织的生产和服务提供，甚至关系着组织间的竞争力与生死存亡。数据中心集中承载了组织的全部重要数据及其应用服务，因此，AI 数据中心的软件系统建设应包含强健的安全体系，通过构建完备的安全防备体系，抵御外部强敌攻击、防范内部人员渗透、预防数据泄密等安全运维挑战。

当下，数据中心面临的一些主要安全挑战是网络边界接入风险、面向应用层的攻击、虚拟化安全风险、APT 攻击风险、数据泄密风险、安全运维的挑战等。所以，AI 数据中心的安全体系建设应当包含以下几点。

（1）建设安全访问区

集中数据中心的访问入口，对所有访问数据中心的用户与应用进行逻辑隔离。

（2）边界防护

在安全访问区边界对进出流量进行访问控制，仅放行对外开放服务的访问流量；在访问区内外边界进行网络入侵检测与防护，对所有访问流量进行威胁检测和数据泄露检查；发现安全访问区内接入设备，对发现的设备定期进行设备的漏洞扫描和配置基线核查。

（3）用户访问域防护

在用户访问域内，通过访问代理隐藏真实的应用服务汇聚所有用户的访问，并强制执行用户执行认证策略，检查终端身份和环境安全信息，对用户进行应用级别的访问鉴权。同时，为用户访问域内的应用服务器安装安全防护软件，进行漏洞扫描与补丁管理，对应用服务和系统进行脆弱性配置检查，并进行配置加固，对进出的文件进行病毒检测和查杀，监控并收集系统的行为，并进行未知威胁分析确认，对主机网络访问控制进行策略检查。

（4）应用访问域防护

对访问数据中心的应用程序进行身份认证和安全环境检查，并为外部应用提供数据访问能力。

（5）数据中心安全防护

在数据中心访问边界、内部应用或者数据子域间，进行流量访问控制、网络威胁检测、数据泄露检测；在数据子域边界，对数据访问操作进行访问控制和访问审计。同时，为访问数据中心的所有实体提供身份认证和统一授权与鉴权，并通过终端环境感知能力，接收终端、服务器的环境状态信息，部署业务安全策略控制服务设备，汇聚所有访问过程的风险信息，并及时调整用户的访问权限。

（6）特权管理

统一数据中心与安全访问区的网络设备、服务器主机、数据库、中间件、应用系统的管理运维权限，集中进行认证和精细化授权，对危险操作进行感知和确认，对所有操作行为进行审计。

4.3.5　自身服务系统建设

随着数据中心规模的迅速扩大，传统数据中心面临着管理困难、运维人力成本大等问题，通过数据中心的服务系统建设可以辅助数据中心自身的管理，为数据中心提供更健全的保障与服务。AI 数据中心的自身服务系统建设包括数据中心基础设施管理系统、智能化的运维与管理、客户关系管理系统等。

1. 数据中心基础设施管理系统（Data Center Infrastructure Management，DCIM）

DCIM 是一种新的可以使数据中心操作员能够有效地运行数据中心的各类操作并改善数据中心基础架构规划和设计的软件。一个良好的 DCIM 架构可以灵活地适应用户需求，使用户轻松完成工作，辅助解决实际数据中心的问题，提高员工的生产率并节约成本。DCIM 使得数据中心管理员可以识别、定位、可视化和管理所有的数据中心资产，快速配置新设备，规划容量以用于未来数据中心的扩充，使用 DCIM 可以为用户带来的优势见表 4-7。

表 4-7 数据中心基础设施管理系统应用成效

问题	使用 DCIM 之前	使用 DCIM 之后
资产管理	使用表格或者其他工具 需现场确定空间的可用性和位置 记录不完整或者不正确	1) 设备上的即时视觉和文本信息可以减少故障排除时间 2) 无须现场派人 集中式数据库可实现准确的记录保存和处理
容量管理	信息包含在多个系统中，无法集成数据 无法有效确定空间、电源、新设备部署地等	快速创建模型并为新服务器分配空间 便携式管理电源或网络连接
更改管理	工单处理延误 无法确保遵循流程	完全集中的工作流程管理 工单和活动流程的自动化 确保流程的审核和跟踪
电路管理	专有的监控系统或手动获取数据	电路出现故障前通过警报持续监控 确保正常运行时间和可用性
环境监控	无法了解冷却要求 过冷 未知热点	通过阈值和警报识别热点 监察过冷与能源浪费
能源管理	信息包含在多个系统中 能源浪费	智能的 PUE 分析和报告 提供账单和管理决策功能

2. 智能化运维与管理

运维数据中心的人员根据业务需求来规划信息、网络、服务，通过网络监控、事件预警、业务调度、排障升级等手段，使服务处于长期稳定可用的状态。传统的运维通过运维人员手工完成，不仅效率低下，还容易造成各种问题以及人力资源的浪费。随着数字化和数字化的转型，许多新的基于软件的商业服务投入使用，并且与传统的在线应用程序相比，它们的变更频率更高。新的应用程序倾向于围绕微服务的体系结构构建，这意味着需要更加频繁地监控管理，否则容易造成实时大数据堆积等问题。

通过应用 AI 技术，对数据中心的服务系统进行智能化的运维与管理，可以自动化地实现大规模和批量化的操作，有效减少人力浪费，降低操作风险，提高运维效率。数据中心可以使用 AI 技术赋能运维管理，如通过机器学习或者深度学习等人工智能算法，自动学习并从海量的数据中总结规律，对未来进行预测并做出决策的运维方式。

1) 智能预警：智能预警通过人工智能算法实现在异常发生前预测异常发生的概率，提醒用户或者有针对性地对异常进行提前规避。

2）智能巡检：机房智能巡检通过引入智能巡检机器人、定点摄像实时监控机器人，对 IT 设备、机房环境进行巡检或定点监控。使用机器人代替人工巡检，对设备状态和环境状态进行全天候自助检测，可以有效地提高巡检质量、提升巡检效率、降低人工劳动强度、减少人为的疏漏，及时发现异常，大大提高数据中心的安全运行可靠性，为无人值守机房的最终目标实现提供技术手段。

3）智能检测：智能检测是从事前分析、事中告警聚合、故障定位、事后经验沉淀等方面，来辅助运维人员的决策过程，实现对异常的快速有效处理。

4）智能值守：机房智能值守通过自动化或者人工智能等技术将值班操作、值班巡检等操作实现自动化，并实现对某些操作的智能化检测与分析，实现对未来的系统或者应用运行状态的预测。可以通过对采集的数据建立可视化运维大数据页面，并且建立性能预警和稳控机制，辅助机房值班人员进行运维，建立完善的运维机制，提升运维效率。

3. 客户关系管理系统（Customer Relationship Management，CRM）

客户关系管理系统是一种企业与现有客户及潜在客户之间关系互动的管理系统。通过对客户数据的历史积累和分析，CRM 可以增进企业与客户之间的关系，从而最大化增加企业销售收入和提高客户留存。它的目标是改善客户服务水平，帮助企业留住客户并推动销售增长。

CRM 系统的使用可以通过收集历史交易信息、识别或者预测客户使用趋势等方式使得各种类型的企业或组织受益。它最基本的功能是将客户信息整合并记录到单个 CRM 数据库中，从而使业务用户可以更轻松地访问和管理它。近些年，随着 AI 技术的应用，客户关系管理系统的许多自动化功能也随之实现，具体如下。

1）营销自动化：具有市场营销自动化功能的 CRM 工具可以自动进行许多重复性的任务，从而增强营销周期中各个阶段的销售精度，实现销路扩展。例如，当销售前景进入系统时，它可能会自动发送包含营销内容的电子邮件，从而将潜在客户转变为成熟的客户。

2）销售团队自动化：销售团队自动化工具可以跟踪客户的交互，并自动执行销售周期的某些业务功能。这对于发掘潜在客户、获取新客户和建立客户忠诚度是必不可少的。

3）联络中心自动化：旨在减少联络中心烦琐的工作。联络中心自动化可能包括预先录制好音频、帮助解决客户的问题或传达信息。它可以自动处理客户请求，从而缩短通话时间并简化客户服务流程。例如，自动化的呼叫中心工具（如聊天机器人）可以改善客户的用户体验。

4）定位化服务：一些 CRM 系统有时可以与 GPS（全球定位系统）应用集成，从而根据客户的实际位置推荐地域性营销活动。定位化服务技术还可以用作网络或联系人管理工具，以便根据地理区域发掘销售前景。

5）分析服务：CRM 中的分析服务通过分析用户数据并辅助创建有针对性的营销活动，提高客户满意度。

4.3.6 机房场地建设

根据研究报告，全球数据中心和互联市场有望持续增长，2020 年，该行业的市场规模约为 539 亿美元，预计将以 11.4% 的复合年增长率增长，到 2025 年将达到 924 亿美元。数字化转型的加速也改变了数据中心机房场地建设的模式。为了应对数字化转型以及随之而来的大量数据和带宽需求，各行各业越来越多的企业正在将服务器转移到其组织之外的数据中心，从而使基础架构灵活性更高，数据恢复能力更强。随着 AI、5G 等新兴信息技术的飞速发展，AI 数据中心的场地建设不仅要找到完美的数据中心站点、实现快速部署，还对低延时、高稳定性有了更高的要求。

1. 模块化数据中心

随着数字化转型的加速，数据中心作为信息基础设施，其规模每年都在快速增长，产业集群每年都在扩大，所以数据中心的选址必须保障良好的可扩展性以及可靠性。模块化数据中心是基于云计算的新一代数据中心部署方式，其模块化的设计理念具备部署速度快、成本低、易于部署与扩展、可按需扩容、高效低 PUE 的优点，能够良好应对集中化、高密度化的服务器发展趋势。

表 4-8 中，相比传统数据中心而言，模块化数据中心具有多种优点，数据中心的机房场地建设可根据企业需求选择部署具有高可扩展性的模块化数据中心。模块化数据中心的模块化设计，可以将供配电、温控、机柜通道、布线、监控等集成在一个模块内，达到用户快速交付、按需部署的需求。与此同时，模块化数据中心也可以引入智能化系统能力，提升供配电、温控系统可靠性、节能性，通过引入 AI 技术，实现供配电和制冷的智能联动控制，并可以对机房资产进行自动化管理，提升了数据中心的可靠性、可用

性及运维效率。当然，模块化数据中心的部署还需要考虑海拔高度、场地可扩展性等问题。

表 4-8 模块化数据中心与传统数据中心

	模块化数据中心	传统数据中心
快速部署	无须专业机房场地、工厂预制化、一次到位、快速完成部署、快速交付使用	需要装修机房、一般长达 30 天
可扩展性	使用灵活、可搬迁、扩展方便、灵活配置	一次性固定资产、扩展不便
设计施工	工厂整体调测、直接进场使用、标准统一、规划一致	多供应商、分批进场、各分支机构建设标准不统一
节能环保	PUE 值可达 1.5 以下	能耗高、PUE 值 2.0 以上
系统美观度	整体外观统一、有制定标准	尺寸/颜色/风格难统一
噪声及防尘处理	全封闭系统、噪声等级可满足办公环境使用（<45dB）、防尘等级可达 IP5X	空调、UPS 等风扇噪声可超 65dB、不适应人员长期工作
售后服务	统一品牌、统一服务、生命周期全服务、杜绝"踢皮球"	不同设备不同质保期、不同服务界面、联系方式不统一

2. 边缘数据中心

根据 IDC 发布的《中国半年度边缘计算服务器市场（2020 上半年）跟踪报告》预测，2019—2024 年，中国边缘计算服务器市场年复合增长率将达到 18.8%，远高于核心数据中心的平均增速。并且，德勤预测，智能边缘的全球市场将保持 35% 左右的复合年增长率，到 2023 年，预计将有 70% 的企业采用边缘计算执行数据处理。

边缘计算通过将 IT 资源（如计算、存储等）从传统的云数据中心向用户侧迁移，可拉近用户和 IT 资源的物理距离，实现更低的数据交互时延、节省网络流量，从而为用户提供低延时、高稳定性的 IT 解决方案，而边缘计算依赖于边缘数据中心来完成。

如图 4-16 所示，边缘数据中心位于用户端和集中化的云数据中心之间，提供小型化、分布式、贴近用户的数据中心环境。网络支撑层次由原来的两层（集中式云数据中心→用户端）转变为三层（集中式云数据中心→边缘数据中心→用户端）。

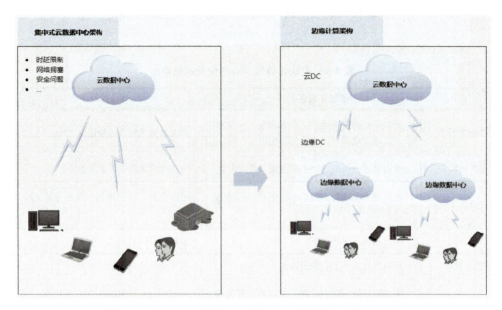

图 4-16　集中式云数据中心架构与边缘数据中心架构对比

第5章

构建数据处理能力
——建设企业级大数据平台

企业级大数据平台的构建提高了企业的数据管理能力及智能决策水平。搭建大数据平台更多是面向未来，企业核心竞争力的基础是大数据的积累、处理与变现能力。本章详细介绍了在数智化转型背景下企业级大数据平台的作用、技术架构及具体的建设流程，帮助企业认识到大数据平台建设的重要性并学习如何构建企业级大数据平台。

5.1 企业级大数据平台的作用与建设原则

5.1.1 企业级大数据平台的作用

企业级大数据平台承载了所有的数据管理工作,以大数据为核心的智能开发模块离不开大数据平台的支持,需要大数据平台对数据资源、计算资源进行统一调度及管理。

将大数据平台应用到生产层面,通过对生产流程全方位的把控及分析,可以对业务流程进行智能化改造,提高生产效率及全流程把控能力。应用到客户层面,通过对客户全信息的收集及分析,可以锁定用户群进行精准营销及潜在客户挖掘,有助于拓展新的客户群,从而制定对应的营销策略。

企业打造大数据平台不仅要考虑到传统的大数据平台建设,还需要满足企业战略发展布局,比如与 AI 数据平台及赋能平台无缝连接及调用等。因此对大数据平台功能性及安全性提出了更高的要求。企业级大数据平台可以帮助企业建立"俯视"视角,提高全局管理能力。基于以上布局及建设要求,企业级大数据平台应具有如下作用,如图 5-1 所示。

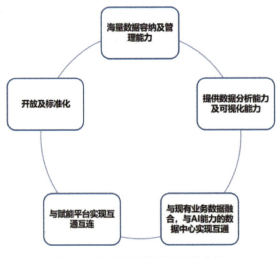

图 5-1 企业级大数据平台的作用

1. 海量数据容纳及管理能力

少量数据可以通过文件或者数据库的方式进行存储及管理，海量数据（尤其是不断新增的大规模数据）则需要存储在大数据平台中，大数据平台的基本能力之一是对海量数据的存储及管理。

2. 提供数据分析能力及数据可视化能力

分析能力及数据可视化能力是企业级大数据平台的两大基础能力。大数据平台应满足主流算法框架训练及部署要求，实现一体化的数据分析及数据的呈现。

3. 与现有业务数据融合，与 AI 能力的数据中心实现互通

企业级大数据平台不是孤立的，需要与现有的数据中心及相关业务数据进行融合，现有的业务数据与企业级大数据平台的作用、服务对象及设计目标均不同，需要在保证业务数据库存储相对独立的前提下借助大数据平台统一管理。在与数据中心互通时，数据存储及权限管控应保证安全性要求。

4. 与赋能平台实现互联互通

企业级大数据平台包括数据分析模块，在模型训练（尤其是深度学习算法模型训练）时需要依赖稳定的算力，借助赋能平台的算力模块调度资源，可有效保证算力分配。在模型方案选择时可借助赋能平台的算法模块进行装配及训练。因此，企业级大数据平台建设需要充分整合现有资源，与赋能平台互联互通，实现价值最大化。

5. 开放及标准化

开放及标准化是企业级大数据平台与其他系统互联互通的重要保障。在数智化转型的背景下，企业有可能面临部门、业务的重组，也可能需要与外部系统及其他服务对接。因此大数据平台的标准化至关重要，否则后期维护会比较困难。维护费用加大后，甚至会造成重复投资等问题。

在数智化转型的背景下，要求企业级大数据平台有高度共享性，包括资源共享、数据共享、服务共享等，将海量数据统一存储并管理，打破各部门数据壁垒及信息孤岛的限制，实现数据随时可接、随时可用。

5.1.2 企业级大数据平台建设原则

企业级大数据平台是对整个企业内外部数据等进行汇集、处理、分析、共享工具的有机组合，需要与 AI 数据中心互联互通，灵活采集及分析数据，对海量数据资产进行整合、加工、处理后，为企业运营、战略规划等提供及时、科学的决策依据。

企业级大数据平台不仅要服务好内部应用，还需要与外部应用结合起来，最大限度地发挥数据价值。依托云计算技术开放数据服务能力，打造开放的企业级大数据平台，实现产业链共赢。企业级大数据平台建设应符合以下原则（如图 5-2 所示）。

图 5-2　企业级大数据平台建设原则

1. 及时响应及高可靠性

大数据平台存储及查询根据业务的特性有不同的要求，企业级大数据平台应具有高响应度及可靠性。首先数据按照规定的调度程序进行采集及存储，其次数据查询及备份等交互操作应保障有充足的计算资源进行调度，更重要的是集群应具有备份及容灾机制以有效应对数据故障等偶发事故，从而满足及时响应及高可靠性的要求。

2. 高效实用

建设企业级大数据平台的目标是以大数据平台为基础开展各种服务应用，包括面向企业内部及外部的应用，大数据平台建设以支持应用服务为目标，因此实用性应优先考虑。为最大限度地满足各需求方的业务要求，企业级大数据平台采用的技术及产品应具有稳定、成熟、实用的特点，充分满足数据采集、数据存储、共享等要求。

3. 高兼容性

对于传统的数据存储、管理、分析、可视化等工具组件，企业级大数据平台均可兼容。此外，企业级大数据平台需要与 AI 数据平台打通，满足与之对接所需要的软件要求、计算要求等。向上可对接赋能平台，兼容与赋能平台对接所需的各项要求。

4. 高安全性

当前商业社会竞争越来越激烈，企业级大数据平台及其具备的数据分析及预测能力是企业增强竞争力的有力武器，对汇聚了宝贵数据资产的大数据平台安全性要求不言而喻。具体要求包括大数据存储安全、云管理安全、隐私保护、业务系统安全等。其中，大数据存储安全是对业务数据的安全保护，云管理安全是对存储资源的云端及客户端的保护，隐私保护是从技术和法规层面上保障用户的隐私安全，业务系统安全即保障业务系统、管理系统、内外部系统的访问安全。

5. 平衡技术先进性、成熟性

建设企业级大数据平台时应尽量选择先进的架构，但不能一味地追求最新版本架构，因为新版本的兼容性和稳定性均有待检验。技术选型时需要在先进性及成熟性之间进行平衡，选择经过市场检验的架构及软件版本可有效降低开发风险和试错成本。

6. 可拓展及易升级

企业级大数据平台需要适应数据源、数据内容、数据格式等的不断变化，方便实现各类数据的汇总及拓展，还需要满足数据分析及共享的要求，容纳尽可能丰富的算法框架。选型时需要考虑版本升级及业务优化，平台各模块应采用组件化设计，以提高系统运行效率、降低运维难度等。

5.2 企业级大数据平台的技术架构

本节首先介绍企业级大数据平台使用的主流大数据技术，其次阐述企业级大数据平台的建设思路及框架。由于本节重点是介绍企业级大数据平台的技术架构，因此，在主流技术介绍时没有过多深入，仅对当前应用较广、效果较好的 Hadoop 大数据生态进行了介绍，以帮助读者理解这些技术在企业级大数据平台架构中的作用。

5.2.1 企业级大数据平台技术框架

企业级大数据平台技术框架如图 5-3 所示，基本模块包括数据采集、数据存储、数据分析、引擎及可视化呈现等。数据采集模块从数据中心获得数据，包括存储在结构化数据库中的结构化业务数据、统计数据以及其他格式的半结构化数据等。借助 AI 赋能平台具备的算力管理、算法库等完成数据管理及数据分析，最终在引擎层完成业务处理及基本的能力共享。与传统的数据平台相比，企业级大数据平台与数据中心及 AI 赋能平台打通后，数据管理的规范性及数据使用的便捷性大大提升。

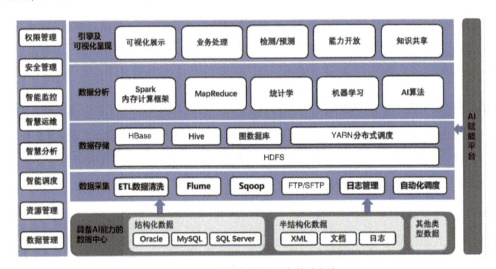

图 5-3　企业级大数据平台技术框架

1）数据采集：该模块完成的数据清洗工作是提升数据质量的关键，通过数据清洗对重复以及缺失的数据进行处理可以减少后期数据分析预处理的压力。数据采集工具包括传统的 FTP/SFTP、集群同步等，以及借助 Sqoop、Flume 等对数据进行采集，采集过程采用自动化调度等方式，通过日志管理对数据采集进度进行监控，提高数据管理能力。

2）数据存储：企业级大数据平台的数据一般存储在 HDFS 中，通过 Hive 等方式进行操作及查找，借助 YARN 分布式调度架构对计算资源分配进行调度。而知识库等数据则需要存储在图数据库中，需要短延迟查找的数据可以存储在 HBase 中，也可以借助其他大数据存储架构完成数据存储。

3）数据分析：数据分析模块包括基本的数据统计功能模块，如报表、敏捷看板、移动报表、大屏等，还可添加数据挖掘、机器学习等提供分类、预测功能的模块。

4）引擎及可视化呈现：包括基本的处理、预测等业务功能模块，同时通过能力开放及知识共享模块与其他平台进行对接。可视化层建议采用组件化模式开发，避免出现业务耦合情况，减少重复开发和维护工作量。

5）智能化管理：智能化管理模块包括权限管理、安全管理、智能监控、智能运维、智慧分析、智能调度、资源管理及数据管理模块。涵盖了企业级大数据平台整个生命周期的管理，企业可以根据自己的需要定制更多的管理模块以实现大数据平台智能化监控及管理。

5.2.2 主流大数据技术

Hadoop 生态圈是目前使用最广泛的大数据处理框架，具有可靠、可伸缩性等特点。随着处理任务不同，各种组件相继出现，基于 Hadoop 的大数据生态圈不断丰富，该生态圈可大致分为数据传输层、数据存储层、资源管理层、数据计算层及任务调度层等，如图 5-4 所示。

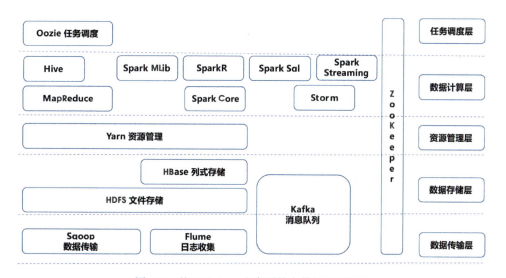

图 5-4　基于 Hadoop 生态圈的大数据处理框架

Hadoop 生态与传统数据仓库相比具有以下优点，具体见表 5-1。

表 5-1 Hadoop 与传统数据仓库对比

说 明	Hadoop	数据仓库 MPP
计算节点数	可支持数千个节点	支持节点数较少，一般在 1000 以内
数据量	支持海量数据	支持数据量有限
数据类型	可以存储结构化、半结构化、非结构化、视频、图像、日志等数据	关系型数据
应用开发接口	SQL、MR、编程语言接口	SQL
可拓展性	扩展能力更强	有限的扩展能力
建设成本	低	高
时延	中/高	较低

1）计算节点更多，可支持数千个节点，因此存储的数据量也较大。

2）存储的数据规模更大，擅长海量数据存储及管理。

3）存储的数据类型更丰富，可以存储结构化、半结构化、非结构化、视频、图像、日志等数据，存储的数据类型更多样。

4）应用开发接口包括 SQL、MR、编程语言接口等，传统的数据仓库支持标准数据库 SQL。

5）可拓展性更强，传统数据仓库的拓展性有限，主要通过 UDF 支持。

6）建设成本及拓展成本较低。

7）由于存储及管理的数据量较大，因此具有较高的时延。

接下来对企业级大数据平台常用基础组件的功能及特点进行介绍。

1. HDFS

Hadoop Distributed File System（HDFS）是 Hadoop 框架中最主要的分布式存储系统。HDFS 集群具有高容错性及高可用性，具有容灾及可拓展性能力，可配置性极强，可以在多种安装环境中安装，通过调整参数配置可管理大规模集群。此外，NameNode 及 DataNode 有内置的 Web 服务器，用户可以查看集群状态及当前运行的任务调度情况、资源占用情况等。

HDFS 可以存储多种数据格式，企业的业务数据、操作日志等结构化及非结构化数据均可存储在 HDFS 中灵活存储及调用。HDFS 适合存储非常大的文件，可以存储 TB 甚至 PB 级别的数据，随着存储的机器数量的增加，存储空间可不断扩展。

值得注意的是，HDFS 为高吞吐量而设计，由于多节点以及存储了大量文件，不太适合低延时的数据访问需求，在这一点上 HBase 则更有优势。此外，HDFS 采用追加的方式更新文件，不支持修改，而且追加文件时不支持多个写入器同时写入，这在一定程度上保障了数据一致性，但是在有文件修改及多用户写入需求时 HDFS 就不太适合了。

2. Hive

Hive 是基于 Hadoop 的数据仓库工具，其将结构化数据文件映射成数据库表，提供类 SQL 的查询。Hive 主要包括以下三个组件。

1）用户接口：包括 CLI、JDBC 等，其中 CLI 是 Shell 的一种实现方式，JDBC 是 Hive 的 Java 实现。

2）元数据：与传统的数据表不同，Hive 设置了分区字段，通过分区字段可以更高效率地查询及存储。

3）编译器、解释器、优化器、执行器等，用于组件查询过程中的执行和优化。

Hive 与传统数据库的对比见表 5-2。Hive 查询时通过 MapReduce 执行，因此具有较高的延迟。由于 HDFS 没有修改权限，因此 Hive 查询时也无法通过 Update 进行更新。Hive 加载数据不会对数据进行任何处理，甚至不会对数据进行扫描，访问数据中某个特定值时，需要暴力扫描。此外，类 SQL 的查询语法提高了快速开发的能力，减少了学习成本。

表 5-2 Hive 与传统数据库的对比

说　　明	Hive	传统数据库
查询语言	HQL	SQL
数据存储	HDFS	Raw Device/Local FS
执行方式	MapReduce	Executor
延迟	高	低
处理规模	大	小

3. HBase

HBase 是一种构建在 HDFS 之上的分布式、面向列的存储系统，是一个高可靠、高性能、面向列、可伸缩的分布式存储系统。由于 HBase 具有线性拓展特征，因此数据量增多时可以通过节点扩展来实现，由于其是在 HDFS 上存储的，因此具有较健全的数据备份机制。

HBase 最大的特点是可以实现实时查询，这与存储架构密切相关。HBase 采用列存储，行存储所有的数据都放在一起，列存储则按照列保存，因此查询时读取相关列可以大幅度降低 I/O 吞吐量，此外还具有如下特点。

1）大：一个表可以有数十亿行和上百万列。

2）稀疏：表设计得非常稀疏。

3）无模式：列可以根据需要动态增加，同一张表中不同的行可以有截然不同的列。

4）数据多版本：每个单元中的数据可以有多个版本，版本号默认自动分配。

5）数据类型单一：数据都是字符串，没有具体的类型。

HBase 数据库与传统数据库在数据操作、数据索引、数据维护和可伸缩性等方面的区别见表 5-3。

表 5-3　HBase 与传统数据库对比

说　　明	HBase 数据库	传统数据库
数据操作	不存在复杂的表与表之间的关系，只有简单的查询、插入、删除等	包含了丰富的操作，会涉及复杂得多表连接
数据索引	只有一个索引——行键	针对不同列构建多个复杂的索引，以提高数据访问性能
数据维护	更新操作时，旧版数据依然保留	更新操作会用最新值替换旧值，旧值被覆盖
可伸缩性	可以灵活地实现拓展	很难实现横向扩展，纵向扩展的空间也比较有限

4. Spark

Spark 通过 Scala 语言实现，是一种面向对象、函数式编程语言，在 Hadoop 基础上改进，提供了一个全面、统一的框架。Spark 具有如下特点。

1）运算速度快，Spark 是基于内存的计算架构，使用 DAG 调度器、查询优化器和物理执行引擎等，运算速度很快。

2）易用性强，可以适配 Java、Scala、Python、R 和 SQL 等语言。

3）集成性高，以 Spark 为基础建立起来的组件有 Spark SQL、Spark Streaming、MLlib（Machine Learning Library）和 GraphX（Graph）。将这些库结合使用以满足实际业务需求。

4）随处运行：具有很强的适应性，能够读取 HDFS、HBase、Cassandra、Techyon 为持久层读写原生数据，有多种访问源数据的方式。能够以 Mesos、YARN 和自身携带的 Standalone 作为资源管理器调度任务，来完成 Spark 应用程序的计算。

Spark 架构图如图 5-5 所示。

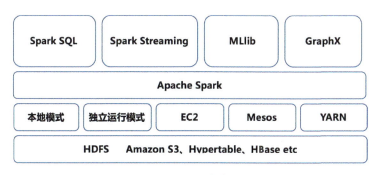

图 5-5　Spark 架构图

Spark SQL：首先使用 SQL 语句解析器（SQLParser）将 SQL 转换为语法树（Tree），并且使用规则执行器（RuleExecutor）将一系列规则（Rule）应用到语法树，最终生成物理执行计划并执行。每个数据库表被当作一个 RDD，Spark SQL 查询被转换为 Spark 操作。

Spark Streaming：Spark Streaming 支持 Kafka、Flume、Twitter、MQTT、ZeroMQ、Kinesis 和简单的 TCP 套接字等多种数据输入源，对实时数据流进行处理和控制。

MLlib：Spark 提供的机器学习框架。这个库包含可扩展的学习算法，目前已经提供了基础统计、分析、回归、决策树、随机森林、朴素贝叶斯、协同过滤、聚类、频繁模式挖掘等多种数学算法。

GraphX：Spark 提供的分布式图计算框架，控制图、并行图操作和计算的一组算法和工具的集合。目前已经封装了最短路径、网页排名、连接组件、三角关系统计等算法的实现，用户可以选择使用。

5. ZooKeeper

ZooKeeper 是典型的分布式数据解决方案，可以基于 ZooKeeper 实现诸如数据发布/订阅、负载均衡、命名服务、分布式协调/通知、集群管理、分布式锁和分布式队列等功能。ZooKeeper 易于编码，在数据模型上类似于传统的文件系统。

ZooKeeper 系统架构如图 5-6 所示，其中，客户端是请求发起方，Observer（观察者）、Follower（跟随者）负责接收用户读写请求，Leader（领导者）负责提议，更新系统状态。

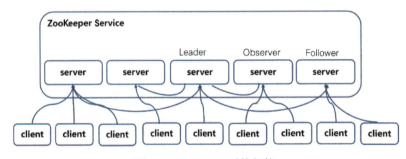

图 5-6　ZooKeeper 系统架构

ZooKeeper 具有以下特点。

1）原子性：ZooKeeper 的实现聚焦于高性能、高可用、严格的顺序访问。所有事务请求的处理结果在整个集群中所有机器上的应用情况是一致的，要么整个集群中所有的机器都成功应用了某一个事务，要么都没有应用。

2）可靠性：可靠性保证了不会出现单点故障，严格的顺序访问使得客户端可以实现原子同步。就像它所协调的分布式进程一样，它本身就通过一系列主机来实现备份。一旦一次更改请求被应用，更改的结果就会被持久化，直到被下一次更改覆盖。

3）有序性：从同一客户端发起的事务请求，最终将会严格地按照顺序被应用到 ZooKeeper 中去。

4）快速：在读操作占多数工作量的情况下，ZooKeeper 表现得尤其快速。

5）一致性：无论客户端连到哪一个服务器上，展示给它的都是同一个视图，其看到的服务端数据模型都是一致的。

5.3 企业级大数据平台的搭建步骤

企业级大数据平台的搭建步骤包括平台系统搭建、采集及治理数据、数据存储、数据分析、可视化展示、与其他平台打通，如图 5-7 所示。其中平台系统搭建需要根据数据需求及业务需求评估计算资源、存储资源，还需要考虑到未来扩容的需要。采集及治理数据、数据分析是大数据平台建设的核心模块。与其他平台打通满足企业数智化转型背景下企业级大数据平台能力共享的要求。

图 5-7　企业级大数据平台的搭建步骤

5.3.1　平台系统的搭建

企业级大数据平台建设的流程主要包括操作系统选择、大数据集群资源评估、集群搭建及软件安装版本选择、网络环境测试及系统环境测试等（如图 5-8 所示）。首先是操作系统的选择，Linux 操作系统在企业级大数据平台操作简单、效率较高。在正式搭建集群前需要对集群资源进行评估，具体评估内容包括集群数量、内存、硬盘大小等规划，最后进行网络及系统环境测试。

图 5-8　企业级大数据平台建设的流程

1. 操作系统选择

Windows 是主流的桌面操作系统，在服务器系统领域 Linux 更常用，搭建环境方便，开发部署效率高。Windows 以消费者为中心，Linux 以开发者为中心。Hadoop 是基于 Java

语言开发的，推荐使用 Linux 操作系统。Linux 操作系统发行版使用较多的是 CentOS，CentOS 发行版本更新较快。

Linux 操作系统有如下优势。

1）软件安装简单，可以通过 YUM 支持软件在线升级、操作简单。

2）命令行功能强大、可以修改及编写命令，通过调用历史命令记录可以查找执行过的命令，编写脚本借助 Crontab 可以实现定时调度。

3）组件独立性很高，软件可以删除得很干净，大多数 Linux 系统文件不大，备份也很方便。

4）稳定性好、流畅度较高、卡顿现象出现较少，安装软件位置规范，系统临时目录重启时会自动清理，不会占用太大的磁盘空间。

5）安全性较高，Windows 系统经常需要安装杀毒软件，Linux 有严格的权限控制系统，病毒数量相对少很多。

2. 大数据集群资源评估

集群建设前需要评估如何规划，如需要多少台服务器、每台机器磁盘和内存、core 的数量等。企业搭建的集群数量不一，少的几台，多的几百上千台，集群数据及配置需要根据业务及未来规划进行评估。

首先需要考虑的是数据增量及更新时间，不同公司及业务需求数据增量不同，有的增量为几个 GB，有的则以 TB 的规模增长。还需要考虑数据存储积累时间是存储 1 年还是 5 年等。根据以上存储要求，确定存储硬盘种类及数量，集群应具备容灾机制，因此硬盘数量大小也需要考虑备份空间大小。

除了考虑数据增量，还需要进行内存估算。不同的组件、执行任务数量、执行任务时间、实时任务、离线任务、算法模型等对内存要求区别比较大。比如 Spark 是基于内存计算的，MapReduce 在处理复杂的 DAG（有向无环图）时会产生大量的数据序列化、数据复制和磁盘 I/O 开销等。

根据内存估算配比设置 CPU 数量，CPU 规划需要考虑线程数量，线程主要是依托多核 CPU 执行的，如果 CPU 核数很少但是线程很多，会导致 CPU 负载过高，导致整个工作线程执行效率下降。

此外，还需要对 QPS 进行预估，评估 QPS 时需要考虑高峰、低峰的请求量。请求访问高峰波动受业务特征、节假日、工作时间及偶发隐私影响较多，不同平台访问高峰差异较大，需要根据以上影响因素综合分析。

3. 集群搭建及软件安装版本选择

安装 Hadoop 前需要安装好操作系统及 Java，操作系统版本及 Java 版本应尽量选择较稳定的版本。Hadoop 集群规模较大时采用自动化部署方案，规模较小的 Hadoop 集群搭建流程如下。

1）设置好集群主节点及子节点的数量，规划好哪些机器属于主节点、哪些机器属于子节点，有必要的话可以设置 SecondaryNameNode。

2）创建用户添加管理员权限，如每个节点均创建名为 Hadoop 的用户，方便统一管理。也可以使用其他的用户名，但必须有管理员权限。

3）修改主机名，添加 IP 与主机名的映射关系，这样就可以通过"主机名+端口号"对目的主机进行访问。

4）集群建立 SSH 互信，尽量建立无密码登录，否则每次启动 Hadoop 都需要输入密码登录到 DataNode，操作比较烦琐。

5）解压安装 Hadoop，修改 Hadoop-env.sh、core-site.xml、HDFS-site.xml、mapred-site.xml 等配置文件。

6）添加 Hadoop 环境变量。

7）启动测试。

4. 网络资源估计及环境测试

根据大数据集群评估的计算资源及访问量、每秒机器之间传输的数据量等参数设置网络带宽。在评估时不仅要考虑网络平均访问，还需要评估高峰期的网络传输要求，否则会因为网络卡顿影响传输速率，影响开发及生产效率。

设置好网络带宽后，还需要评估集群所处的网络环境，设置安全访问机制。公司内网环境部署集群后会设置严格的访问策略，在一定程度上保证了集群安全访问。有些则规定了专门的软件进行集群访问及文件传输，保证了数据访问及传输的安全性。

5. 集群测试

环境部署好后需要进行集群测试，首先对当前服务器配置（如 CPU 数量、带宽、内存、磁盘情况）进行梳理；其次对 Hadoop 服务部署情况进行梳理，如集群数量、服务器角色、服务器部署软件等；最后对 Hadoop 参数设置情况进行梳理，包括 YARN、MapReduce、HDFS 等参数。

完成以上基本信息梳理后，采用以下基准测试流程。

（1）集群关闭启动测试

集群启动按照以下流程进行测试：主节点运行 NameNode 进程→从节点运行 DataNode 进程→主节点运行 YARN ResourceManager 进程→从节点运行 YARN ResourceManager 进程→测试启动 SecondaryNameNode 进程，启动成功后通过 jps 命令查看集群进程数量。

测试单个节点启动后，在主节点上测试一键启动并关闭 HDFS 服务及 YARN 服务。关闭集群防火墙后通过"IP+端口号"访问集群节点。

（2）HDFS 读写吞吐性能测试

测试 HDFS 读写 Throughput 平均值、Average I/O rate 平均值、I/O rate std deviation 平均值、Test exec time 平均值等信息输出测试报告。

（3）NameNode 压力测试及 MapReduce 程序测试

设置 Map 及 Reduce 个数测试和 NameNode 压力测试。多次重复执行小作业测试 MapReduce 是否支持重复以及运行是否高效。

5.3.2 采集与治理数据

企业级大数据平台搭建后要进行数据采集及数据治理工作，数据采集时按照数据类型选择适当的采集工具进行采集，数据治理包括元数据、数据质量、数据集成、主数据、数据资产、数据安全、生命周期等多产品组合的解决方案，与传统的数据平台相比，企业级大数据平台是对数据的全生命周期管理。

1. 数据采集

数据采集包括数据提取、转换及加载，数据采集是数据存储与数据平台之间的管道，在采集过程中对数据进行清洗及规范化处理操作。企业级大数据平台具有处理多种数据源的能力，因此数据采集及治理也需要满足处理多种数据源的要求。比如存储在结构化数据库中的数据，以及文本、视频、语音、日志等更丰富的数据类型。常见的数据采集方式包括通过 FTP/SFTP 等进行数据传输、从 MySQL、Oracle 等业务数据直接传输、借助 Flume、Kafka 实时读取日志等信息流。

FTP/SFTP 属于文件传输协议，SFTP 在 FTP 的基础上进行了加密改造，数据传输安全性较高，但是也牺牲了效率，一般情况下 SFTP 比 FTP 传输效率要低。两个传输协议在企业生产管理中使用频次较多。

Sqoop 是常见的关系型数据库与 HDFS 之间的数据传输工具，数据传输通过 MapReduce 程序来实现。Sqoop 支持多种关系型数据的映射，比如常见的 MySQL、Oracle 等，可以自动化完成数据类型的映射及转换。此外，Sqoop 可以通过调整 Task 数来控制任务并发等，灵活可靠。Sqoop 架构图如图 5-9 所示。

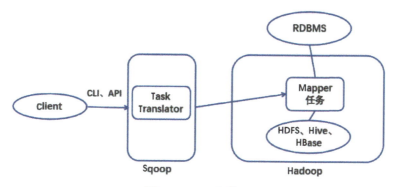

图 5-9　Sqoop 架构图

Flume 与 Kafka 都属于日志收集系统，在实际生产过程中组合使用的场景很多。因为 Flume 数据采集效率很高，适合生产者场景；Kafka 消息队列做得很好，适合消费者场景。两者各有所长，组合使用可以在实时数据采集时互补。图 5-10 是一个 Flume 最简单的 Agent 架构图。可以将多个 Agent 组合起来形成多 Agent 或合并架构等。

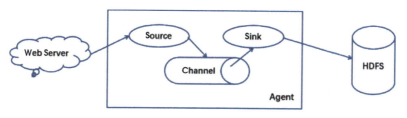

图 5-10　Flume 基础架构

在 Kafka 架构中可以有多个 Producer、多个 Broker、多个 Consumer，每个 Producer 可以对应多个 Topic。Kafka 架构图如图 5-11 所示。

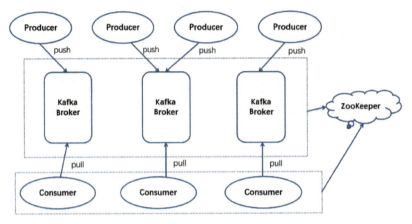

图 5-11　Kafka 架构图

2. 数据治理

数据治理应尽可能解决从数据采集到入库面临的所有问题，这样才能保证入库后的数据准确、可靠。通过数据治理可以消除数据不一致，建立统一规范的数据标准，提高数据共享能力，最大程度提升数据资产价值。

数据治理是包括元数据、数据质量、数据集成、主数据、数据资产、数据安全、生命周期管理等多产品组合的解决方案。其中元数据、主数据、数据质量、数据安全是基本的数据治理流程，企业可以根据需求选择数据集成、数据资产、生命周期管理等。数据治理方案如图 5-12 所示。

1）元数据：每个领域对于专业词汇都有统一的一致性定义，在数据采集过程中，同一个数据表可能来自不同厂商，对指标的定义（尤其是通用指标的定义）需要进行规范化管理。

2）主数据：帮助企业创建并维护内部共享数据的单一视图，是企业的黄金业务数据。

3）数据质量：数据是否有价值不仅与数据量有关，更与数据质量及可靠性息息相关。数据积累得再多但包含不准确的数据，那也是没有意义的。

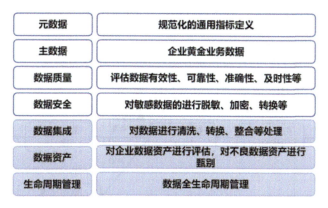

图 5-12　数据治理方案

4）数据安全：数据安全管理贯穿整个企业大数据平台管理，在数据治理过程中同样需要对敏感数据的保存按要求进行脱敏、加密、转换等。

5）数据集成：对数据进行清洗、转换、整合等处理工作。

6）数据资产：对企业数据资产进行评估，对不良数据资产进行甄别，从而对数据资产进行整合及处理，为数据管理员提供决策依据，提升数据资产价值。

7）生命周期管理：数据更新频次、保存的时间跨度、数据使用方式及商业价值会受到时间及外界需求的影响。

5.3.3　数据存储

企业级大数据平台数据存储常用组件包括 Hive、HBase、图数据等。Hive 与 HBase 均属于大数据架构，HBase 采用列式存储，其查询速度较快，可以解决实时数据查询问题。Hive 数据库会将任务拆解成 MapReduce 任务，因此查询速度较慢，主要解决数据处理及计算问题。两者相互匹配共同服务于大数据平台。图数据库是近年来发展较快的 No-SQL 数据库，以图的方式存储和查询数据。

关于 HBase 及 Hive 的特点在 5.2.1 节已经进行了阐述，图数据相关技术将在第 7 章进行介绍，因此本节简单介绍 HBase、Hive 及图数据在企业级大数据平台建设的使用场景及优势。Hive 提供了一套类 SQL 的查询语句，开发人员很容易上手。Hive 建立在 Hadoop 之上，所有的数据均存储在 HDFS 上。HBase 数据库适用于海量数据（百亿级别）

的实时查询要求，如日志数据、轨迹数据等，当需要进行实时查询时可以选择 HBase。Hive 与 HBase 经常协作，数据中心业务数据通过 ETL 及数据治理后存储到 HDFS 中，Hive 清洗、处理、计算后，如有需要面向海量数据随机查询需求，则将此部分数据存储在 HBase 中。HBase 和 Hive 协作流程如图 5-13 所示。

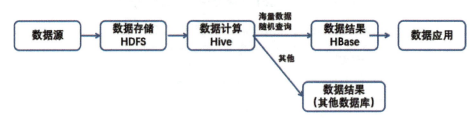

图 5-13　HBase 和 Hive 协作流程

图数据由节点和关系组成，节点代表实体，关系代表两个节点的关联方式。图数据库适合存储庞大而复杂的关系网，传统数据库无法处理的关系运算，图数据可以通过图推理技术实现。大数据平台的数据关联随着数据量及业务量呈几何增长，需要图数据库支撑海量复杂的关系运算。图数据库存储的数据更直观，SQL 语句也比较好写。存储方式更灵活，只需要考虑节点和关系属性即可，传统的关系型数据库则需要考虑与其他数据表的关联关系。对于 Neo4j 这种优化效果较好、较成熟的数据库，操作速度不会随着数据库的增大有明显降低，这一点和传统数据库相比更有优势。

5.3.4　数据分析

企业级大数据平台数据分析方法依托数据分析技术完成基本的分析任务，具体包括业务统计、报表分析、用户分析等，借助 AI 赋能平台等完成模型训练及验证。

（1）业务统计

成熟的企业级大数据平台会定期按照年、月、日等颗粒度进行业务统计，对于生产型企业更是如此。与传统的数据中台相比，企业级大数据的业务统计提升了规范化与自动化，自动调度生成并定期反馈业务方，可以根据业务流程的改变进一步更新、新增业务统计逻辑等。

（2）报表分析

报表分析可以完成自定义报表分析、自助多维度分析、自助多层次挖掘、自助建模等功能。报表分析是数据分析平台比较重要的环节，无纸化时代虽然减少了纸质报表的打印，但是电子报表的留案、存档等对于业务必不可少，尤其是对于财务部门等中间流程校准要求较高的部门来说。企业级大数据平台可以实现报表的自定义以及数据多维度分析的自助化定制，可以借助 AI 赋能平台等拖拽式建模完成自助建模。

（3）用户分析

用户分析一直是企业级大数据平台的重点模块之一，具体包括用户分群、留存分析、用户登录频次分析、停留时长分析、漏斗分析、事件分析等功能。用户分群是进行用户画像的关键数据模型，通过对历史数据、行为偏好等属性的分析为不同等级的用户建立信息化标签。留存分析是衡量产品对用户价值高低的重要方法。用户登录频次分析及停留时长分析可以了解用户参与及活跃程度等。漏斗分析模型已经广泛应用于流量监控、产品目标转化等日常数据运营与数据分析工作，用来统计中间转化率等。事件分析则是以事件发生为中心分析用户行为变化，通过研究与事件发生关联的因素来挖掘用户行为事件背后的原因、交互影响等。

5.3.5　引擎以及可视化呈现

引擎以及可视化呈现实现了基本业务流程界面、报表可视化分析界面、能力开放界面及知识共享界面等，其中前两项是基本功能，能力开放界面及知识共享界面是企业级大数据平台的特色。

（1）基本业务流程界面

基本业务流程界面是企业级大数据平台的基本功能之一，主要是根据业务流程环节设计的界面跳转、数据流转、权限管理等，设计风格根据目标群体及其他设计原则确定，常见的功能包括业务查询、业务流转、业务交易、业务统计等。

（2）报表可视化分析界面

报表可视化分析界面是使用较广泛的模块，可以选择合适的 UI 界面设计框架，然后通过醒目的方式进行色彩的调节，生成可视化报表及炫酷的大屏展示界面。可以持续更新大屏数据，让界面保持动态变化，以提高吸引力。

（3）能力开放界面

能力开放界面是企业级大数据平台遵循开放性原则设计的特色模块。根据业务方需求开发者通过 API 等方式实现能力开放，通过设置业务单元及订阅金额等内容实现能力定价，业务方按需进行 API 订阅及调用等。

（4）知识共享界面

知识共享界面是企业级大数据平台实现知识沉淀、知识共享的重要模块。传统的知识沉淀缺乏统一的处理流程，无法实现跨区跨等级的知识共享。数据中心打通了数据壁垒，企业级大数据平台连接数据中心后可以对各模块数据进行分析，并通过业务流程界面进行业务处理及知识沉淀，最后借助图数据库的方式实现知识共享。

5.3.6 与其他平台打通

大数据平台组件提供了多种类型的接口访问方式协助平台与其他平台的互联互通。本节介绍了企业级大数据平台与其他平台的接口类型、与其他平台打通方式。

1. 大数据平台与其他平台的接口类型

企业级大数据平台提供了多种类型的接口访问方式，接下来以常用的组件 HDFS、Hive、YARN、Spark 为例介绍常见的接口类型。

（1）HDFS 对外接口类型

HDFS 对外接口类型提供了多种数据访问方式，常见的方式有 API、Web、Shell 等。可以通过 Java API、Shell 等方式对 HDFS 上的文件进行操作。REST API 支持 HDFS 中 FileSystem 和 FileContext 接口的完整功能。Web 可视化界面呈现了集群运行状况，包括 NameNode、DataNode 及运行进程等信息。

（2）Hive 对外接口类型

Hive JDBC 接口遵循标准的 Java JDBC 驱动标准，Hive 将 Hive SQL 语句通过编辑器转化为 MapReduce 任务提交到 Hadoop 集群，然后返回执行结果，Hive 采用的 Thrift 接口同开源社区版本保持一致。

（3）YARN 对外接口类型

YARN 对外接口类型提供了 Command、Java API、REST API、Web 等方式。YARN Command 能够对 YARN 的集群进行一些操作，如提交应用程序、杀死应用等。YARN 自带了一系列的 Web Service Rest API 访问集群、节点、应用等。

（4）Spark 对外接口类型

Spark 兼容的编程语言类型较多，可以满足 Java、Scala、Python 等语言的 API，此外也支持 REST API，以 JSON 格式展现 Web 界面数据，为用户提供一种更简单的方法去创建新的展示和监控的工具，支持查看 App 运行的信息等。

2. 与其他平台打通

（1）与数据中心打通

企业级大数据平台需要与现有的数据中心打通，数据中心统一收集、汇总数据，企业级大数据平台按需进行数据采集及处理，各司其职。大数据平台拥有超强的数据底座，可以充分调用数据平台的数据；数据中心则按照业务要求统筹服务资源、数据资源，两者充分协作。企业级大数据平台盘活了数据资源，不断挖掘数据中心的价值，并根据业务需求对数据收集及存储提出新的要求。

（2）与赋能平台打通

企业级大数据平台是赋能平台算力管理及算法库的实践平台，AI 赋能平台技术架构包括算力模块、框架模块、算法模块等。算力模块具备高性能异构计算资源池，提供了虚拟及物理资源，算力模块保证了企业级大数据平台模型训练的计算资源。框架模块及算法模块提供了通用领域及专业领域模型常用的算法，企业级大数据平台可以借助赋能平台完成训练。

（3）与其他的能力开放平台打通

大数据平台面向不同层面的用户和平台，可以提供不同的数据开放方式，在保证数据安全的同时使得能力共享更便捷。将大数据平台的算法能力开放到共享平台或者其他业务平台，用户可以更方便、便捷地调用这些能力。共享性是平台发展的重要保障，其功能模块全部备有对应的二次开发接口，平台的中间件 API 可以无缝地融合到各类复杂应用系统之中。

第6章

构建 AI 应用能力
——建设 AI 赋能平台

2016年至今，人工智能技术获得了爆发式的增长，深度学习为其典型代表。当一个 AI 应用运行深度学习模型、连续训练分析数千亿级别的数据时，这个过程将需要大量的存储资源、数据资源、计算资源。随之而来的是，企业业务对 AI 资源弹性伸缩管理、集群管控和任务编排调度等的需求越来越高。随着数据的增长和变化，AI 模型在不断持续学习和进化。为了解决以上需求，打通运行态和开发态，真正提供企业级的、可持续进化的 AI 模型和应用，AI 赋能平台应运而生。

6.1 AI 赋能平台的作用

AI 赋能平台可以为深度学习快速接入各种数据、算法模型和智能硬件设备，并提供可视化的编排工具和灵活的调度能力，对训练服务和资源进行管理和调度，轻松实现算法和业务微服务的组合调度、多组件组装，高效地开发 AI 应用。并进一步通过集成 AI 服务组件和开放标准化接口，使 AI 能力开放实现标准化，降低 AI 应用的开发成本，让 AI 赋能平台可提供超强算力、聚合调度 AI 资源、快速释放 AI 算力、实现 AI 应用落地，快速满足企业 AI 业务场景诉求。

众多企业需要将 AI 能力结构化，并与其他线上数据融合，提高与已有业务系统的集成度，从而实现企业的数字化转型。然而，当前 AI 应用落地于企业的门槛仍然较高，其中表现为算法开发复杂、设备适配和接入复杂、数据汇总融合复杂等。所以，当前的任务是提供多维度的能力，帮助企业降低适用于自己企业环境的 AI 应用的落地成本。

在人工智能的商业化应用推广和普及的过程中，大规模的线下训练和线上推理过程一直是用户关注的重点。面对用户需求，AI 赋能平台的建设可聚焦以下几方面。

1. 建设人工智能作业调度平台

作业调度是 AI 赋能平台能力的一部分，用于代替人工分配 GPU 集群的计算资源，避免人工分配造成的资源利用不均问题，用户无须自行部署调度管理环境，可降低管理和使用成本。作业调度可以支撑随着企业 AI 应用规模不断扩大，使用需求成倍增加的 GPU 等计算资源的各类业务；作业调度还可以协助用户脱离随着业务发展在计算规模变大或投入商业化运营后，动辄数百张 GPU 卡集群规模、上百个集群用户带来的作业调度瓶颈，使硬件计算性能得以完全发挥。

2. 提升开发环境部署效率

AI 赋能平台统一管理不断出现的 AI 框架和版本，容纳不同工程师使用的不同框架、开发工具，以配合越来越复杂的软件栈，提升开发效率，有利于协同开发和工作延续。AI 赋能平台可以适配用户需要使用的算法模型，降低用户自行部署的时间成本。AI 赋能平台利用镜像来提供不同的算法框架、不同版本的框架部署需要的基础环境，可以让用户自行选择，不必再反复重新部署新框架所需的开发环境，有效降低时间成本。

3. 提升机器学习全流程自动化程度

当前主流的算法框架很多，AI 赋能平台带来的自动化机器学习工具，可以方便地辅助算法框架的选取、提供分类准确率的参考和模型参数的自动化更新部署，降低用户找到合适的算法方案需要的时间，优化业务流程。

4. 开发直观的 GPU 监控工具和平台

AI 赋能平台能够在用户进行人工智能线下训练和线上推理时，对 GPU 的工作状态进行深层次的监控，GPU 的显存利用率、温度、负载等都能够直观地获取，为监控管理和业务优化提供可靠的 GPU 监控数据支持。

5. 具备调优能力和工具

没有合适的软件，硬件就无法发挥其最佳状态。每个人工智能应用或解决方案都需要适合的软件架构，这需要考虑对后端系统的定制、优化和其他改动，这会耗费时间和精力。AI 赋能平台提供的调优能力和工具，能够解决软件算法和硬件平台适配性不高的问题，使硬件发挥出最佳的状态和性能。各种加速器，AI 赋能平台可以对整个系统进行扫描和分析，将 GPU、TPU、ASIC、FPGA 等各种 AI 加速器的性能完全发挥出来，提高系统的整体计算性能。

6. 业务闭环

如今，越来越多的人工智能应用正在上线到云平台，随着时间的推移，这些 AI 应用可能需要重新训练并更新模型。AI 赋能平台可建设统一的推理和训练平台，实现模型的快速生成和统一发布，快速有效地实现与云推理平台和上层应用的平滑对接。形成业务闭环，从而提高生产效率，降低成本。

6.2 AI 赋能平台的技术架构

AI 赋能平台技术架构主要由 5 个模块组成，自底向上分别为算力模块、数据模块、框架模块、算法模块、应用模块，整体架构图如图 6-1 所示。本节会对这 5 个主要模块分别进行介绍，并将在 6.3 节对算力、框架、算法这 3 个 AI 赋能平台核心模块的搭建进行详细阐述。

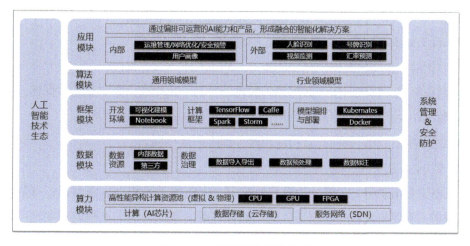

图 6-1 AI 赋能平台整体架构

1. 算力模块

在 AI 赋能平台的算力模块中，以数据存储、计算、服务网络为依托，包容多种物理、虚拟化硬件，搭建高性能异构计算资源池是较为通用的架构方案。其中，存储和计算资源的虚拟化是整体方案的重点，具体实现方案在第 4 章已做详细阐述。

算力模块主要实现对异构计算资源如 CPU、GPU、FPGA 及各类 AI 芯片的统一纳管，利用高性能异构 AI 资源统一管理和协调调度中间件技术，可实现计算资源在分布式、复杂场景中达到灵活、高效的统一管理调度。可将模型一键部署到云端、边缘端、终端简化部署复杂度，支持 AI 业务应用的集约化监控和运维。

2. 数据模块

AI 赋能平台的数据模块主要涉及数据采集、数据预处理、数据标注、数据管理、数据分析等方面的技术。

（1）数据采集（导入导出）

数据采集指通过 RFID 射频数据、传感器数据、社交网络交互数据及移动互联网数据等方式，获得各种类型的结构化、半结构化（或称之为弱结构化）及非结构化的海量数据。包括分布式高速高可靠数据爬取或采集、高速数据全映像等大数据收集技术。

（2）数据预处理

数据预处理主要包括数据清洗（Data Cleaning）、数据集成（Data Integration）、数据转换（Data Transformation）和数据消减（Data Reduction）。

1）数据清洗：消除数据中存在的噪声并纠正其不一致的错误。

2）数据集成：将来自多个数据源的数据合并到一起构成一个完整的数据集。

3）数据转换：将一种格式的数据转换为另一种格式的数据。

4）数据消减：通过删除冗余特征或聚类消除多余数据。

（3）数据标注

在机器学习场景中，主要分为有监督学习、无监督学习和半监督学习，有监督学习和半监督学习需要将大量的数据变成机器能够理解的数据，这个过程就需要进行数据标注工作。目前，数据标注有声音、文本、图像、视频等主要任务，涉及图片分类、对象检测、图片分割、语音分割、文本分类等场景。

（4）数据管理

AI赋能平台应支持用户对其权限内的数据进行统一管理，并以数据集的形式服务于后续环节。

（5）数据分析

提供统计方法对数据进行分析，提取有效信息，及时发现数据特征或分布上的问题，从而有针对性地优化处理数据。

3. 框架模块

AI赋能平台通过框架模块帮助用户实现数据预处理、调整模型参数、分配计算资源、启动训练任务、监控训练过程、分析训练结果等核心功能；在训练过程中实现模型可视化，及时发现训练过程中模型存在的问题，有效节省开发时间。从而让AI工程师从烦琐的资源和环境配置中脱离出来，聚焦在模型开发工作上，提高深度学习的开发效率。

框架模块需提供完整的模型开发流程，提供如Jupter等基本开发工具，同时提供Shell工具，以便对框架和模型进行调试，简化开发工程师操作。AI赋能平台为适应不同开发者的开发习惯及不同应用场景，应支持多种传统机器学习框架（如XGBoost、Scikit-Learn）、多种深度学习框架（如Caffe、TensorFlow、MXNet等），并提供友好易用的开发和调测环境。框架模块应支持可视化建模和交互式编码建模（如Notebook）。

另外，在框架模块中还应俱备模型编排与部署能力。

4. 算法模块

算法模型是上层应用的基础，AI 赋能平台一般会具备算法开发平台，简化整个开发过程，以降低开发门槛。目前主流的 AI 赋能平台支持多种传统机器学习算法（如分类、回归、聚类等）、多种深度学习算法（如卷积神经网络、循环神经网络等）、多种计算机视觉类算法（如目标检测、图像分类、文字识别等）、多种语音类算法（如语音识别、语音合成等）、多种自然语言处理类算法（如词法分析、序列标注、语义匹配等）。选择合适的算法训练出的模型，按照适用范围，可分为通用领域模型与行业领域模型。

一般在模型训练的过程中，除了数据和算法外，开发者会在模型参数设计上花费大量时间。模型训练的参数直接影响模型的精度以及模型收敛时间，参数的选择极大依赖于开发者的经验，参数选择不当会导致模型精度无法达到预期结果，或者模型训练时间大大增加。

AI 赋能平台可采用 Learning Rate、Batch Size 等自动调参策略，预置和调优常用模型。基于机器学习算法及强化学习的模型训练自动超参调优，以便降低开发者的专业要求，提升开发者模型训练的开发效率及训练性能。

借助模型精度无损或微损下的压缩技术，如通过剪枝、量化、知识蒸馏等技术实现模型的自动压缩及调优，进行模型压缩和重新训练的自动迭代，保证模型的精度损失极小，以解决边、端侧场景对于极轻量的小型化模型的需求。

5. 应用模块

训练出的模型可用于各类应用，从一般企业用户的视角可将应用分为内部应用及外部应用。

1）内部应用包括运维管理、网络优化、安全预警等各类基础应用，及用户画像等客户运营类应用。

2）外部应用包括人脸识别、车牌识别、视频监测、语音识别等各类开放应用。利用 SaaS 平台式的 AI 产品服务，实现 AI 技术赋能、产业供需交流以及产业生态圈的构建。

6.3　AI 赋能平台的搭建

面对人工智能场景下的各类新要求，基于 Kubernetes、Docker 的云原生技术为人工智能提供了新的工作模式。

1. 什么是 Kubernetes

Kubernetes 源于希腊语，意为"舵手"或"飞行员"，是 Google 推出的一个可移植、可拓展的开源平台，用于管理容器化的工作负载和服务，常被简称为 K8s。

2. 什么是 Docker

Docker 是一个用于开发、交付和运行程序的开放平台。Docker 可使程序同基础架构分开，达到快捷交付，通过使用 Docker，可以用与管理应用程序类似的方式去管理基础架构。通过利用 Docker 快速交付的特性，可减少编写代码和实际生成环境中运行代码的延迟。

Docker 使用客户端-服务器架构。Docker 客户端与 dockerd 通信，由 dockerd 完成构建、运行和分发 Docker 容器的工作。由于 Docker 容器具有隔离和安全的特性，且容器中可包含运行程序的多种内容，使其非常适合高密度环境以及中小型部署。

传统部署、虚拟化部署以及容器部署的演进如图 6-2 所示。

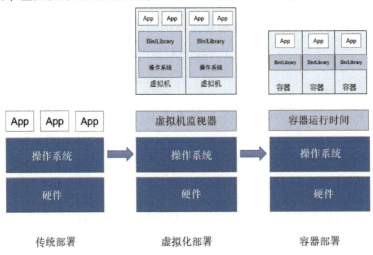

图 6-2　传统部署、虚拟化部署以及容器部署的演进

目前业界使用的容器技术类似于 VM，容器具有自己的系统、CPU、内存、进程空间等，但由于容器本身和基础架构是分离的，因此可以跨云和 OS 发行版本进行移植。

AI 赋能平台以 Kubernetes 集群为依托，一个 Kubernetes 集群由一组被称为节点的机器组成，节点上可运行容器化应用，工作节点托管作为应用负载组件的 Pod，控制平面管理集群中的工作节点和 Pod。为了提供故障转移和高可靠性，AI 赋能平台会采用跨多主机跨多节点运行。图 6-3 为包含相互关联的组件的 Kubernetes 集群。

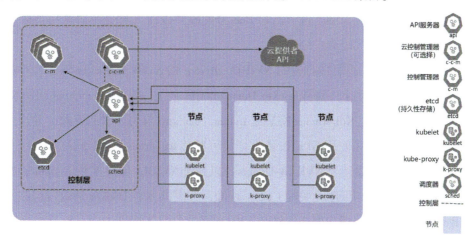

图 6-3　Kubernetes 集群示意图

6.3.1　构建 AI 算力模块

搭建 AI 赋能平台的算力模块既可以选择利用数据中心接口在相同网络环境下对接企业已有的数据中心，也可根据企业实际业务的需求单独集成算力资源搭建符合要求的基础算力模块。对基础计算资源、存储资源的虚拟化在前文已做详细阐释，本节不再赘述。讲解如何基于 Docker 和 Kubernetes 对算力资源进行符合 AI 需求的编排调度。

以深度学习为例，通过使用海量数据训练性能更好的模型、加速整个训练流程，AI 平台需要可以高效调用和管理 GPU 资源，同时由于算力资源较为昂贵，对于成本控制，企业需要将 GPU 资源的使用效率最大化。AI 赋能平台可以用 Docker 进行算力资源的分配使用，通过 K8s 进行整个平台的 GPU 资源的编排和调度。

以 NVIDIA GPU 为例，NVIDIA Device Plugin 通过 K8s DaemonSet 的方式部署到 K8s

的 Node 节点上，实现 Kubernetes Device Plugin 的接口，可实现将节点 GPU 数量告知集群、跟踪 GPU 健康状况、在 Kubernetes 节点运行 GPU 容器。

Kubernetes 通过 Device Plugin 机制框架，将系统硬件资源发布到 Kubelet，再由 Kubelet 上报给 Master 节点，以供 Master 节点统一调度。硬件供应商可以为 DaemonSet 部署的设备插件定制代码。目标设备包括 GPU、高性能 NIC、FPGA、InfiniBand 适配器以及其他类似的计算资源，需要供应商对硬件产品进行初始化和设置。Device Plugin 除了资源上报之外，还可实现为调度该节点的 Pod 分配硬件设备（此处不再介绍各硬件厂家去前置条件及节点上的代码命令细节）。

在 GPU 硬件机器上适配好对应的 NVIDIA Drivers 和 NVIDIA-Docker 软件，并在该节点上启用 NVIDIA 默认运行，编辑 Docker Daemon 配置文件，部署 DaemonSet 启用 GPU 支持，部署 DaemonSet 后，Kubernetes 将暴露 nvidia.com/gpu 为可调度的资源，并通过请求 <vendor>.com/gpu 资源来使用 GPU 设备（详情可参考 Kubernetes 官方网站）。

NVIDIA 在 2016 年设计了 NVIDIA-Docker，以通过 NVIDIA GPU 实现 Docker 镜像的可移植性，从而允许运行与程序无关的 CUDA 映像，并提供一个 Docker 命令行包装器，以便在启动时将驱动程序的用户模式组件和 GPU 设备文件装入容器中。

NVIDIA-Docker 支持将 GPU 的核心 Runtime 移植到 libnvidia-container 库中，并提供 API 接口，使得 GPU 可以较为容易地扩展到不同的容器 Runtime 中。一般将构建的用于集成到各类 Runtime 的库、工具和层统称为 NVIDIA Container Runtime。

nvidia-container-runtime 创建容器时，先执行 nvidia-container-runtime-hook 来检查容器是否需要使用 GPU（通过环境变量 NVIDIA_VISIBLE_DEVICES 来判断）。如果需要则调用 libnvidia-container 来暴露 GPU 给容器使用，否则使用默认的 runc 逻辑。

6.3.2 构建 AI 框架模块

AI 框架是构建 AI 算法模型的零件与工具。AI 赋能平台的 AI 框架模块旨在为企业、数据科学家、AI 开发人员提供全面的构建、训练、部署、评估 AI 模型的能力，为后续搭建上层 AI 算法能力提供平台。构建 AI 框架模块包括搭建模型训练框架、集成预训练模型、特征工程方法集成、超参调整与网络优化、模型转换与压缩、可视化建模、模型评估这七项工作。

1. 搭建模型训练框架

当前，AI 研究人员与 AI 工程师使用的机器学习与深度学习框架不尽相同，有 SK-Learn、Spark-ML、TensorFlow、PyTorch、PaddlePaddle 等多种类型，这些框架被应用于计算机视觉、自然语言处理、语音识别等各个领域。AI 赋能平台的模型开发与训练需要为用户在 AI 赋能平台上提供以上多种机器学习与深度学习框架来进行大规模的训练，之后通过对数据集和模型进行管理和迭代以及 API 和本地部署等方式将模型接入到具体业务场景中使用。

AI 赋能平台的模型开发可以为用户提供方便、系统、专业的开发工具和环境，通过更加人性化的操作接口展示，帮助不同层次的开发者开发算法。同时，针对不同的业务需求以及算法人员使用习惯，可以部署不同的深度学习框架，实现对图像、视频、语音、自然语言的处理，做到向上承载不同的算法模型和应用程序，向下兼容各类芯片和计算机操作系统。当前主流的机器学习算法与深度学习框架见表 6-1。

表 6-1 主流的机器学习算法与深度学习框架

框架名称	开发者	支持的语言	支持系统
TensorFlow	谷歌	Python、Java、C++、Go	Linux Mac OSX Windows Android 和 iOS 等移动平台
PyTorch	Facebook	Python、C++	Linux Mac OSX Windows
PaddlePaddle	百度	Python、C++	Linux Mac OSX
Caffe	Berkeley AI Research	Python、C++、MATLAB	Linux Mac OSX Windows
CNTK	微软	Python、C++、C#、Java	Linux Windows
DeepLearning4j	Skymind	Java	Linux Mac OSX Windows Android 和 iOS 等移动平台

表 6-1 中的框架中最流行的是 TensorFlow，它由 Google 开源发布，支持 TensorBoard、TensorFlow Lite、TensorFlow.js 等工具包与应用多样化便利使用，并支持数据与模型并行，从而使模型训练效率更高。相比 TensorFlow 声明式的编程风格，PyTorch 则采用了更直观以及用户更友好的命令式编程风格。命令式编程风格更加灵活并且容易跟踪，而声明式编程风格通常为内存和基于计算图的运行时优化提供了更多的空间。当前，这两种框架代表了深度学习框架研发和生产中 95% 以上的用例。PaddlePaddle 是 2016 年由百度开源的 AI 框架，作为国内自研的 AI 框架，主要具有轻量级、高性能、通用性强、支持多种硬件兼容等特点，并且，随着近些年百度在 PaddlePaddle 上投入大量资源进行开发和完善，PaddlePaddle 的用户与市场也在快速增长。

AI 框架百花齐放，根据不同的应用与业务需求，用户往往需要考虑使用不同的训练框架来高效构建机器学习模型或者神经网络，选择一个合适的 AI 框架将有助于技术人员减少大量繁杂的外围工作，更加专注于业务场景和模型本身，同时，选择框架时还应该考虑部署效率和适配环境等问题。

AI 赋能平台通过对各种框架的支持，将辅助技术人员更加高效地搭载模型，最小化用户操作，为用户提供训练推理一站式服务，实现硬件的兼容并包，达到更高的灵活高效部署。此外，随着 5G、AI、区块链等技术的迅速发展，如何将训练好的模型一键部署到端、边、云的各种设备和各种场景上，使 AI 技术更好地赋能各种项目，也是一个迫切需要考虑的问题。AI 赋能平台的框架搭建部分还应考虑各种框架与后续部署上线的支持，为用户提供模型轻量化、降低延时等服务。例如，华为的 ModelArts 提供高并发、低时延、自动弹性伸缩的在线推理，高效分布式计算的批量推理，支持对大数据的高速处理，还可通过端云协同，实现在智能边缘节点的一键部署。

2. 预训练模型集成

随着当前神经网络模型的更新迭代与优化，神经网络层数变得越来越多，模型也变得越来越大，模型训练所需的资源也随之变多。并且，对于大多数的机器学习或深度学习任务而言，构建一个大规模的有标签数据集仍然是一项很大的挑战。相反，大规模的无标签语料是很容易构建的，通过对这些无标签数据进行学习，可以获得一个好的对它们的通用表示，再将这些表示用于下游的其他任务，使得下游任务模型训练可以获得一个更优的模型初始化方法，有助于提高模型的泛化能力、精度以及加速模型收敛。例如，如果用户想要实现一个人脸识别模型，这可以通过花费大量时间从零开始构建一个性能优良的图像识别算法，也可以从 Google 在 ImageNet 数据集上训练得到的 Inception Model（预训练模型）上起步进行迁移学习或微调，从而快速得到一个在人脸识别任务上表现良好的图像识别模型。

迁移学习是一类通过已学习的相关任务中转移知识来改进新任务的机器学习算法。这种形式首先在图像领域取得成功，一系列的预训练模型在 ImageNet 数据集上训练出来，已经被用于诸如物体检测、语义分割、人体姿态估计和视频识别等任务中，并表现良好，如 YOLOv5（目标检测模型）、ResNet（图像分类模型）、RetinaTrack（目标跟踪模型）等。2018 年，GPT 和 BERT 的横空出世，在 17 个不同的自然语言理解任务上取得了显著的效果，使得自然语言处理领域同样进入了预训练模型的新时代。之后，基于 GPT 和 BERT 的变种陆续被提出，如 RoBERTa 和 ALBERT 等。当前主流的预训练模型如图 6-4 所示，包含了当前主流的预训练语言模型以及多模态模型。

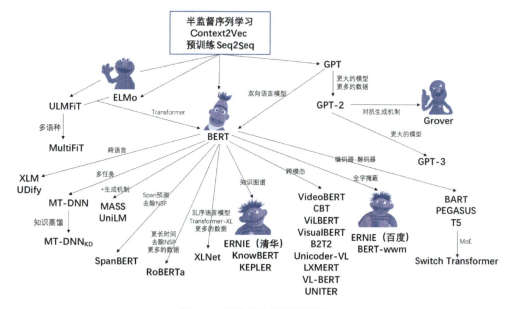

图 6-4　当前主流的预训练模型

有些预训练模型的提出是改进了模型的架构或者采用更多的数据，如 XLNet、MASS、UniLM、SpanBERT 等；模型的大小是预训练模型效果的重要影响因素，所以基于模型大小的改进同样是预训练模型的一个发展方向，如 GTP 及其变种、Switch Transformer；其他的还有采用多语种预训练、多模态模型（如 VideoBERT、CBT、Visual BERT 等）、基于多任务学习的预训练等。

AI 赋能平台的 AI 框架同样应该集成上述预训练模型，辅助用户快速构建在下游任务上表现良好的 AI 模型。

3. 特征工程方法集成

特征工程是在机器学习中数据准备的一项中心任务，在机器学习领域中有这样一句话："数据和特征决定了机器学习的上限，模型和算法是逼近这个上限"，因此，特征工程的重要性不言而喻。特征工程是利用数据所在领域的相关知识来构建特征，使得机器学习算法发挥其最佳的作用。特征工程一共包含三个子模块：特征构建、特征提取以及特征选择。

1）特征构建：根据原始数据构建新的特征，需要找出一些具有物理意义的特征。

2）特征提取：自动地构建新的特征，将原始特征转换为一组具有明显物理意义或统计意义的特征，如几何特征、纹理等，常用的方法有主成分分析（Principal Component Analysis，PCA）、独立成分分析（Independent Component Analysis，ICA）、线性判别分析（Linear Discriminant Analysis，LDA）等。

3）特征选择：从特征集合中挑选出一组最具有统计意义的特征子集，剔除无关的特征从而达到降维的效果，其常用的方法可以分为以下三类。

- Filter（过滤法）：按照发散性或相关性对各个特征进行评分，设定阈值或者待选择特征的个数进行筛选。
- Wrapper（包装法）：根据目标函数或者预测效果评分，每次选择若干特征或排除若干特征。
- Embedded（嵌入法）：先使用某些机器学习的模型进行训练，得到各个特征的权值系数，根据系数从大到小选择特征。

通常，特征工程由数据科学家凭借其专业知识以及迭代试验的误差结果分析和模型评估来手动完成，这通常需要扎实的历史经验积累以及业务领域知识，并且需要耗费整个算法模型构建流程中的大部分时间。AI 赋能平台的特征工程部分不仅应当囊括以上所述的特征工程构建流程中的常用算法，还应该使用自动特征工程进行自动化的特征交叉和特征选择，充分利用 AI 赋能平台的算力优势，大量枚举各种有效特征，辅助算法工程师快速进行特征选择，提升模型精度。

4. 超参数调整与网络优化

机器学习/深度学习的算法中往往包含了上百万的参数，这些参数有的可以通过训练来优化，如神经网络中的权重（Weight）等，称为参数（Parameter）；也有一部分参数不能通过训练来优化，如学习率（Learning Rate）等，称为超参数（Hyper Parameter）。超参数调整是模型开发与训练过程中非常重要的一个环节，设计一个好的超参数往往可以使模型开发的过程事半功倍。超参数的种类可以大致分为三类：网络参数、优化参数、正则化参数。

1）网络参数：指网络层与层之间的交互方式（如相加、相乘或者串接等）、卷积核数量和卷积核尺寸、网络层数（也称深度）和激活函数等。

2）优化参数：一般指学习率（Learning Rate）、批样本数量（Batch Size）、不同优化器的参数以及部分损失函数的可调参数。

3）正则化参数：如权重衰减系数、丢弃法比率（Dropout）。

网络模型的优化是为了找到全局最优解（或者相比最好的局部最优解），而正则项则希望模型尽量拟合到最优。通常情况下，两者存在一定的对立，但两者的目标是一致的，即最小化期望风险。模型优化希望最小化经验风险，而容易陷入过拟合；正则项则用来约束模型复杂度。所以如何平衡两者之间的关系，得到最优或者较优的解就是超参数调整与网络优化的目的。

AI 赋能平台通过预置基于机器学习或深度学习算法的模型训练自动超参数调优，将辅助用户找到最优的超参数解，简化模型开发和训练管理，表 6-2 是一些常用的超参数搜索策略。

表 6-2　常用的超参数搜索策略

方式名称	优点及方法	缺点
网格搜索	最基本的超参数优化方法 通过为所有可能的超参数构建独立的模型，评估每个模型的性能，并选择产生最佳结果的模型和超参数	当涉及多个超参数时，计算数量成指数增长 不能保证搜索会找到完美的超参数值

(续)

方式名称	优点及方法	缺点
随机搜索	更准确地确定某些重要的超参数最佳值,花费时间更少 可以在超参数网格的基础上选择随机的组合来进行模型训练 可以控制组合的数量,基于时间和计算资源的情况,选择合理的计算次数	效果不稳定
遗传算法	可以从以前的迭代中学习 直接以目标函数值作为搜索信息 仅使用适应度函数值来度量个体的优良程度 不涉及目标函数值求导求微分的过程	处理规模小 稳定性差 计算时间较长
粒子群优化	通过群体中个体之间的协作和信息共享来寻找最优解 容易实现并且参数调节较少	网络权重的编码和遗传算子的选择比较麻烦
贝叶斯优化	借鉴已有的结果进而影响后续的模型超参数选择 通过改善构造的优化函数的后验分布(高斯过程)进行超参数优化 更高效地探索超参数变量空间,降低优化时间	朴素贝叶斯有分布独立的假设前提,而现实生活中是很难完全独立的

AI 赋能平台通过对以上超参数搜索策略的支持,帮助用户快速找到最优的参数组合解。

5. 模型转换与压缩方法

为了获得更高的算力,用户通常需要将模型部署在 ARM、GPU、FPGA 等芯片上,或者有时用户希望将模型部署在移动端,此时,AI 赋能平台需要为用户提供模型转换/模型压缩等功能。

AI 赋能平台通过提供模型转换功能(即将已有的模型转换成所需格式),使得用户可以将模型应用于算力和性能更高的芯片上。例如,使用 TensorFlow 框架训练模型(frozen_graph 或 saved_model 格式)的转换功能可以将模型转换成 tflite/tensorRT 格式,转换后的模型可以在 ARM 或英伟达的 GPU 上部署运行。

此外,通过提供模型压缩的支持,AI 赋能平台可以帮助用户在硬件平台上稳定、高效地部署 AI 模型,降低部署时间和硬件资源消耗等成本。表 6-3 是常用的模型压缩方法。

表 6-3 常用的模型压缩方法

模型压缩方法	描述	应用场景	特点
低秩分解	使用矩阵对参数进行分解估计	卷积层和全连接层	标准化的途径，容易实施 支持从零训练和预训练
剪枝	删除对准确率影响不大的参数	卷积层和全连接层	对不同设置具有鲁棒性，可以达到较好的效果 支持从零训练和预训练
量化	减少表示每个权重所需的比特数来压缩原始网络	卷积层和全连接层	多依赖于二进制编码方式，适合在 FPGA、单片机等平台上部署
知识蒸馏	训练一个更紧凑的神经网络来从大的模型蒸馏知识	卷积层和全连接层	模型表现对应用程序和网络结构较为敏感 只能从零开始训练
转移、紧凑卷积核	设计特别的卷积核来保存参数	只有卷积层	算法依赖于应用程序，通常可以取得好的表现 只能从零开始训练

6. 可视化建模

AI 赋能平台通过搭建可视化的模型训练工作流，可以实现模型的可视化拖拽布局，组合各种数据源、组件、算法、模型及评估模块，为 AI 工程师打造从数据预处理、模型训练、到模型评估的全流程开发支持。其核心的特性应当包含以下几种。

1）拖拽式任务流：可以提供良好的交互体验和易用的功能设计，极大地降低机器学习的技术门槛。

2）多种学习框架：可视化工作流应该囊括多种学习框架，如 PySpark、Spark、Py-caffe、PyTorch、TensorFlow 等，满足不同开发者的使用需求与习惯。

3）丰富的算法支持：内置丰富的可视化算法算子，从传统的机器学习算法到深度学习，满足图片分类、目标检测、NLP 等细分场景与应用方向。

4）数据的效果可视化：对源数据进行强大的可视化交互数据解析，让用户高效直观地了解数据的全貌。

5）全自动建模：只需要拖动自动建模组件、输入数据，即可自动完成建模的全流程，无基础的 AI 初学者也可毫无障碍地完成整个训练流程。自动调参工具也可大幅提升 AI 工程师的调参效率。

6) 模型训练的完整闭环:为用户提供一站式机器学习平台体验,从数据预处理、模型构建、模型训练到模型评估,覆盖全工作流程,形成机器学习训练的完整闭环。

7) 灵活的资源调度:支持多种 CPU/GPU 资源,符合用户对差异化算力的场景需求。采用灵活的计费方式,真正帮助用户降本增效。

7. 模型评估方法集成

模型评估是整个机器学习模型构建流程中最重要的部分之一,通过不同的模型评估指标,可以判定整个模型构建工作的好坏以及改进点,从而对模型加以调整,直到达到最理想的精度为止,所以,AI 赋能平台模型开发部分的搭建,需要集成机器学习中常用的模型评价指标。

常用的分类模型评估方法见表 6-4。

表 6-4 常用的分类模型评估方法

指标	描述
准确率(Accuracy)	对于给定的测试数据集,分类器正确分类的样本数与总样本数之比
精确率(Precision)	对于给定的测试数据集,所有被预测为正的样本中实际为正的样本的概率
召回率(Recall)	对于给定的测试数据集,实际为正的样本中被预测为正的样本的概率
PR 曲线	查准率为坐标轴纵轴,查全率为横轴
F1 分数	F1 值,用于综合精确率与召回率之间的关系
混淆矩阵(Confusion Matrix)	表示精度评价的一种标准格式,用 n 行 n 列的矩阵形式来表示,矩阵的每一列代表一个类的实例预测,而每一行表示一个类的实例。用于识别是否将两个不同的类混淆

常用的回归模型评估方法见表 6-5。

表 6-5 常用的回归模型评估方法

指标	描述
均方误差(Mean Squared Error, MSE)	预测值和真实值偏差平方和的均值
均方根误差(Root Mean Squared Error, RMSE)	预测值与真实值偏差的平方与观测次数 n 比值的平方根
平均绝对误差(Mean Absolute Error, MAE)	所有单个观测值与算术平均值偏差的绝对值的平均
R 平方值(R-Squared)	决定系数,描述输入变量对输出变量的解释程度

除了以上两个表格中所述的常用模型评估方法以外，不同应用场景的 AI 模型往往需要用户自定义的评估指标，所以，支持预置规则及自定义规则的模型评估与多模型对比，也是 AI 赋能平台应该为用户提供的能力之一。

6.3.3　构建 AI 算法模块

近年来，政府正在加快数字化发展，打造数字经济新优势，协同推进数字产业化和产业数字化转型，在企业数字化的进程中，越来越多的企业在 AI+数据的帮助下，实现各种业务的洞察和落地，覆盖包括了快消零售、电商、汽车、旅游、金融、教育等各个领域。其中，人脸识别、目标检测、情感分析、客户画像、文本分析等各种 AI 算法的应用，使企业的数字化转型过程更智能、更高效。所以，AI 赋能平台在搭建了 AI 框架的基础之上，还应包含直接面向企业级应用的 AI 算法模块的搭建。

1. AI 算法支持

AI 赋能平台的算法支持模块需要集成业内较为成熟的不同类别 AI 算法、不同领域 AI 算法，供开发者进行直接调用，以节省算法开发的时间，降低使用门槛。

针对不同类别，AI 算法模块应支持多种计算机视觉类算法、语音类算法、自然语言类算法、策略类算法，进一步地，可以使用户自定义算法开发，如自定义名称、唯一标识、算法组件等。

针对不同领域，AI 算法模块应支持面向快消零售、电商、汽车、旅游、金融、教育等各个领域的前沿领域算法模型，搭建包含迁移学习等前沿算法，或者提供自定义算法与预置算法的混合使用支持，算法间支持数据接口、模型格式接口的兼容性，在时间、精力、人力、财力等多方面降低企业的高投入，实现 AI 算法快速高效赋能企业项目。

除提供以上算法支持之外，AI 赋能平台的 AI 算法模块还应根据功能、场景等维度对算法模型进行管理，辅助企业开发人员有效掌控模型训练流程、部署流程，实现面向应用的高速、高效、高质量 AI 算法能力建立与管控运维。

2. AI 模型管理

AI 算法模块应具备模型管理功能，负责平台上的人工智能模型的管理，AI 模型的开发和调优往往需要大量的迭代和调试，数据集、训练代码或参数的变化都可能会影响模型的质量，如不能统一管理开发流程元数据，可能会出现无法重现最优模型的现象。AI赋能平台的模型管理功能应支持导入所有训练版本生成的模型，并且可对所有迭代和调试的模型进行统一管理。

（1）导入模型

将训练后的模型导入至AI赋能平台进行统一管理，一般应支持如下几种场景的导入方式。

1）从训练中选择：在AI赋能平台中创建训练作业，并完成模型训练，在得到满意的模型后，可以将训练后得到的模型导入至模型管理，直接用于部署上线。

2）从模板中选择：相同功能的模型配置信息重复率高，将相同功能的配置整合成一个通用的模板，通过使用该模板可以方便快捷地导入模型，而不用编写冗杂的配置文件。

3）从容器镜像中选择：针对AI赋能平台不支持的AI引擎，可以通过自定义镜像的方式将编写的模型导入AI赋能平台。

（2）管理模型版本

为方便溯源和模型反复调优，AI赋能平台应具备模型版本管理的能力，用户可以基于版本对模型进行管理。

3. AI算法模型一键式部署

AI算法模型一键式部署是指将平台上管理的不同AI算法的模型，按照与推理环境相匹配的方式部署到指定环境中，并以指定的接口形式与其他业务应用集成。根据企业的具体业务需求，模型可以部署在云端、边缘端、终端等不同的位置。

AI赋能平台应提供模型、服务管理能力，支持多厂商、多框架、多功能的镜像和模型统一纳管，并在此之上，实现模型的一键式部署。通常，AI模型部署和规模化落地非常复杂，例如智慧交通类项目中，在获得训练好的模型后，需要将模型部署到云、边、端多种场景。如果在端侧部署，需要一次性部署到不同规格、不同厂商的摄像机上，这是一项非常耗时、费力的巨大工程，而利用AI赋能平台的模型部署技术，将训练好的模型一键部署到云、边、端的各种设备上和各种场景上，可以为个人开发者、企业和设备生产厂商提供一整套安全可靠的一站式部署方式。

4. 搭建AI模型市场

AI赋能平台的算法模块的搭建可以通过模型市场建立AI模型分享社区，为用户提供更便捷的不同种类的 AI 模型支持，加速行业场景的应用速度，及时响应市场速度。例如，阿里 PAI 推出的算法模型市场，涵盖电商、社交、广告、金融等多个行业，数十种场景的算法模型，助力于开发者的生态兼容。模型市场具体可以包括 AI 模型市场、API 市场、数据集、竞赛发布和案例分享等模块。其提供并且可以发布及订阅各类 AI 模型。

（1）AI 模型市场的主要功能是发布及订阅 AI 模型

卖方用户可以在 AI 模型市场认证自己的账号并进行信用经营；可以为自己的模型指定不同的发布权限以及计费策略，为其添加画像属性，方便买家用户快速定位目标；还可以为发布的模型配置推理、再训练代码，以支持模型的推理、再训练功能。买方用户可以在 AI 模型市场订阅感兴趣的模型，用于再训练或部署成推理服务。同时，AI 模型市场中预置各种常用 AI 模型，如 ResNet50、YOLOv5 等，并支持可再训练模型的提交发布，方便用户在自己业务数据上优化微调。AI 模型市场通过市场中间人机制以及 AI 赋能平台，保证买卖双方模型与数据的安全。

（2）API 市场的主要功能是发布与订阅 API 服务

卖方用户部署自己的服务发布到 API 市场，供其他用户订阅，并可为自己的商品指定不同的计费策略，如按次、包年、包月等。

此外，为了供开发者更好地进行学习交流实践，模型市场还可以提供数据集、竞赛发布以及案例分享支持等，让开发者、企业和高校等用户可以一起维护分享数据集、参加竞赛学习交流，共同营造开放的生态社区。

第7章

构建数据关联能力
——建立基于图技术的全局数据关联

　　基于图技术的全局数据关联处于数智融合的中间层，扮演着承上启下的角色：下层的 AI 原子能力层通过基础的人工智能手段，将数据进行一定处理后，交由数据关联层进行全局关联图构建；全局数据关联结果又为上层场景驱动的 AI 融合应用提供原材料。7.1 和 7.2 节介绍了技术基础——图技术和数据关联能力，7.3 和 7.4 节在前文的基础上，介绍了基于图技术的全局数据关联架构以及详细的建设步骤。

7.1 什么是图技术

形式上,图可以看作点和边的集合。在图中,点表示实体,边表示实体之间的关联。现实世界的很多问题都可以建模成图,如在社交领域,可以将人建模为点,将人与人之间的社交关系建模成边;在医疗领域,可以将疾病、症状、诊疗手段、药物等建模为点,将不同实体之间诸如导致、恶化、改善等关系建模为边。

图技术主要可以分为图存储、图计算和图表示三种。其中,图存储主要指用于联机事务图的持久化技术,通常直接实时地被应用程序访问,这个技术的产品形态是图数据库;图计算主要指用于离线图分析的技术,这个技术的产品形态是图计算引擎;图表示技术主要是指将研究对象的语义信息转化为稠密低维的向量,利用数学模型表示实例,并参与机器学习,这个技术的主要表现形式是图神经网络等算法。

7.1.1 图存储技术

图存储技术是指将图的概念层和数据层以计算机可识别的数据格式进行保存,针对图数据结构设计匹配的底层存储方式,完成图数据的存储,以支持对大规模图结构数据的有效管理和计算。

图数据库是图存储技术的产品化形式之一,不同图数据库厂商虽然在底层存储架构设计和实现上可能存在不同,但图存储技术应满足的基本要求大体上是相同的,具体如下。

1) 应满足基础的图数据存储需求,设计具备良好可伸缩性和灵活性的知识存储结构,可满足多种图数据模型的存储,如属性图、RDF 等图数据模型;在此基础上,应具备可扩展性,可实现基于数据增长的弹性扩展。

2) 应具备查询、读取、计算和应用需求的支持,可以实现和不同存储、计算组件的交互,可以满足上层应用对于存储组件进行增删查改的功能和性能需求。

3) 应具备对于安全性、可靠性、维护和管理的支持,可以实现基于角色的访问控制、加密、多用户、高可用性、备份和还原的功能。

另外,从存储技术来看,图存储可以大体分为原生图存储和非原生图存储两类。所谓原生图，是指以图的方式存储、处理、查询和展现数据，那些将图数据序列化后存储到关系型数据库中的存储形式，就是非原生图存储。原生图存储最显著的特点是免索引邻接，即每个节点维持了跟它有关联的节点的索引。根据存储和处理方式的不同，目前市场上主流图数据库的划分及对比情况见表 7-1。

表 7-1　主流图数据库的划分及对比情况

	实时大图	操作型图	多模态图	分析图	RDF图
代表	TigerGraph	Neo4j	Azure Cosmos DB	Apache Graph	GraphDB
关键优势	实时、通用	通用	支持多个 NoSQL 数据模型	可遍历全图	语义查询
潜在弊端	尚未开源	性能未扩展到大图	折中，性能不具有领先优势	探索方面不够强大	分析方面不够强大

7.1.2　图计算技术

图计算技术是指用于图结构化数据间的关联性推理运算，用于挖掘实体之间的隐藏数据关系。图计算技术的核心包括计算算法和计算引擎，计算算法实现具体的逻辑，计算引擎保证高效的图计算，完成和其他组件的交互。

图计算算法主要包括查找最短关联的路径查找算法、衡量图中节点重要程度的中心度计算算法、查找图中可能存在群体的社群分析算法、衡量节点相似性的相似度计算算法以及集成多种基础算法的分类算法等。常见的图计算算法见表 7-2。

表 7-2　常见的图计算算法

算法分类	算法名称	算法描述
路径查找算法	最短路径	查找在 k 层以内任意两个节点之间的最短路径
	最小生成树	查找 n 个节点且有保持图连通的最少边的子图
	环检测	查找图中环的数目
中心度计算算法	PageRank	根据节点之间的相互连接关系计算节点重要度
	Closeness Centrality	计算每个节点到其他节点最短路径的平均长度
	Betweenness Centrality	计算一个节点途经其他任意两个节点最短路径的次数
社群分析算法	Connected Components	通过连通分量进行图社群划分
	Label Propagation	通过标签传播进行图社群划分
	Triangle Counting	通过三角形检测进行图社群划分

(续)

算法分类	算法名称	算法描述
相似度计算算法	Cosine Similarity	通过余弦距离衡量两个节点之间的相似性和差异性
	Jaccard Similarity	通过Jaccard距离衡量两个节点之间的相似性和差异性
分类算法	k-Nearest Neighbors	通过k近邻算法进行图节点分类

由于图计算场景和算法多样,特别是面向海量图数据的处理,计算复杂度高、资源开销巨大,大规模图计算应用难以普及,相较于图计算算法,图计算引擎应具备更加丰富、全面的功能。目前,国内外许多企业都有自研的图计算平台,国外如亚马逊,国内包括华为、阿里、腾讯等公司。不同公司研发的图计算引擎架构存在不同,但交互式图查询、高性能图分析和图深度学习是最常用的三大图计算模式。Gartner在2020年第四季度图数据平台(The Forrester Wave™:Graph Data Platforms,Q4 2020)报告中提出,图计算平台应该具备的特点如下。

1)简化端到端图形部署的平台:具备内外部、云上的数据连接能力;具备数据的发现、连接、处理、分析和可视化端到端流程体验。

2)具备符合数据规模和性能要求的平台:具备处理数十亿个节点甚至更大规模数据的处理能力;具备内存处理、跨服务器扩展和每秒支持数千个并发用户和查询的能力。

3)具备集成更多组件的能力:集成人工智能/自动机器学习、扩展与各种SaaS源的集成、保障数据安全性、与其他数据管理工具和技术集成、原生支持分析和可视化功能。

基于上述特点,目前市场上主流的图计算平台对比分析见表7-3。

表7-3 市场上主流的图计算平台对比分析

图计算平台核心功能	Amazon Neptune	华为EYWA	阿里GraphScope
具备简化的端到端图形部署平台	√	√	√
满足可伸缩性的性能和规模要求	√	√	√
人工智能/自动机器学习功能的集成	√	×	√
可视化	√	×	×
与其他数据管理工具和技术集成	√	√	√
数据安全	√	√	√

7.1.3 图表示技术

图表示技术是指将图对象的语义信息转化为稠密低维的向量，利用数学模型表示实例，并参与机器学习。图表示技术的应用能够有效提升图计算效率，降低数据稀疏带来的学习难度，解决多元异质数据的耦合问题等。目前的图表示技术的前沿研究仍以模型试验为主，以提高模型的预测准确性、可解释性、泛化能力为研究重心。目前主流的图神经网络分类如图 7-1 所示。

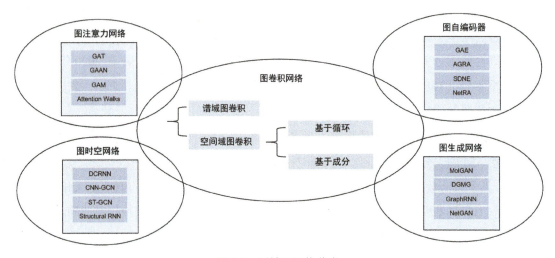

图 7-1　图神经网络分类

1. 图神经网络的特点与基本组成

图神经网络（Graph Neural Network，GNN）是一种直接作用于图结构的神经网络，主要针对非欧几里得空间结构（图结构）的数据进行处理，具有以下特点。

1）图神经网络在计算时一般忽略输入模型的节点顺序对模型的影响，主要分析节点间的连接关系与边点的自身特征等。

2）在计算过程中，节点的表示受其周围邻居节点的影响，而图本身连接不变。

3）通过对图结构数据的多跳表示，可以进行基于图的推理分析。

一般来说，图神经网络由传播模块（Propagation Module）和输出模块（Output Module）两个模块组成。传播模块主要用于图中节点之间传递信息并更新其状态，在信息传递时信息聚合器（Aggregator）对于节点 v，通过聚合其周围节点的信息，学习其潜在表示 h_v（State Embedding），更新器（Updater）用于不断地更新学习节点潜在表示；输出模块基于节点和边的向量表示根据不同的任务定义目标函数，然后通过优化器对目标函数进行迭代优化。

2. 图神经网络的经典结构

在信息聚合时，存在两种较为经典的节点信息聚合方式，一种是图卷积（Graph Convolution），另一种是图注意力（Graph Attention）。

基于图卷积方式进行信息聚合时可以采用两种方式：谱方法（Spectral Methods）和空间方法（Non-spectral Methods）。

图 7-2 为基于图卷积谱方法的信息聚合结构示意图，谱方法中通过计算图拉普拉斯算子（Graph Laplacian）的特征分解，在 Fourier 域定义卷积计算。谱方法有着完整的数学推理合理性，但是谱方法在实际应用中存在不足：卷积核的学习依赖图拉普拉斯矩阵的特征分解，对于图结构有一定的要求，在固定结构上学习的模型无法迁移到其他结构的模型上。

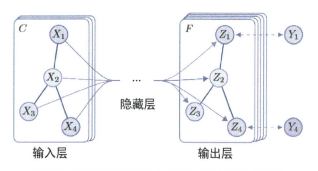

图 7-2 基于图卷积谱方法的信息聚合结构示意图

图 7-3 为基于图卷积空间方法的信息聚合结构示意图，空间方法在图上直接定义卷积计算，将不同尺寸的邻居节点考虑在内，同时保持像卷积神经网络一样的局部卷积不变性。采用空间方法的模型 GraphSAGE，通过采样固定数量的邻居节点，同时通过 Mean、LSTM、Pooling 等方式聚合周围节点的信息。GraphSAGE 以归纳方式学习每个节点的嵌入。具体来讲，它将每个节点用其邻域的聚合重新表示。因此，即使在训练期间

未出现的新节点，也仍然可以由其相邻节点正确表示。

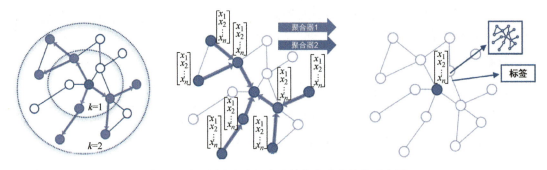

图7-3 基于图卷积空间方法的信息聚合结构示意图

图7-4为基于图注意力的信息聚合结构示意图，图注意力模型通过计算节点不同邻居节点对目标节点的影响程度从而赋予不同的权重。图注意力网络具有以下优势：操作效率高，在跨节点对中可并行计算；通过对相邻节点指定任意权值，可应用于不同度的图节点；该模型适用于归纳学习问题，包括将模型推广到完全不可见图的任务。

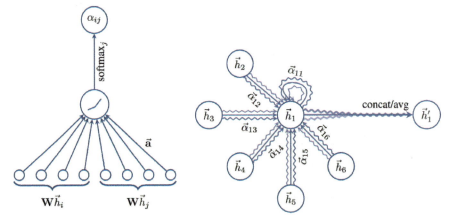

图7-4 基于图注意力的信息聚合结构示意图

7.2 什么是数据关联能力

数据的本质是对客观事物的一种描述，同一事物从不同维度观察将会获得不同的数据，同时对这些数据的关联组合，也能够不同程度地还原事物本身。就数据层面而言，某一种数据能够关联的数据维度越多，说明其能够还原的事物种类越多，对这种事物的本质的揭示就越全面。将不同维度的数据进行有效关联的过程，就是"升维"的过程。随着数据的不断升维，数据之间的关联关系随着维度的增加而成指数级增加，隐藏在这些数据关系之中的价值就可以不断被挖掘出来。所以，随着可连接的数据维度的增加，数据的价值也将会成指数增长。因此，基于图的全局数据关联能力在整个数字化转型过程中扮演着重要角色。

完整的数据关联能力包含数据存储和处理能力、数据连接能力和数据计算能力三个层面。

1. 数据存储和处理能力

数据存储和处理能力是指对海量数据的存储、提取和处理的能力。数据量爆炸式增长是当今数字经济时代最为显著的特征之一，但受限于存储空间和计算时间，绝大多数的数据处于孤立、沉睡的状态，因此，如何在有限的硬件资源中处理海量数据是数据关联的首要问题。在数据存储方面，需要根据应用场景、访问需求、安全级别和更新机制等进行综合考虑，选择合适的数据库和物理模型，在这种情况下，往往需要多种数据库产品的组合来支撑业务需求；在数据处理方面，单机已无法完成数据处理任务，而在分布式的环境中，需要综合考虑分布式存储、计算任务分工、消息通信、数据迁移、计算负荷分配等问题。因此，数据存储和处理能力需要充分考虑上述各种因素。

2. 数据连接能力

数据连接是指根据业务场景对经过预处理后的数据进行数据关联建模。在实际的业务场景中，往往面临着数据种类多、数据量大、实时性强、难以直接定义的后续业务需求等问题，数据连接能力需要能够解决上述问题。一般来说，进行数据关联需要借助 ID-Mapping 技术，将不同维度的数据映射到同一实体上。同时，数据关联的结构和过程应在保证没有数据冗余情况的前提下，充分考虑后续的业务需求建模、数据关联结果更新方式及效率、和其他组件的联通方式、自动化流程等问题。

3. 数据计算能力

在数据连接的过程中，数据计算能力也是必不可少的。在实际的业务场景中，往往是无法将数据直接进行关联的，需要借助 Spark、Hive、图计算算法、机器学习算法等方式，根据业务对原始数据进行数据整合、过滤噪声数据、提升核心信息的权重后，构建数据关联图谱。

7.3 基于图的全局数据关联技术

近年来，针对图数据及其计算技术的研究一直都是学术界和工业界的热点。与关系型数据相比，图可以自然地表达各种类型的数据，进行复杂问题建模，为常见的机器学习模型提供抽象。此外，近期关于图神经网络的研究证明，图计算是对机器学习的有效补充。因此，将图存储、图计算和图表示技术结合的技术架构，在数据融合分析、深层次因果推理、模型结果的可解释性等层面都具有明显优势。本节将介绍基于图的全局数据关联技术的优势及其架构。

7.3.1 基于图的全局数据关联技术优势

对于图基础概念的理解，其实可以看作是对于客观世界中任何事物与事物之间的关系，进行比较完整的刻画、分析和计算。图可以看作人工智能的一个使能技术，可以将人工智能的基本能力分为理解能力、推理能力和学习能力三部分，从这三个方面来看，基于图的全局数据关联也具备相对应的三个优势。

1. 数据刻画优势

图天然的结构优势可以将任何事物之间的关系刻画并完整地描述出来。使用关系型数据模型对数据进行建模需要了解数据库的规范和参照完整性规则，图结构可以将任意对象定义为节点，对象之间的关系定义为边，图的这种定义方式和语义基本是吻合的；图结构的灵活性使得图 Schema 的定义、数据的增删管理都十分方便；最为重要的是，基于图结构可以将多维数据融合，实现信息升维。

2. 推理优势

事物与事物之间的关系往往不是显性的，需要借助一些推理才能推导出来，图技术的核心就在于推理，通过高维数据遍历、推理等方法，可以在事物中找到一些隐藏的关系。

3. 对于模式的总结、演绎和归纳优势

图计算能为人工智能提供学习的能力，它将第一个优势中的数据刻画能力和第二个优势中的推理能力相结合，实现对任何一个事物的一个模式上的总结、演绎和归纳，也就是说，图技术能够对事物进行抽象。

7.3.2 基于图的全局数据关联技术架构

基于图的全局数据关联是一个完整的技术架构，包括数据源层、数据关联层、数据智能层和数字孪生层四层，如图7-5所示。

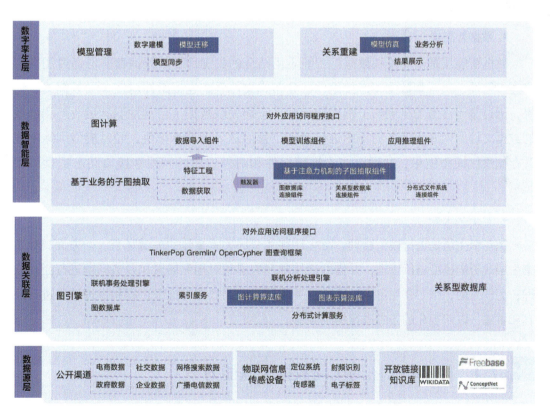

图7-5 基于图的全局数据关联技术架构图

1. 数据源层

全局数据关联的前提是尽量多地收集和关联数据，数据源层通过多种渠道对接获取各种类型的数据，从类型上说，包括结构化数据、半结构化数据和非结构化数据；从数据来源说，涵盖企业内部数据、通过公开渠道获取到数据等，从物联网信息传感设备获取到的定位、传感数据，以及从开放链接知识库获取的常识性数据。

2. 数据关联层

数据关联层借助大数据计算引擎（如 Spark）对原始数据进行处理后，基于业务和场景进行数据关联，构建关系图谱；使用图数据库和关系型数据库进行数据存储，使用图计算引擎进行分析推理，构建图计算算法和模型，并基于广泛应用的 TinkerPop 或者 Cypher 图查询框架和自定义 API（对外应用程序访问接口）提供查询、推理和访问接口。

3. 数据智能层

数据智能层是全局关联数据与智能应用结合的关键环节。数据智能层通过图数据库连接组件、关系型数据库连接组件、分布式文件系统连接组件对接全局数据关联结果，通过基于注意力机制的子图抽取组件从全局关联数据中自动抽取满足业务和场景的数据文件；对基于业务的子图进行特征工程后送入图计算模块，经过模型训练生成并存储最优模型结果，并通过应用推理组件和对外应用访问程序接口向上提供调用服务。

4. 数字孪生层

数字孪生层是进行模型管理、泛化迁移和全局关系重建的关键环节。一方面，数字孪生层对历史模型进行管理，并借助迁移学习的思想对相似场景和业务问题进行泛化处理；另一方面，数字孪生可以基于数据关联层的全局数据对推理过程和推理结果进行仿真和重建，以可视化的方式进行结果展示。

7.4 构建基于图的全局数据关联能力

基于图的全局数据关联通常首先借助自然语言处理、计算机视觉、传感器分析、大数据等技术，进行数据处理和数据融合，构建知识图谱，然后基于业务场景和基础算法进行特征提取和模型构建，最后借助图数据库核心存储引擎和图计算框架，进行推理计算，产生最终决策，基于图的全局数据关联业务流程如图7-6所示。

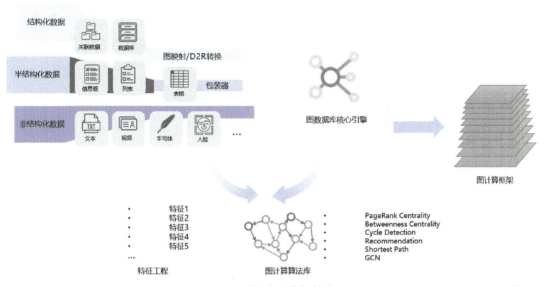

图7-6 基于图的全局数据技术流程图

首先，通过借助自然语言处理、计算机视觉、传感器分析、大数据等技术，对结构化、非结构化和半结构化数据进行处理，实现知识构建，并存放在图数据库中；然后，融合决策智能科学、管理科学、社会网络理论，通过机器学习总结数据特征规律，强化学习优化图计算精度，提升知识图谱推理效果；最后，融合多方推理计算的结果，产生最终决策。

通过对基于图的全局数据关联业务流程的分析不难看出，图数据库的搭建、图计算模型的搭建以及图计算框架的搭建是整个能力建设流程中的关键步骤。

7.4.1 构建图数据库

图数据库搭建是全局图数据关联的基础。图数据库负责数据建模、数据存储和数据对接的功能，具体来说，需要解决图问题建模、图数据库选取和应用程序架构构建三个层面的问题。

1. 图问题建模

图问题建模解决了数据关联和业务场景进行匹配的问题，具体来说，图问题建模需要人们将业务问题抽象为图中实体和关系的定义。图问题建模包括以下几个步骤。

首先，需要根据业务场景确定数据和模型。例如，当前面临的问题是：在微博上，我想知道关注了"人民日报"这个微博号的人还关注了哪些微博号。在这个问题中，就体现了需要的数据，即微博的相互关注数据，从建模上来看的话，需要建立微博号之间的关联关系，包括"实体-微博号"和"关系-关注"。

其次，需要用节点来表示具体的事物，用边来表示关系。通常来说，对于节点和关系的抽象可以基于以下几点。

1) 节点：表示实体，即业务问题中可以分割的具有代表性的实体。

2) 关系：表示实体之间的关联。

3) 关系方向：表示实体之间的进一步的关联关系，对于双向关联，查询时可忽略方向。

4) 节点属性：表示实体具有的特征，来表达实体本身具有的属性。

5) 关系属性：表示关系具有的特征，来表达联系的强度、权重和质量。

最后，解决图问题建模中一些细粒度问题。常见的问题包括边的粒度控制、时序图的构建方式。其中，对于边的粒度控制主要是需要考虑有些联系在图中是构建成一条边，还是作为节点的属性即可。例如，在公安行业，对于一个人的身份标识有身份证号、手机号、Mac 地址等多种，在以人为核心进行分析的场景中，需要通过 ID-Mapping 等技术将这些信息对应到一个节点上作为属性进行存储，而不是作为边。对于时序图的构建，通常的方式是将时间建模为节点，将行为建模为边，进行关联，避免冗余存储。

2. 图数据库选取

图数据库因其相较于关系型数据库的存储和计算优势而备受关注，目前市场上有许多优秀的数据库产品，如 Neo4j、TigerGraph、GDB 等，不同的数据库产品具备不同的优势，因此在进行图数据库选取的时候，应综合考虑以下因素。

1) 存储模式：判断业务是属性图存储还是 RDF 存储。一般来说，属性图是较为通用的建模和存储方式，适用于市场上主流的图数据库和常用的业务场景；如果业务场景中仅限于模式匹配或逻辑推理，那么 RDF 数据库是比较合适的选择。

2）装载能力：如果数据规模达到亿级别甚至更大，那么图数据库的装载能力是需要重点考虑的因素，包括图数据库和原始数据源的对接方式、是否需要进行数据预处理、是否支持并行加载以及随着数据量变化的加载速度、是否支持断点加载等。

3）原生图存储：图数据库分为原生图存储和非原生图存储，非原生图支持多模态数据库，原生图的边和点的内置索引可以实现更加高效的遍历，在复杂查询上，原生图存储具备更明显的优势。

4）更新方式：如果业务中需要实时或准实时地进行数据更新，那应该综合考虑图数据库的更新模式和更新效率、是否支持增量更新、是否具有自动化更新的流程和组件等。

5）可扩展性：数据的增长速度要求数据库必须具备可扩展性，所以应综合考虑图数据库本身是否对数据大小具有限制、是否依赖硬件和集群实现存储的弹性扩展、是否保证在并行运行中的计算性能。

6）计算性能：大多数图数据库的查询速度在三步以上会显著降低，但是图数据库多步之后的关联往往具备更大的价值，因此，应评估图数据库 k 步查询的运行性能。

7）可视化：可视化对于图数据的理解具有很大帮助，图数据库产品是否具备可视化组件也是需要考虑的因素之一。

8）企业需求：除了上述因素，企业在安全性、可靠性、维护和管理方面，需要综合考虑图数据库在角色访问控制、加密、高可用、备份和还原等方面的满足情况。

3. 图数据库的部署模式

在部署图数据库时，不仅需要考虑图数据库本身，还应该综合考虑图数据库和其他组件的对接方式。图数据库部署常用的几种体系架构如下。

1）客户端模式：将图数据库作为服务器并通过客户端访问。

2）服务器模式：将图数据库以服务器模式运行，通过 API 提供对外访问服务。

3）集群模式：使用主从复制实现图数据库的高可用性和水平扩展。

7.4.2 构建图计算模型

图计算模型搭建是构建全局图数据关联能力的关键。图计算模型定义了采用什么方法解决问题，通常需要经过图问题建模、人工经验搭建图计算模型、AI 优化图计算模型和图计算模型落地四个阶段,每个阶段面临的问题、解决的方法、对于图数据库和图计算框架的关注要点也都有所不同。这四个阶段在实际的业务中应该是逐步进阶的关系。图 7-7 为搭建图计算模型的四个阶段。

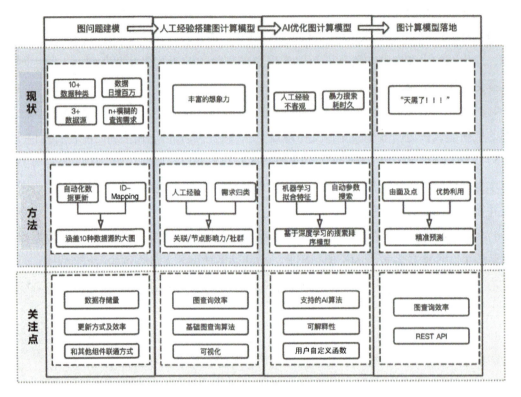

图 7-7　搭建图计算模型的四个阶段

1. 图问题建模

图问题建模是前提。在图问题建模阶段,需要通过 7.4.1 节中描述的方式,将具体的业务问题抽象为图问题,在综合考虑数据源对接、数据种类、数据更新情况和业务需求的情况下,定义 Schema,Schema 的定义直接决定了后面图计算模型查询和计算的复杂度。因此,对于 Schema 的定义应充分借助数据预处理和 ID-Mapping 技术,解决实体的冗余问题。

在这一阶段,对于图数据库和图计算框架来说,需要关注数据存储能力、数据更新方式及效率以及和其他数据组件的对接方式。

2. 基于人工经验搭建图计算模型

基于人工经验搭建图计算模型是核心。图计算模型的搭建往往面临着丰富又模糊的需求。业务人员往往对于图计算模型有丰富的想象力，比如，通过图关联找出疑似节点，通过图推荐有问题的人群等。在这一阶段，需要依据人工经验将需求归类，借助图算法的接触原理将业务问题对应到具体的图算法上，如查找与另外一个号码具备相似通联环境的号码这一场景，对于相似通联环境的定义，可以依靠人工经验提取相同通话人、相似通话时间等特征，对于图算法的选择，可以归纳到通联类；再比如评估一个号码在其通联网络中的影响力情况这一场景，对于影响力的定义，可以依靠人工经验确定需要具体考虑的节点特征、边的类型和边的特征，对于图算法的选择，可以依据算法思想确定采用 PageRank 算法，之后根据具体的业务需求对基础算法进行改进。

在确定业务逻辑和基础算法后，图计算模型可以划分为输入、查询和筛选三步，输入阶段获取限制条件，查询阶段实现模式匹配和算法应用，筛选阶段进行业务过滤和结果排序。

在这一阶段，对于图数据库和图计算框架来说，需要关注图计算效率、对于基础图算法的支持程度和界面可视化的支持度。

3. AI 优化图计算模型

AI 优化图计算模型是进阶。通过人工经验构建图计算模型存在经验主观片面、最优参数获取难等问题，通过引入人工智能技术，借助图神经网络等深度学习算法和基于强化学习的自动参数搜索等技术，可以使图计算模型的构建变得更加科学。

这一阶段主要关注对于图工具集和其他计算组件的研发和补充，可以通过用户自定义函数、加入图神经网络相关的深度学习算法、对接自动机器学习的计算组件等方式来解决。同时，在这一阶段，因加入了人工智能技术，对于结果的可解释性也需要重点关注。

4. 图计算模型落地

图计算模型落地是目的。搭建图计算模型的最终目标是接受实际业务问题的检验。一般对于图计算模型的应用使用由点及面的思想，即通过一个点扩展到一群点，这样的使用方式最直观的结果就是"天黑了",即前端界面因要素过多而变得不可用。而有效的方式应采取由面及点的过程,即通过图计算模型,实现信息汇聚到核心节点,最终实现关键信息的输出和呈现。

这一阶段,图查询效率和是否有对外应用程序访问接口(REST API)是图数据库和图计算框架的重要关注点。

7.4.3 构建图计算框架

图计算框架的构建是对全局数据关联各组件的整合。图计算框架将数据关联、数据存储、数据计算部分进行整合,根据业务需求,从全局数据关联中抽取子图,并从不同类型的图算法中选取最优模型结果进行输出,并提供多种计算模式供开发者灵活选择。从功能上,图计算框架应具备从数据到结果的整体 Pipeline,包含数据源对接、数据关联、模型选择和结果展示四个流程,其中图存储、图查询、图表示、图计算、图模型选择为核心功能;从性能上,图计算框架能够将复杂算法的计算时间从"天"缩短到"分钟"级甚至是"秒"级;从架构设计上,图计算框架能够根据不同类型的图算法,提供多种计算模式供开发者灵活选择,能够通过应用程序接口对接业务应用。图计算框架的整体架构图如图 7-8 所示。

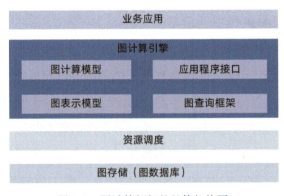

图 7-8　图计算框架的整体架构图

从技术实现来说,图计算框架的流程图如图 7-9 所示。

整个流程主要包括 9 个组件。

1)自动化特征提取组件:利用自动化特征工具抽取二维表之间的关联、聚合关系。

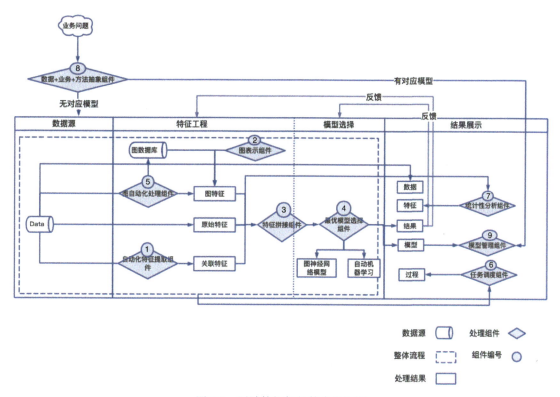

图 7-9 图计算框架的技术流程图

2）图表示组件：基于图表示学习算法，提取图特征，将图结构转化为向量。

3）特征拼接组件：根据业务需求，将多种特征进行特征拼接。

4）最优模型选择组件：特定领域、限定场景和模型类型的最优模型选择。

5）图自动化处理组件：将二维表数据处理成目标存储格式并存储到图数据库中。

6）任务调度组件：协同所有组件并可视化监控和运行。

7）统计性分析组件：特征统计分析与展示。

8）数据+业务+方法抽象组件：业务问题到数据范围和解决方法的映射抽象。

9）模型管理组件：统一管理固化下来的模型。

第8章

构建场景融合能力
——实现业务场景与 AI 技术融合应用

实现业务场景与 AI 技术融合应用处于数智融合的第五层，其下各层分别为数智融合提供了算力硬件基础、计算平台基础、AI 能力基础、数据处理基础，是能力积累的部分，而实现业务场景与 AI 技术融合则是释放下层能力，构建数智融合应用，打通数据闭环，赋能企业业务，真正实现数智融合的价值，同时也为最后一层积累经验、总结知识做出贡献。8.1 和 8.2 节介绍了场景融合的定义、演进及目的，8.3 节在前文的基础上，介绍了如何构建业务场景与 AI 技术融合应用的能力。

8.1 什么是场景融合

顾名思义,场景融合是指基于业务载体和用户需求,融合多维数据,选择、训练、优化通用的 AI 算法,构建更适用于复杂业务场景、表现力(指对模型的评价指标,如召回率、准确率、F1 值等)更优的模型、产品。对于数智化转型而言,应用才是其根本目标。因此,如何理解业务、如何理解用户、在理解的基础上如何做决策、打造怎样的产品等,这些问题才是支撑企业数智化转型的基础。

然而很多 AI 项目停留在实验室阶段难以落地,主要有如下几项原因。

1)没有明确合适的业务需求。在 AI 技术普及的初期,由于对技术缺乏了解或没有合适 AI 技术人才,业务人员不清楚应该利用 AI 技术辅助完成哪种业务;随着不断的宣传学习,业务对 AI 技术有了一定的了解却不够清楚时,容易对其产生过高或过低的要求,从而提出过于复杂无法实现或十分简单性价比不高的需求;对技术有了较为充分的了解后,由于业务场景较为复杂难以拆解,导致需求无法满足。与此同时,AI 技术人员缺乏相应的行业知识,也无法快速帮助业务人员找到合适的场景需求。

2)数据不足以支撑业务需求。企业信息化普及前大多采用纸质等非电子化方式进行数据的存储,导致数据无法直接使用;信息化普及后,由于互联网等技术迅猛发展,企业数据成"井喷式"增长,导致数据缺乏有效的存储、管理,数据杂乱无章,难以应用;大数据等技术的发展,面临着数据成"烟囱"状难以打通等问题,单一维度数据无法满足企业复杂业务场景的需求。

3)技术水平达不到应用要求。AI 技术发展初期,由于技术水平限制无法满足实际业务要求从而难以应用,如机器视觉发展初期,难以满足智慧交通对于人、车等目标检测速度和准度的要求无法直接应用。随着技术的发展,对技术的要求也随之提高,单一维度的技术难以满足复杂业务场景的需求。如单一维度的人、车等目标检测技术无法满足自动驾驶、车路协同等复杂业务场景的要求。

由此可见,场景、数据、技术为 AI 项目落地必要的三大要素,如图 8-1 所示。

而场景融合要解决的正是单一维度数据、单一维度技术无法满足复杂业务场景需求的问题。传统企业经营在市场分析、业务定位、寻找客群、制定相应的执行策略、效果分析等必要的业务环节中往往场景复杂、人力工作量繁重、流程与周期较长，极大地降低了企业迭代的速度。AI 技术可以替代大量冗余的人工劳作，能够更好地帮助企业在各个环节中提升效率、节约成本，而通用的单一 AI 技术与单一维度数据并不能很好地贴合每个业务场景，达到效能最大化，因此构建场景融合能力，实现业务场景与 AI 技术融合应用是帮助企业数智化转型极为重要且必要的一环。

图 8-1　AI 项目落地必要的三大要素

8.2　业务场景与 AI 技术融合的目的

随着 AI 技术的不断发展和演进，业务场景对其的要求也不断提升。过去几年，我国的人工智能应用快速普及，金融、安防、教育、客服、视频、电商、建筑、法律、招聘、传媒和资讯，几乎各个行业都有人工智能应用的身影，构建起了庞大的人工智能应用服务生态圈。根据埃森哲的研究报告显示，企业人工智能应用遵循从单点智能到流程智能，最终达到商业智能的演进路线，呈现出从边缘到核心的特征，如图 8-2 所示。

图 8-2　企业人工智能发展阶段

1）人工智能 1.0 时代：单点智能。单点智能指利用人工智能技术替代有明确规则的重复脑力劳动，即基于单一 AI 技术解决简单场景需求。例如，工业生产中利用图像识别技术进行产品缺陷检测，从而提升产品缺陷识别的速度和准确度；市场营销中利用人工智能算法对客户群进行用户画像并筛选，帮助提升产品的客户体验和精准的市场投放；智能安防中利用人脸识别技术代替人工人员核查，辅助提升人员身份核查的效率。

2）人工智能 2.0 时代：流程智能。流程智能指在现有的工作流程框架下，从数据和算法中揭示流程改进点，定义新的流程参数，即利用 AI 算法优化生产流程创造更高价值。例如，在生产流程中，通过人工智能算法精准分析与生产质量相关的关键参数，优化最优参数在大规则生产中落地，从而提升产品品率创造更高的利润价值。

3）人工智能 3.0 时代：商业智能。商业智能指利用人工智能技术和鲜活的业务数据创新智能驱动的新商业模式，即基于融合的 AI 技术及融合的鲜活数据解决复杂场景问题，改变传统的业务形式，形成新的业务模式。例如，相比于传统的广告投放售卖模式，基于互联网平台利用 AI 技术和鲜活的互联网数据进行精准的广告投放，形成一个数据智能和算法驱动的新商业模式；相比传统的汽车驾驶技术，基于车路协同技术和汽车、道路等数据进行智能辅助驾驶或自动驾驶，改变了传统的驾驶模式；相比传统的人工公安情报工作模式，基于人工智能算法和融合的多维数据进行自动化的情报推理研判工作，改变了传统的警务工作模式，降低了人工成本，增加了情报获取的安全性。

由此可见，人工智能是数字经济时代最重要的生产力之一，人工智能应用发展的关键是应用，只有用起来，人工智能才能不断迭代和提升。在人工智能的技术、数据、场景和生态快速协同演进的大背景下，人工智能在企业的应用从边缘逐步进入核心，利用场景融合能力打造更深入、更贴合复杂应用场景的智能化应用。

然而通用的单一 AI 技术往往复用性强但不贴合业务，因此在使用过程中可以用于多种场景，但每个场景均不是其最优效果。故在应用前会基于数据及场景特征对 AI 技术模型进行优化迭代，使其在该业务场景下表现力更优更适用。这是狭义的融合，指只提升模型效果，一味要求在技术层面优化改进。

广义的业务场景与 AI 技术融合，是企业数智化转型的应用需求，其不仅指的是业务驱动最终的应用模型优化，而是将从场景需求中提取的业务特征融入每一个环节，从需求方向的选取到数据的采集、存储、关联，再到 AI 技术的选择、训练、评价、呈现，是全流程的融合优化。数据闭环框架图如图 8-3 所示。

这样，真正将业务场景与 AI 技术相融合，共同作用于应用，实现数据闭环，达到数据驱动业务、业务有据可依的效果。下面将分别介绍在企业数智化转型中，AI 融合应用对于用户需求、多维数据、模型构建的作用。

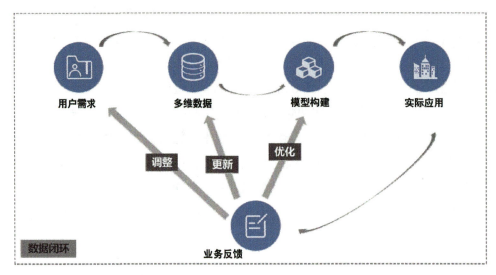

图 8-3　数据闭环框架图

1. 催生新模式新需求，逐步贴合业务核心

业务与技术相融合推动企业数智化转型升级，为企业注入新的活力。AI 融合应用能够改变现有陈旧的、耗时耗力的业务模式，催生新的业务形态，从而提升业务场景的整体效率。

以电商领域的仓储物流为例。这是一个人工工作量巨大的行业，需要大量人工安排备货、打包、分拣、运输、配送。随着科技的进步，逐渐有大型流水线的打包、分拣系统替代了部分人工工作。但是还记得"双 11"刚开始的两年，大批的仓库爆仓，大量的货物滞留，大量的远距离配送或缺货预售，消费者只能干等看着下单的商品迟迟无法送达。随着 AI 融合的智能应用的出现，商家、平台可以根据历史数据分析进行备货，根据不同的客户分布合理选择仓库，同时还可以根据历史购物情况、购物行为习惯等特征制定合适的销售策略，减少"双 11"当天的爆单量，从而减少物流压力。AI 融合应用的产生，颠覆了仓储物流被动的业务模式，催生了主动仓储的新业态，大大节约了备货、运输的时间，提升了物流效率。同时，新的仓储物流模式也催生了新的需求，如更低的仓储成本、更高效的物流服务、更精准的配送时间等，越来越贴近业务核心。

2. 更新数据收集、使用方式，提升特征体系质量

数据是企业数智化转型的基石，也是业务场景实现智能化的原材料。如何更加有效地进行数据收集和使用，成为企业数智化转型的重要任务。"有效"的数据收集和使用是指数据收集更加贴合业务场景的需求，数据的使用可以更加精准、快捷地解决业务问题。而业务场景与 AI 技术融合的智能应用正好可以指导完成数据的收集与使用，利用特征工程选择指导数据的采集，利用模型的优化调整数据的使用方式，利用融合应用的效果检验数据使用的效果。

同时，业务场景与 AI 技术融合的智能应用也可以更好地完成数据特征体系质量的提升。数据特征体系是服务于模型训练的，更高质量的数据特征体系会给模型的训练优化带来质的提升。业务场景与 AI 技术融合的智能应用比通用的 AI 模型更贴合实际业务需求，在数据特征选取上更具有针对性和指向性，模型在拟合过程中能得到更优的效果。

3. 优化模型选择、训练、呈现结果，完善模型评价体系

基于场景融合的数智化应用是真正打通数据闭环的应用，可以很好地解决模型难进化、指标不灵活的问题。

模型难以端到端地基于业务场景进行迭代优化，其根本原因是缺乏反馈机制，未能真正形成数据闭环。场景与 AI 能力融合加入了反馈机制，模型可以监控实际运行结果，及时发现业务运行中的变化，并根据结果情况进行模型的调整，优化模型选择、训练以及呈现结果。

模型评价体系无法灵活设置是因为标准化的技术评价指标或业务评价指标在实际模型中无法直接使用而又很难改进。场景与 AI 能力融合可以根据具体情况，根据技术指标进行业务化改进或基于业务指标进行技术翻译，从而设置灵活的评价指标，避免因评价标准设置过于单一又不贴合业务而导致的模型在训练集中表现优异却无法应用在实际业务场景中的问题。

8.3 构建业务场景与 AI 技术融合应用能力

构建业务场景与 AI 技术融合应用能力流程图如图 8-4 所示，将构建智能化应用的全流程分为五步：了解真实用户需求、实现依据场景的需求建模、构建 AI 能力组合流程、构建 AI 应用评价体系、实现应用全流程优化。整个流程的多个步骤间有重叠的部分，是根据业务与技术融合情况螺旋式向前推进的。下面将具体介绍这五步。

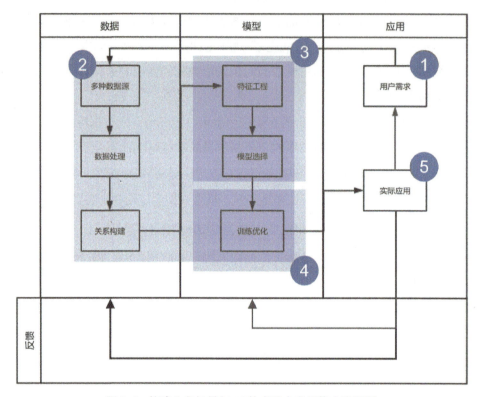

图 8-4　构建业务场景与 AI 技术融合应用能力流程图

8.3.1　了解真实用户需求

第一步是了解真实用户需求，其关键在于"真实"需求。企业搭建智能化应用时容易陷入一个误区，技术提供方不了解业务情况，大多会想象 AI 技术在业务方大致的应用场景，而业务方不了解技术也会想象 AI 技术可能的使用场景及应用效果。这种想象则造成了业务场景与 AI 技术割裂，形成的应用解决方案往往不贴合业务或很难达到预期效果。

了解真实用户需求的过程是业务与 AI 技术不断交互融合前进的过程。业务方只需详细描述业务情况、业务问题、业务需求，由技术方判断 AI 技术可以实现哪些环节的需求；技术方描述初步的解决方案和预期成效，然后由业务方判断是否符合业务预期优化方向及成效。不断重复上面的步骤，不断让业务与 AI 技术融合，直至双方对于建设内容和预期成效基本达成一致，则可以进行下一步。

8.3.2　实现依据场景的需求建模

在了解真实用户需求的过程中，业务与 AI 技术不断融合，技术方在提供解决方案的时候已经进行了预建模，不断修正建模方向和成果产出。下一步就是根据最终确定的需求，实现依据场景的模型搭建工作。这一步主要是根据实验情况验证解决方案技术部分的可行性，包含数据处理和模型构建两大部分，标准多采用业务和技术两方专家经验的方式确定。

依据场景对数据处理包括原始数据源选取、数据预处理以及关系搭建。原始数据源选取的过程主要依据业务和技术两方的专家经验，选择与业务场景相关的所有数据维度。数据预处理则是根据之前确定的解决方案中的技术方案对原始数据进行预处理，包括依据需求进行数据的清洗、补齐、转换、非结构化数据的信息抽取等工作，为后续数据使用做好准备。关系搭建则有两层含义，一是多维数据源的业务逻辑梳理，根据业务具体情况梳理各维度数据间的逻辑；二是网状数据进行图的逻辑梳理和搭建，主要进行节点、关系、节点属性、关系属性的梳理、计算、存储等工作，具体流程可参考 7.4 节。

依据场景搭建模型的部分包含特征工程、模型选择和训练优化三大部分。根据两方专家经验进行相关数据特征的梳理、计算、存储，根据技术专家经验选择适合的算法模型，并进行初步的训练和优化，从而验证技术方案的可行性，以及及时根据实验结果与业务评估进行方案的调整。

8.3.3　设计 AI 能力组合流程

根据最终确定的技术方案设计 AI 能力的组合及流程主要包括特征工程和模型搭建两部分。

第二步中的特征工程主要解决方案的验证，所以直接以专家经验作为依据。AI 能力组合流程中的特征工程是服务于最终输出结果的，因此采取业务与 AI 技术融合的方式进行特征工程的构建。利用"专家经验+机器学习"的方式进行特征体系搭建，并借助自动特征工程等工具进行特征重要度计算和排序，选取头部特征用于后续模型训练。特征数量的选取可根据实际业务情况及计算资源等条件确定。

AI 模型的搭建以业务需求为导向，选取更贴合业务需求特征的模型，并设置合理的参数进行模型的训练，并在训练过程中不断地优化特征的选取、算法的选择以及参数的设定，使最终确定的 AI 能力组合流程最贴合业务场景需求。

需要注意的是，特征的选择与模型的构建在贴合业务需求的同时也要避免过拟合的情况出现。

8.3.4 构建 AI 应用评价体系

构建 AI 应用评价体系是非常重要的一步，直接关系到模型应用最终结果的评判。在评价体系构建过程中，如果业务场景相对简单，单一的业务经验或技术指标即可完成模型评价，可直接选择适合的指标作为目标进行全流程优化；如果业务场景相对复杂，单一的业务经验或技术指标无法满足模型评价需求时，则需要根据业务具体需求，构建业务与技术融合的评价指标体系，并将其作为全流程优化的目标。

不同行业、不同场景下会用到不同的 AI 技术，同时也会有不同的评价标准来衡量构建的 AI 应用效果。但是 AI 应用评价体系构建标准大致统一，基本围绕算法、数据、应用三个方面，见表 8-1。

表 8-1　AI 应用评价体系构建标准

评价方向	评价标准
算法	算法准确性
	算法性能
	算法可解释性
	算法安全性
数据	数据特征完整性
	数据特征质量
	数据更新频率
	数据安全性

(续)

评价方向	评价标准
应用	应用贴合业务程度
	应用易用性
	应用性能
	应用安全性

1. 算法

算法方面的评价标准包括算法准确性、算法性能、算法可解释性及算法安全性四个维度。算法准确性和算法性能是评价算法应用效果及目标预计的主要因素，一般而言，准确性和性能越高算法应用效果越好。算法可解释性是判断算法是否实用的重要依据，可解释性越高，算法内在逻辑、技术实现路径、决策过程、预期目标越清晰，算法更易被理解、匹配、应用和管理。算法安全性为应用提供安全保障，是决定算法是否可用的基础。

1）算法准确性：指构建算法目标函数的评价标准，如召回率、准确率、F1 值等。

2）算法性能：算法性能是指算法执行一次所需时间。

3）算法可解释性：这里的算法可解释性是广义的算法整个建设过程的可解释性，可分为算法建设准备过程的可解释性及算法建模过程的可解释性。算法建设准备过程的可解释性包括但不限于特征定义可解释性、特征分布可解释性、特征衍生可解释性及特征选择可解释性；算法建模过程的可解释性包括算法本身可解释性、参数可解释性、模型无关可解释性及基于样本可解释性。

4）算法安全性：主要指从目标函数安全性、算法攻击防范能力、算法依赖库安全性、算法可追溯性、算法内控等方面提出的基本要求、评价方法及判定准则。

2. 数据

数据方面的评价指标包括数据特征完整性、数据特征质量、数据更新频率及数据安全性四个维度。数据特征完整性及数据特征质量是保障模型及应用准确的基础，数据更新频率是保证模型及应用有效性的重要指标，数据安全性是决定特征是否可用的基础。

1）数据特征完整性：指模型中使用的数据特征是否包含业务所需所有数据特征情况。

2）数据特征质量：指模型中使用的数据特征符合业务需求的程度。

3）数据更新频率：指数据更新的间隔时间。

4）数据安全性：指保护数据不被破坏、泄露、非法修改、非法访问、非法使用的安全程度。

3. 应用

应用方面的评价指标包括应用贴合业务程度、应用易用性、应用性能及应用安全性四个维度。应用贴合业务程度保证了应用的可用性，应用易用性及应用性能是应用使用的保障，应用安全性是决定应用是否可用的基础。

1）应用贴合业务程度：指应用符合业务需求的程度。

2）应用易用性：指应用使用的便捷程度。

3）应用性能：指应用执行一次操作所需时间。

4）应用安全性：指应用不引发事故的相关指标，包含应用安全度、失效度、平均事故间隔时间、应用事故率等。

8.3.5　实现应用全流程优化

实现应用全流程优化是构建业务场景与 AI 技术融合应用能力的最后一步，也是构建数据闭环促进融合最关键的一步。在整体应用搭建流程中加入反馈机制，即将构建好的应用模型投入业务实际应用中，同时收集业务数据。经过一段时间的验证和数据收集工作，对原有模型进行再评估，看模型是否适应现有业务情况。如果模型表现力依旧在可接受的使用范围内，则继续监控；如果模型表现力欠佳，不足以适应业务需求，则需要逐步分析出现问题的原因。这里的逐步分析则是从需求设定的方向到数据、模型、评价指标的全流程的分析，确定问题点并进行优化解决。同时可以采用半自动化的方式，即"定期自动优化+不定期人工审核"的模式，进行应用的全流程监控，保证模型可以随业务场景的变化而进化，实现业务与 AI 能力的真正融合。

第9章

构建知识泛化能力
——建设企业知识中台

行业知识与行业情报对于科技企业的发展至关重要。企业级的企业知识中台是指将行业外部知识与企业内部知识相联系,构成企业级的知识情报服务平台。企业知识中台的可为企业提供知识泛化能力,是将行业知识转化为结构化可查询、可自动识别、可推理、可挖掘的企业内部知识的引擎。企业知识中台可以快速利用外部行业情报服务于企业,同时关联企业内部知识,形成灵活智能的企业知识服务体系。

9.1 什么是知识泛化

知识的获取是通过关注问题所涉及的领域,过滤出该领域的专家知识并将其形式化;知识的表示指在某一专门领域内,把规范的事实知识和领域专家所具有的经验知识通过规范和形式化的手段,转化成计算机能够识别和处理的信息。

知识工程是随着人工智能研究的发展而产生和发展的、以知识为研究对象的学科。知识工程的产生和发展推动了人工智能理论的完善和相关技术的进步。同时,人工智能为知识工程提供了坚实的理论基础。知识工程产生和发展的一个重要基础是专家系统,专家系统把基于专业领域的知识和经验输入计算机系统中,为人们的经济生活提供专业可靠的领域知识。

知识泛化是通过人工智能、大数据等智能化技术将知识的应用提升至一个新的高度。知识泛化是知识库与知识应用的结合,是知识应用于行业的一种特有模式。

9.1.1 知识泛化的定义

泛化(Generalization)这一概念最早出现在巴甫洛夫的《大脑两半球机能讲义》一书中,用来表示条件反射的普遍化性质。知识泛化是当前对知识应用整合的一种模式,利用知识图谱、自然语言处理(NLP)等技术,将一个实体知识的具体表达泛化为多样性表达,从而形成一个能够满足多元应用的知识体系。简单来说就是通过人工智能的手段与技术,将知识结构化展示,并将结构化的知识赋予更加灵活应用的能力。

知识泛化的体系有三个要素:知识获取、知识表现、知识应用,如图9-1所示。

图 9-1 知识泛化三要素

1. 知识获取

知识来源于数据，由于移动互联网、物联网、办公自动化系统等技术的普及，数据的量级正在高速增长，数据形态也由传统的文档、日志拓展到图片、语音、视频等多种模态。知识是对数据的结构化，知识来源于人们身边各个维度的数据，包括学术数据、互联网数据、商业数据、企业内数据、政府数据等。通过对这些数据的结构化、知识化处理，可以得到结构化的知识，以用于上层应用。

2. 知识表现

知识的表现形式由简单的认知概念，拓展至业务规则、服务策略、设备状态、语言逻辑等形式。知识表现形式包括知识关联、知识图谱、知识逻辑图、一阶谓词以及推断式。其中，一阶谓词和推断式是相对古老的知识表示方法，但是该方法基于概率论的基本原理，具有很好的可解释性。知识表现是整个知识结构化的核心。

3. 知识应用

中台技术架构的出现将用户获取信息后自主执行操作的传统方式，升级到业务流程自动调取知识服务结果并完成任务执行，改变了知识的应用方式。其在知识应用服务的支撑下，使设备与设备之间、程序与程序之间的互动成为可能，并直接、自主服务最终用户。知识应用从模式上分为 4 种：知识推理、知识关联、知识检索、知识问答。知识应用涵盖了目前人类对知识的全部使用范式。

9.1.2 知识泛化的意义

知识泛化是一种对知识组织、利用的模式。随着当前大数据、云计算等技术的不断成熟，无论企业还是个人都积累了大量的数据资产，这些资产最宝贵的意义在于其中蕴含的知识与经验。如何利用这些知识与经验，如何将这些经验与外部知识情报相结合，产生灵活有价值的应用是知识泛化的重要任务。

知识泛化的意义主要体现在以下两个方面。

1. 加速知识工程的实现

知识工程是一门新兴的工程技术学科，它是社会科学与自然科学的相互交叉和科学技术与工程技术的相互渗透的产物。知识工程是运用现代科学技术手段高效率、大容量地获得知识、信息的技术,其目的是最大限度地提高人的才智和创造力,掌握知识和技能,提高人们借助现代化工具利用信息的能力,为智力开发服务,作为一种工程技术的"知识工程",其主要是研究如何组成由电子计算机和现代通信技术结合而成的新通信、教育、控制系统。因此,这项"工程"对于发展社会的经济、科技和文化教育事业,加速社会信息化的进程具有重要意义。目前,知识工程的研究中心主要是智能软件服务,即研究编制程序、提供软件。由于计算机工业等高级技术的发展有力地促进了"智能软件"的发展,使其不仅数量越来越多,而且在质的方面也越来越鲜明地具有智力服务性行业的特点。人们已清楚地认识到,电子计算机只有与智能软件有机结合,才能模拟人脑的功能,也才有可能出现智能机,但如果不配上相应的软件程序,再好的计算机也只是一堆无用的废料。要编制一套让电子计算机和智能机器人听得懂的"语言",即编制好软件程序,需要相当的知识基础。它不仅需要掌握数学知识,拥有计算能力,还要掌握其他科学知识,尤其是数理逻辑和辩证逻辑,同时,还要有创造性思维,掌握科学的思维方法和自然科学方法。所以,关于知识工程的研究,必须有专业人员的队伍。各国都十分重视培养软件设计人员,并不断地增加这方面的投资。我国在这方面存在不足,只有加快人才培养,才能真正加快科学技术现代化的步伐。知识工程的产生,将人类专有的文化、科学、知识、思想等同现代机器联系起来,形成了人机系统,它不仅为电子计算机的进一步智能化提供了条件,还将对社会生产力的发展提供最有力的现代化工具。随着知识工程的发展,人们的思维方式以及整个社会的生活方式都将发生深刻的变化。

知识泛化是一种知识应用的模式,这种模式基于知识工程的智能化技术应用。知识泛化将应用于各个行业,促使各行业形成具有本行业特点的知识集群和结构化知识聚类。知识泛化作为行业中知识应用的代表,会促使知识工程技术更好地实施。

2. 构建更有效的知识体系

建立知识体系,其目的是建立类似计算机的数据存储和应用结构,从而认知知识全貌及迅速找到知识的关联。前者用于查漏补缺,后者则用于知识的高效检索及组合使用。

知识体系有三个特性:目标性、体系性以及抽象性,通常使用逻辑树进行知识体系的构建。目标是指方向聚焦,体系是指结构完整、层次分明,前两层分支的平衡性越好,归纳程度也越强。而抽象则是知识体系中知识从具体到抽象的表现,呈现了知识的特征或本质。再进一层,什么是好的知识体系?除了上述的有目标、够全面、抽象程度高,还有一点是知识体系应该是相互独立但非无限穷尽的。有的知识仅需知道，有的则需要运用并且创新。

知识体系由三个主体组成：知识、方法、应用，如图 9-2 所示。

知识泛化就是针对这三个主体的实施技术，换而言之，知识泛化就是基于知识的一个方法集合，这种方法包括了知识图谱、机器学习等多维度技术，可以更好服务各个行业。

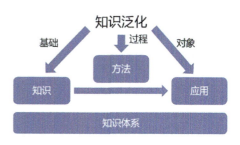

图 9-2 知识泛化的体系

该过程其实是让 AI 掌握举一反三的能力，在特定的专业领域学会推测用户的意图，进而由一小部分确定的知识泛化为一整套知识体系。比如以智能问答所需要用到的知识为例，当用户提出"如何办理退货？"，对于任何普通人来说，很容易理解这句话的含义：用户希望了解办理退货流程、办理退货的条件、在哪里提交退货申请、多长时间可以退货成功等信息。但这句话对于 AI 程序来说，通过自然语言处理抽取到实体是"如何、办理、退货"，只能通过这三个实体关键词在企业知识中台里检索相关内容。

如果没有做知识泛化，企业知识中台中必须有这三个实体组成的一条知识，AI 程序才能理解用户的目的，才能给用户返回合适的答案。但当其他用户下次提出"怎么退货"这个问题时，原来由"如何、办理、退货"三个实体组成的知识就不能精准匹配上，也就不能准确理解用户的意思。

因此，这时就需要知识泛化了，具体做法是：通过语义相似性、同义词关系等自然语言处理技术，将原始实体进行同类型扩展，将"如何"与"怎么、是什么"含义等同，"办理"与"申请、办、提交"含义等同，"退货"与"不想买、退了、退东西"含义等同。进而由一条知识可以泛化到上百条相似知识。这样通过泛化后的知识体系能保证 AI 程序更加全面"理解"用户需求，提升 AI 给用户带来的服务体验。

9.2 企业知识中台

前台是由各类前台系统组成的前端平台，后台是由后台系统组成的后端平台，中台处于前台和后台之间，起到调节的作用。中台可以帮助企业改善"前台与后台之间的矛盾"，快速响应用户需求，保障企业数据安全。中台为前台减负，恢复前台的响应力，将系统的通用能力进行打包整合，通过接口的形式赋能外部系统，从而达到快速支持业务发展的目的。

中台就是前台和后台之间联动的齿轮，也是调节器，加速器和稳定器。

1）调节器：前台业务变化快，后台系统相对比较稳定，中台就是它们中间的速度调节器。

2）加速器：新业务上马，接入中台即刻享受服务，不用从零开始。

3）稳定器：前台业务多如牛毛，后台数据排山倒海，而中台提供各式各样的接口对接两者，使用户享受稳定可靠的服务。

企业知识中台是基于人工智能技术形成的知识解决方案。它具有全链路的知识管理能力，覆盖知识的高效生产、灵活组织和智能应用。以数据为基础，企业知识中台能够自动化地从数据中提取知识，在人机互动的业务场景中主动推荐知识，帮助业务人员高效、精准、智能地制定决策，提升企业的经营效率与业务创新能力。企业知识中台是面向企业知识应用的全生命周期、一站式、智能解决方案。

企业知识中台在产业智能化升级中将担当重任。企业知识中台将持续从技术、行业应用、生态合作的角度更好地赋能企业，为企业在数字经济中取得先机持续提供动力。在技术方面，企业知识中台的数据处理能力将由结构类、文档类数据拓展至包括图片、音频、视频的多模态数据，将提升企业复杂知识表示和快速构建能力，提升数据知识化的效率；在应用方面，企业知识中台将由搜索、问答、推荐，升级至辅助决策、预测、推理等各类业务场景的知识深度应用，满足企业产品与服务的自动化定制需求，驱动产业智能化升级。企业知识中台已在互联网、政务、金融、电力、工业、电信、法律、医疗、教育等诸多行业成功应用。企业知识中台与各行业应用场景具有高度的适配性，既能满足知识生产、组织和应用的通用需求，构建标准化产品与服务；也能针对具体行业场景中的个性化需求，提供自动化定制的解决方案。

9.2.1 企业知识中台的定位

知识是企业智能化升级的重要基础。企业知识中台能够以服务的方式接入企业核心业务场景，帮助企业员工探索和发现前所未有的知识，助力知识迭代升级，强化企业业务运营与服务能力,支撑商业模式转型和智能化应用创新。中台应具备覆盖全生命周期、一站式服务、定制化解决方案等特点。企业知识中台要在企业中发挥作用,首先需要具备两个重要的基础平台,它们不是中台的一部分,但与企业知识中台实现的功能具有紧密的联系。

首先是数据中台,数据中台起到底座的作用,是知识数据的基础。企业由数字化迈向智能化的过程中,数据来源多样化,数据体量快速增加。数据中台能够连接企业前台、后台,帮助企业持续、有效地获取数据,完成自动化整合和治理,为企业知识中台发挥智能化效益奠定坚实基础。

其次是发挥知识洞察价值的业务前台。企业通过前台系统与客户互动,提供服务并获取客户信息。企业知识中台能够支撑业务前台,将知识洞察与企业核心业务能力结合,帮助企业强化业务运营和客户服务能力。业务前台连接了上层各个行业的应用,是知识面向前端的重要交互界面。企业知识中台整体架构如图 9-3 所示。

图 9-3　企业知识中台整体架构

9.2.2　企业知识中台的技术架构

企业知识中台的技术架构分为三个层面:基础技术层、核心功能层和产品应用层,如图 9-4 所示。其中,基础技术层提供了以人工智能为核心的技术支持,是企业知识中台运行的引擎。核心功能层涵盖了知识生成、知识组织、知识应用的知识全生命周期。产品应用层封装了平台、应用、行业解决方案多层次的产品,为各行业、各场景提供服务。面向企业智能化升级需求,企业知识中台可以为企业提供灵活、多样的服务方式,包括标准化产品服务、组件化服务能力输出、集成解决方案构建和定制服务的设计与实施。

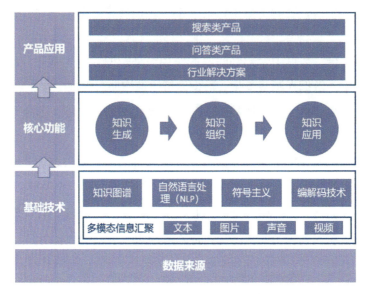

图 9-4　企业知识中台的技术架构

1. 基础技术层

企业知识中台的基础技术层包括知识图谱、自然语言处理（NLP）和多模态信息汇聚等技术。这些技术能够以 PaaS 调用方式对外提供服务，支撑企业知识中台的高级产品形态和外部系统应用，如图 9-5 所示。

图 9-5　企业知识中台的基础技术层

1）知识图谱。知识图谱是机器认知世界的基础技术之一。机器认知能力的突破，高度依赖于大规模知识图谱的运用。知识图谱通过整合企业关联信息，挖掘海量互联网非结构化、半结构化及结构化数据，运用多种智能分析算法，生成全方位洞察，帮助企业打造智能应用。

2）自然语言处理。在知识的加持下，语言理解相关技术能力不断增强，机器也可以逐渐像人一样不断学习、不断进步。通过建立知识增强的语义理解框架，在深度学习的基础上融入知识，机器可以具备人类一样的持续学习能力。通过进一步融入知识、语义理解以及增强小样本学习能力，机器的阅读理解和对话能力也在迅速增强。

3）多模态信息汇聚。与人类认知世界的形式类似，机器认知世界时不仅使用自然语言，也需要综合运用图像、语音、视频等多模态信息处理手段。知识增强的跨模态深度语义理解方法是通过知识关联跨模态信息，运用语言描述不同模态信息的语义，进而让机器实现从"看清"到"看懂"、从"听清"到"听懂"，即图像和语言、语音和语言的一体化理解。融合场景图知识的跨模态语义理解预训练技术，大幅提升了跨模态推理能力。

2. 核心功能层

企业知识中台以技术能力、场景产品、解决方案的形态，为各行业提供可选的智能化知识服务，这些服务由核心功能层实现，主要包括知识生成、知识组织、知识应用三个方面。

1）数据整合和知识生成能力：随着企业数字化进程的推进，IT 系统数量不断增加。数据通常分散在不同的系统中，导致数据整合难度较高。企业首先需要汇聚全量数据，然后依靠领先的智能技术从数据中自动挖掘各类型知识，再服务前台业务系统。

2）知识组织和分析加工能力：打破传统的知识组织形态，面向业务场景的知识分类和组织方式。以知识图谱和知识内容标签为载体，更有序、更统一地组织海量知识，将企业数据组织成多类型、多维度的丰富知识形态。并面向场景建模，便于业务前台便捷地获取多样知识。

3）融入业务的智能知识应用能力：随着知识的丰富度和复杂性的提升，基于多样知识组织，中台具备赋能业务前台的多样应用能力，包括语义化搜索、智能问答、个性化推荐、图计算与推理、智能预测。不同的应用能力可满足企业知识智能化建设的不同需求，从而发挥企业知识中台真正的价值。企业知识中台的技术类型如图 9-6 所示。

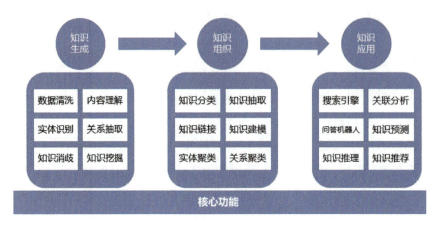

图 9-6　企业知识中台的核心功能层

3. 产品应用层

从产品应用层来看，企业知识中台应该提供能够支撑三个层级的知识应用产品，包括平台层技术产品、应用层场景产品、行业解决方案类产品，企业知识中台的产品应用层如图 9-7 所示。

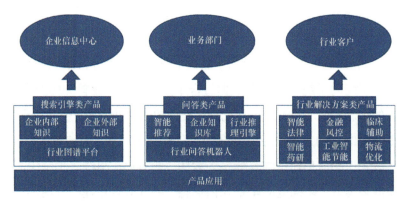

图 9-7　企业知识中台的产品应用层

产品应用层基于企业对知识管理和应用的典型场景需求，构建满足企业具体任务需求的产品。产品具体包括智能搜索、智能推荐、智能知识库、推理决策引擎、智能问答等。

（1）智能搜索

传统搜索存在企业内外部信息检索不到、相关性差等问题。与传统搜索产品相比，智能搜索排序更合理、结果更相关、效率更高，可以大幅缩短信息获取的时间，提高人员工作效率，实现了语义化理解。

（2）智能推荐

智能推荐能够基于知识图谱完成内容表示和用户表示，并满足个性化推荐的应用需求。通过智能推荐，企业可以提升业务内容的分发效率。

（3）智能知识库

依托企业知识中台的智能知识库，集成中台丰富的知识组织与应用能力，具备多模态内容生产能力和应用方式，具备自动化沉淀知识的能力。通过业务化、专业化的知识沉淀，可以在企业生产型业务中深度满足专业场景需求，最终服务各垂直业务场景。

（4）推理决策引擎

基于知识图谱的图计算和解释推理能力，推理决策引擎依据丰富的知识类型驱动推理，运用知识来辅助业务场景分析。推理决策引擎可根据具体业务，满足场景化知识复杂应用的需求。

（5）智能问答

基于知识图谱的技术能力，可以实现基于 KBQA（Knowledge Base Question Answering）的智能问答。智能问答系统是将积累的无序语料信息进行有序和科学的整理，并建立基于知识的分类模型。这些分类模型可以指导新增加的语料咨询和服务信息，节约人力资源，提高信息处理的自动性。分类模型基于平台多年积累的关于政府和企业的基本情况常见问题及其解答，整理为规范的问答库形式，以支撑各种形式问题的智能问答，方便了用户，提高了办事效率，提升了企业形象。

产品应用层可以构建垂直的行业解决方案产品，为各行业制定的一系列解决实施方案，如法律智能庭审、金融合规风控、电力能源设备管理与运维、医疗行业病历质控及临床辅助决策系统、工业新建产线的部署决策等，可以帮助用户解决具体的行业需求，提供智能决策辅助，提升产业智能化水平。

9.2.3　构建企业知识中台

企业知识中台的建设通常以场景为导向，以解决具体问题为出发点，更强调与业务场景结合,因此,企业知识中台的建设是一个由小到大、逐渐深入的过程。

企业知识中台的建设要求企业在初期打好基础,从全局的角度进行顶层设计,建立企业知识中台架构体系。企业知识中台的建立通常是以具体场景为导向,以解决具体问题而产生。因此,企业需要找准切入点,从最具业务价值、最快实现的业务场景入手,进行小范围测试,快速验证企业知识中台在业务场景中的价值。同时,企业需要建立相应的组织架构、运营体系和管控机制。试点成功后,企业可以在核心业务领域逐步深入探索与创新,并规范企业知识中台在企业内部的全面应用推广,助力企业打造成全新的知识型组织,企业知识中台的构建步骤如图9-8所示。

图9-8 企业知识中台的构建步骤

企业知识中台的建设是一个从上到下、从思维到实践的体系化创新工程,以企业知识中台在业务中发挥最大效益为目标。企业需要做好全面的准备,包括制订战略规划、培养组织文化、建立制度流程、完善技术设施等。此外,企业需要指定专业部门负责企业知识中台项目的全生命周期管理,投入必要资源,以保证企业知识中台落地的可行性与有效性,企业知识中台的资源投入如图9-9所示。

图9-9 企业知识中台的资源投入

1. 战略规划

广泛调研业务现状与需求,评估知识应用对业务增长的战略价值,制定企业知识中台顶层规划;引入外部咨询机构、IT厂商,联合制订企业知识中台的部署实施方案及行动计划。

2. 组织文化

宣导知识对企业的价值，激发员工参与热情，鼓励员工加强知识的贡献与分享。设置专业部门管理企业知识中台，为企业员工提供相关培训，保障可持续发展。

3. 制度流程

打破企业内部的信息孤岛，推动企业知识中台与业务流程的深度结合，发挥知识应用的价值；建立企业知识中台相关管理制度和流程。

4. 技术架构

完善必要的 IT 基础设施（如数据中台），有效治理数据；引入技术领先、成熟、标准化的企业知识中台产品。

5. 全周期项目管理和资源分配

建立强有力的项目保障团队，做好 IT 部门、业务部门、咨询公司、系统开发商等多方面协调工作；管理层高度重视企业知识中台建设和运营，确保人力、资金、数据等资源的持续投入。

6. 实施企业知识中台建设项目

引入合作伙伴，积极推动企业知识中台项目的部署实施及成功应用。

9.3 企业知识中台的未来展望

企业知识中台是知识泛化的产品体现，也是未来行业知识应用的重要支柱。如今智能化成为产业转型升级的重要抓手，人工智能、大数据等技术在产业智能化升级中扮演着越来越重要的角色。企业要实现智能化升级，真正需要的不是数据，而是数据里面蕴藏的信息与知识。知识泛化的代表即为企业知识中台，企业知识中台可以为企业提供高效便捷的知识生产、组织和应用能力，满足业务场景智能化的需求，解决大多数企业缺乏构建和运用知识能力的痛点，为企业进行知识赋能，助力企业实现智能化升级。

智慧企业就是企业在数字经济时代为客户、员工、伙伴创造价值、赢得竞争的一种全新范式，是差异化竞争的优势所在，它通过人工智能、大数据、云计算等新技术实现组织业务全价值链、管理全层级的深度融合应用，从而使自身成为高洞察力、高应变力、高创新力的自适应性组织。而智慧企业下的员工是知识型员工，组织是自适应的组织，企业是自生长的企业，而这一切都是知识在支撑，是知识智慧化运用的效用体现，是企业知识中台的效用体现。企业知识中台是全周期、智能化的企业知识赋能平台。

未来，企业知识中台会为企业提供高效便捷的知识生产、组织和应用能力，满足业务场景智能化的需求，解决大多数企业缺乏构建和运用知识能力的痛点。企业知识中台是企业的知识大脑，把结构化和非结构化的数据、显性和隐性的知识进行多元采集、智能入库、学以致用和运营推广，形成闭环，构建企业的知识大脑。

一般意义上的"中台战略"更多聚焦于业务中台，其是以客户为中心的前端触点数字化、核心业务在线化、运营数据化、供应链智能化的端到端的平台支撑；而对于组织内部管理而言，如何更好地以员工为中心，实现连接员工、高效协同、智能工作辅助等，这样的"组织中台"能力打造也是企业数智化转型的关键一环。

企业知识中台未来应该为组织中台和业务中台的底层架构。因为无论是信息化时代、数字化时代，还是知识经济时代，其共同点都是基于原始数据不断进行加工以场景化运用，而数据、信息的场景化运用就是知识的价值体现。因此，企业知识中台是基于对数据、信息的治理，场景化运用，是激活组织活力、赋能员工、为业务绩效赋能的关键。要持续发挥企业发展的原生动力的效用，企业知识中台就不能脱离组织的环境，不能脱离业务的土壤，否则会成为无根之木，无源之水。知识要来源于业务、服务于业务，构建"以业务为中心、以结果为导向，贴近作战一线、使能业务发展"的知识管理体系，在以业务为中心、以结果为导向的过程中，打造出领先的知识赋能平台，打造出优秀的专业队伍，从而更好地实现业务绩效。

企业运营过程中从来不缺数据、知识，企业积累了很多流程运营的数据、员工行为的数据、知识学习的数据，随着数据的不断丰富，数据之间的关联整合不断完善，能够发挥的作用将越来越大，但是企业缺乏的是对数据的管理和知识沉淀的环境。因此企业知识中台要基于企业原有的信息化基础、目标方向、战略重点，以问题为导向驱动业务转型，以知识资产的积累为基石，面向员工、团队、业务、组织等不同的场景精准赋能，以此来打造智慧企业。企业知识中台还要通过持续深化职能和业务数字化场景以及行业数字化场景的创新，帮助企业以增量变革方式不断引入和丰富新型数字化能力，将自身打造为洞察、应变、创新的自适应性组织。

未来，企业将通过知识管理把公司核心的、离散的知识进行体系化管理，推动知识的管理从无序走向有序，提高知识交流共享及运用的效率，激发知识创造的内在潜力。通过建立统一的智能企业知识中台，在全企业达成企业的一切交付都是知识的交付，人们的价值主张是基于知识碰撞共鸣的结果，人们的交付是知识的智慧运用。全智能知识管理中台构建了一套涵盖知识收集、整理、淬炼、沉淀、组合、创造、应用的全流程循环体系。该体系可以发现知识价值，构建智慧组织，打造认知型企业，实现知识管理和业务场景的紧密结合，实现知识的业务支撑和内在驱动，进而提升企业创新能力，打造新的竞争优势。

第10章

智能化企业数字平台应用实践

本章在前文基础上，通过电信、制药、治安、养殖、污水监测、互联网六大行业的实践案例详细阐述了企业数智化转型过程中，如何使用技术、平台解决各自领域的问题，以及达到预期的效果。

10.1 某电信运营商无线网络优化智能运维应用实践

无线网络优化在智能监控和运维自动化闭环能力上稍有欠缺，更多是通过人工经验来判断，没有建立统一的监管流程，因此，提出了基于智能化数字平台的智能运维解决方案。本节介绍了智能化数字平台数据质量监测与系统架构设计，以及智能化数字平台功能设计及实践效果。

10.1.1 无线网络优化面临的问题

无线网络优化主要是指根据硬件检查、话务统计报表、现场测试及用户投诉情况等过程，同时遵循接通率、掉话率及拥塞率等网络质量的指标来寻找无线网络运行过程的影响因素，并以此为基础采取相关的措施对无线网络进行调整，在最大程度上保障无线网络运转得顺畅。无线网络优化是保障通信、提升网络服务质量的重要工作。现代移动通信行业业务量呈现爆发式增长，对网络传输的承载力与适应力提出了新的要求。随着基站建设数量及运维压力的提升，无线网络优化面临如下挑战。

1）当前网络性能智能监控和运维自动化闭环能力稍有欠缺，更多是通过人工经验来判断网络的异常与否，且各省地市的现网差异和业务专家的经验标准差异较大，存在主观性和不一致性。此外，开发的网络优化工具缺乏统一规划，难以扩大应用范围，无法推广。

2）各省 OMC（操作维护中心）数据采集后上报集团，由于数据定义有差异，所以经常会存在不一致的情况，缺乏统一的数据管理及数据质量评价标准。网络优化工作需要各类数据的支持，数据分散化不利于工作的开展。

3）没有建立统一的电子流程，网络优化效果受个体运维能力影响较大，没有形成知识沉淀及知识共享。

4）集团和省公司通过巡查的方式检测网络优化工作，无法及时掌握网络真实状况，无法评价网络优化工作效果。

随着无线网业务大规模发展，对业务服务保障的支撑能力提出了更高的要求。为了给运维质量保障等工作提供进一步有效支撑，需要实现网络性能智能监控、提高自动化闭环运维能力，形成一套从网络异常监控、异常清单下发、定位分析、方案执行到知识积累的标准化工作流程，并完成网络性能监控、预警，优化从集团、省区到地市级的闭环管理。

10.1.2　基于智能化数字平台的智能运维解决方案

1. 通过智能化数字平台进行数据质量监测

无线网络优化平台建设需充分利用综合网管已有数据。目前，综合网管定时采集的数据包括性能数据、资源数据。各省通过 OMC 设备采集数据并将其汇总上报，其中部分资源数据手动不定期同步至综合网管。而厂家特有的性能、参数、测量报告等由综合网管采集汇总。数据是建模的前提，构建智能化数字平台可有效提升数据质量监管效率，快速掌握数据质量，从而进一步提升数据资产价值。

传统数字平台建设通常会考虑数据表字段缺失率、更新时效等，对数据关联性考虑较少。比如检测 A 小区是否为异常网元时，通过分析时间性能数据发现其 3～6 时缺失数据，可通过预处理方案进行填充处理。然而当 B 小区 24 小时性能数据全部缺失时，通过性能数据无法发现此异常。因此在构建智能化数据平台时可以将性能数据、资源数据关联后对数据质量进行监测及分析，得到小区缺失率及 OMC 文件缺失率等。

无线网络优化数据质量监测流程如图 10-1 所示，其中，构建智能化数字平台时将关联特性引入到数据质量监测中。

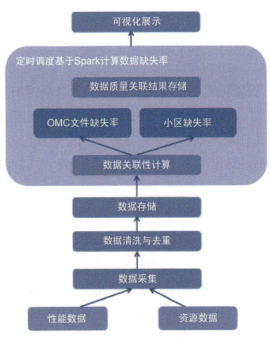

图 10-1　无线网络优化数据质量监测流程

1）数据采集：定时调度采集 LTE 北向接口网元资源数据与性能数据。资源数据以天为粒度存储了小区基本特性，包括省份、基站、室内外类型、所属厂商、小区类型等。

性能数据以小时为粒度存储了小区性能信息，包括 RRC 连接成功率、空口上下行丢包率、上下行流量等。

2）数据清洗与去重：小区性能数据采集时由于设备中断或异常经常需要进行数据补采，由于数据补采方案为通过对小时级文件全量更新的方式，因此需要对数据进行清洗，将最新的数据作为小时级文件。

3）数据存储：清洗后的数据存储在 Hive 数据库中，以省份、日期、小时数作为分区字段存储。

4）数据关联性计算：性能数据与资源数据存储了小区 int_id，可以通过 Spark 程序对性能数据及资源数据关联分析得到 OMC 文件缺失率、小区缺失率，定时调度 Spark 程序将结果存储到 MySQL 等关系型数据库中。

5）可视化展示：通过 Vue 等框架分省市对不同日期的 OMC 文件缺失率及小区缺失率进行可视化展示，管理人员、运维人员、算法人员可以及时获得数据缺失信息，掌握数据采集情况。

数据质量是智能化运维的基础，以上流程从采集到界面呈现，即为智能化数字平台对数据质量的监测。运维人员可及时发现数据缺失并进行补采，进一步提高数据质量，算法工程师可针对数据缺失情况制定处理策略。

2. 智能运维解决方案

智能运维解决方案可以通过 AI 算法对多维度、多时间序列数据分析完成异常网元检测、派发、处理、审核、知识库入库一站式流程。通过建设统一的无线网智能运维平台架构，满足各省无线网络优化支撑业务的具体需求，实现开放的数据监测能力和集中的数据管理。根据对各省公司无线网络优化工作的业务需求调研和分析，按照平台开放性、标准性和可扩展性的要求进行异常网元处理、异常指标查询、数据质量评估及白名单管理等业务处理模块的研发，进行知识库查询、知识库处理、智能推荐及大屏展示等知识库相关模块的研发。在八个试点省份完成模型及系统的部署工作。无线网智能运维平台包括软件、网络、硬件，遵循系统设计思想，结构分为数据源、计算层、AI 专业能力、AI 应用四层体系结构。图 10-2 为无线网智能运维平台架构。

1）数据源：数据源包括无线网资源数据、性能数据和告警数据等，通过数据质量监测模块保障数据采集时效及质量的检测，整理成符合规范的格式，以文件形式存储到数

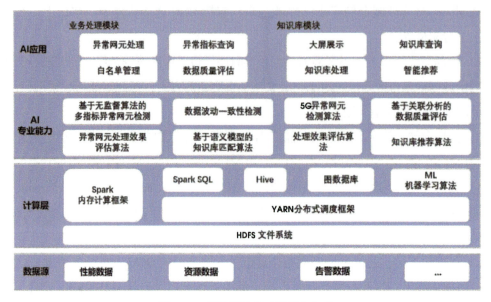

图 10-2　无线网智能运维平台架构

据服务器中。

2）计算层：通过 Shell 定时任务程序定时采集数据，进行数据解析、数据清洗等操作，然后按照上层应用的需要，集合 AI 算法对数据进行逻辑处理。

3）AI 专业能力：提供关系型数据库 MySQL、缓存数据库 Redis、图数据库 Neo4j、第三方接口、AI 算法接口等为 AI 应用层提供数据服务，其中 AI 算法包括 5G 异常网元检测算法、基于无监督算法的多指标异常网元检测、数据波动一致性检测、知识库推荐算法及处理效果评估算法等。

4）AI 应用：主要为用户提供可视化的应用功能，方便用户操作。技术上使用主流的 Vue 技术框架，采用前后端分离的开发方式，前后端解耦以提高开发效率。主要的功能模块包括异常网元处理模块、异常指标查询模块、数据质量评估模块、白名单管理模块、知识库处理模块、知识库查询模块等。

3. 平台功能介绍

无线网智能运维平台可以满足异常网元检测、处理、审核到知识入库一体化全流程业务要求，加快省端异常网元自动化处理。

1）异常网元处理模块：满足集团、省、地市等不同权限用户查看以及处理异常网元的要求，通过网元异常清单处理系统建设，实现集团、省公司、地市级别对异常网元情况处理以及监控管理，增强信息透明度，提高运营维护工作的效率和准确性。

2）异常指标查询：通过从网元、指标等不同维度查询网络性能异常状况，帮助运维工作人员快速、精准定位网络问题，提升运维效率。异常指标查询示意图如图10-3所示。

图 10-3　异常指标查询示意图

3）白名单模块：由省或者地市用户录入"免疫"网元，当某异常网元处理时间较长或者无须处理及关注时可以加入白名单。对于阶段性异常加入白名单的异常网元，系统对网元进行自动化检测恢复正常后自动退出。对于特征场景如高考屏蔽或者配合公安侦察等，加入白名单后由管理员手动退出。白名单模块示意图如图10-4所示。

4）数据质量评估模块：数据质量评估模块借助数据质量监测算法对各省无线网数据质量进行监测，得到各省按天的小区缺失率及文件缺失率，及时发现数据缺失情况，有

图 10-4　白名单模块示意图

效提高了无线网数据质量。

5）指标波动一致性检测模块：指标波动一致性检测模块借助 K-S 检测算法等对同一设备网管不同时间范围的波动进行检测，及时发现由于割接或者设备升级带来的指标波动。

6）知识库查询及处理模块：异常网元处理模块收集经专家反馈的异常网元知识，将异常网元处理相关实体添加到知识库中，供知识库查询及智能推荐模块使用。无线网知识库查询首页如图 10-5 所示。

7）智能化推荐模块：根据积累的异常网元知识库对异常描述、异常原因、处理办法进行自动化推荐，处理人员可以选择推荐结果，也可以查找其他推荐方案或手动填写。随着知识库数据集不断增加，智能化推荐模块准确率及自动化率显著提升。异常网元智能化推荐示意图如图 10-6 所示。

图 10-5　无线网知识库查询首页

图 10-6　异常网元智能化推荐示意图

10.1.3　电信运营商智能化数字平台实践效果

智能化数字平台——无线网智能运维平台的建设，实现了异常网元处理、异常网元清单查询、数据质量等一期上线工作，在八省完成了算法与系统的部署。通过无线网智能运维平台可保证省公司对多厂家、多版本的无线网数据质量检测、评估、派发工单及审核，大大提升了无线网运维效率，提升了网络质量。

本案例借助 AI 算法实现了企业业务流程从自动化向智能化转型，实现了多、快、好、省的运维目标。具体成效如下。

1）年节约研发成本 3000 万元。

2）项目推进过程中，每年可培养开发式运营人才 18 人。

3）针对五高一低无线网小区性能数据研发异常网元检测模型、制定 10 多项特殊小区处理策略，异常网元检测准确率达 80% 以上。

4）实现了无线网异常网元检测端到端一站式检测到定位，各省每周派发工单 100 条以上，提高了异常网元检测效率及处理效率。

5）收集了无线网异常小区专家知识，将专家知识处理入库实现了知识库查询及智能推荐，辅助专家对异常网元根因定位及处理方案制定。

6）智能化推荐的引入提高了异常网元工单处理效率，较传统的异常网元处理时效提高 20%。

10.2　药企智能化数字平台的应用实践

制药行业是一个典型的传统行业且其信息化程度相对较低，与制药行业相关的知识不但有较高的专业度，并且整个制药产业在信息化、智能化的发展方面也处于相对落后的地位。

本节先梳理当前药企领头企业在数智化转型过程中的布局，以及人工智能在药物研发领域的应用，主要有辅助诊疗系统等六大方向；其次，以带状疱疹中医药智能平台为例，详细阐述其在辅助医生诊疗过程中的数字化解决方案；最后，从业务和技术角度分别介绍带状疱疹中医药智能平台的实践应用成效。

10.2.1 药企数智化平台概述

行业巨头的战略布局一直都是行业发展的指向标。众多药企正在利用机器学习、大数据、电子数据采集等技术，加速药物研发的效率，加速临床试验的进程，拉近与医生、患者之间的关系，全面革新制药业务的流程。

通过查看医疗行业的领先企业的战略布局，能在一定程度上了解医疗产业未来的发展趋势。对在数字化医疗进行布局的多家跨国药企2016—2020年、共3479条话题资讯和具体新闻进行梳理和分析，得出了以下结论。

1）2016—2018年，跨国药企的数字化布局处于初级阶段，与众多数字技术公司展开合作，主要致力于数字化平台的搭建和内部管理的数字化升级，此时真实世界研究初露头角。

2）2019—2020年，大部分跨国药企数字化建设相对完善，其焦点和重心大部分放在与互联网医疗的广泛合作上，数字疗法方兴未艾，真实世界研究布局加速。

3）大药企聚焦互联网医疗，重点布局慢病管理领域。

4）数字疗法可以帮助大药企提升个性化服务质量和患者疾病管理效率。数字疗法是一全新概念的医疗方法或数字健康解决方案，等效于常规药品和治疗方法为患者提供循证治疗和疾病管理。作为数字疗法领域最大的行业联盟，国际数字疗法联盟（Digital Therapeutics Alliance，DTA）在其报告中对数字疗法作了明确定义：数字疗法（Digital Therapeutics，DTx）是一种基于软件程序的疗法，为患者提供循证治疗干预以预防、管理或治疗疾病。

当前通过数智化手段推动药物研发的应用主要有辅助诊疗系统、临床科研平台、靶点发现、化合物合成、化合物筛选、晶型预测等。

1. 辅助诊疗系统

辅助诊疗系统（Clinical Decision Support System，CDSS）是提升医疗质量的重要手段，因此其根本目的是评估和提高医疗质量，减少医疗差错，从而控制医疗费用的支出。临床医生还可以通过CDSS的帮助来深入分析病历资料，从而做出最为恰当的诊疗决策。临床医生还可以通过输入信息来等待CDSS输出"正确"的决策进行选择，并通过简单的输出来指示决策。

然而，新的 CDSS 实现辅助决策的理论主要关注于临床医生与 CDSS 之间的互动，以便利用临床医生的知识和 CDSS 对医学知识进行系统的管理，更好地分析患者的信息，因此，新的 CDSS 较之于人或者旧的 CDSS 本身具有更大的优越性。尤其是新的 CDSS 可以提供建议或输出一组相关信息以便临床医生浏览参阅，并可以选择出有用的信息而去除那些错误的 CDSS 建议。

另一个重要的 CDSS 是基于它被使用的时机。医生利用该系统来提供服务以便于在他们处理患者信息时得到帮助，即被使用的时机为诊断前、诊断中和诊断后。利用诊断前 CDSS，医生可以完成对疾病的初步诊断。而在诊断中的 CDSS 则可以帮助医生回顾并筛选出初步诊断，以便完善最终诊断结论。诊断后的 CDSS 可以用于挖掘患者与其既往医疗信息、临床研究之间联系的资料，以便于预测患者将来的健康问题。

2. 临床科研平台

临床科研平台是方便临床医生零门槛开展临床研究而推出的产品。利用这个平台，研究者可自由地创建科研项目、设置多随访批次、轻松制作复杂的 CRF 表单、稳定地采集和导出科研数据、实时监控项目进度。平台对各临床专科、各种类型的研究具有较好的兼容性，无论是小型的研究者发起项目，还是大型的多中心研究，临床科研平台都可以满足研究管理的需要。多中心、多角色功能让项目的团队协作变得更轻松和便捷。

3. 靶点发现

传统的靶点发现是通过药物学家研读相关科研文献并辅以个人经验来推测生理活性物质结构与活性的关系，继而挑选机体细胞上药物能够发挥作用的受体结合点，即靶点。自然语言处理技术通过学习海量医学文献和相关数据，深度挖掘药物、疾病及基因间的作用关系，实现了快速发现有效靶点。

4. 化合物合成

化合物合成主要通过分析小分子化合物的药物特性，包括与靶点结合的能力、药物动力学、代谢学等，选取药物活性、药效较好的化合物，然后按照特定路径进行合成设计。该环节药物学家和化学家需对数千万种化合物依次进行计算机模拟试验，耗时耗资。基于机器学习和深度学习，通过模拟小分子化合物的药物特性可在数周挑选出最佳的模拟化合物进行合成试验，提高了效率，节约了成本。

5. 化合物筛选

药物靶向的精准匹配是化合物筛选的关键指标。因药物靶向蛋白和受体并非呈现一一对应关系，会产生错配引发副作用。对尚未进入试验阶段的新药，需提前进行安全性和副作用的检测判断，筛选出安全性较高的药物。当前，AI 可从两方面切入化合物筛选场景，一方面是利用深度学习和计算能力开发虚拟筛选技术取代原先的高通量筛选；另一方面是利用图像识别技术优化高通量筛选过程。

6. 晶型预测

晶型的稳定结构关系到药品质量。小分子存在多晶型现象，有的晶型稳定性强但溶解度差，有的晶型溶解度好但稳定性差。在此环节，AI 强大的深度学习和计算能力可有效代替人工，通过分析大量的临床试验数据，进行晶型预测，择优选取最佳药效晶型。

10.2.2 基于智能化数字平台的带状疱疹诊疗解决方案

在此，以带状疱疹中医药智能平台为例，详细阐述其为某药企在数智化转型过程中带来的实际成效。

带状疱疹是皮肤科常见病，年发病率为 3‰～5‰，其中 9%～34% 的带状疱疹患者会发展为带状疱疹后遗神经痛，且其发病率随年龄的增加而明显上升，病情痛苦，病程达数月甚至数年。目前，带状疱疹的机制还不明确。而随着人工智能和大数据技术的发展，带状疱疹中医药智能平台可以通过技术为疾病全周期照护提供较好的工具与技术能力，可以切实辅助医生开展临床诊疗与临床科研工作。图计算作为当前的热点技术，可以有效对医学数据进行结构化与推理，帮助医生给出带状疱疹病人治疗路径，还能够灵活地处理中医临床科研数据。

该平台以带状疱疹这一疾病为核心，基于原生图计算等人工智能技术，利用知识图谱的检索、问答、决策功能，拟建立诊前自助问答、诊中电子病历智能化处理、辅助诊疗决策、积累真实世界临床数据、诊后问答与智能随访的中医智能临床管理平台，辅助医生临床诊疗决策，科研管理，更好地服务于带状疱疹及其后遗神经痛的防治工作，并为慢性皮肤病的中医智能管理提供工作基础，其需求场景与功能概述如图 10-7 所示。最终构建一套由外部公开网站、商业数据库、内部知识库共同构建的带状疱疹企业知识中台，带状疱疹中医药智能平台逻辑图如图 10-8 所示。

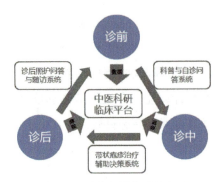

图 10-7 需求场景与功能概述

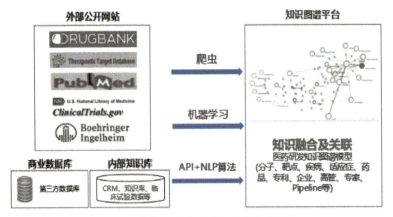

图 10-8 带状疱疹中医药智能平台逻辑图

1. 带状疱疹诊疗存在的问题

根据带状疱疹中医诊疗的现状以及大众医疗环境的常见问题，主要有诊前、诊中、诊后三个方面的问题需要解决。

1）诊前阶段，带状疱疹预防及治疗科普宣传不足。由于缺乏有效的科普知识，大众对带状疱疹的认知较少，缺乏相对权威专业的问答系统以及科普材料。

2）诊中阶段，由于西医缺乏治疗手段，中医治疗能产生较好的效果，中西医结合的治疗是发展的趋势，但是临床科研不足，循证依据缺乏。从院内诊疗到院外随访，都缺乏较好的科研体系与工具。中医诊疗带状疱疹治疗过程依人而变，医生需要一套能够辅助其产生治疗方案的系统工具。

3）诊后阶段，医生急需一套能够辅助随访的实用智能工具，同时在医疗资源紧张的情况下，能够服务用户提问的专业带状疱疹疾病相关问答系统。

2. 带状疱疹中医药智能平台整体解决方案

该平台以中医诊疗带状疱疹实际临床问题为出发点，通过图计算等相关人工智能技术构建全周期中医治疗带状疱疹临床智能与科研系统。该平台主要从以下三个方面来解决医生的具体问题。

（1）基于原生图计算的带状疱疹临床科研平台

基于患者诊前、诊中、诊后的数据，建设具有患者电子病历管理与分析功能的临床科研平台。带状疱疹临床科研平台基于图计算相关技术搭建，支持电子病历录入与半自动化 ETL 过程，可以对结构化病历进行多维度的检索与导出。中医临床科研平台如图 10-9 所示。

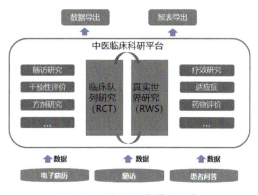

图 10-9 中医临床科研平台

（2）基于带状疱疹知识图谱的临床辅助诊疗系统

基于中医带状疱疹相关指南以及医院内部相关电子病历，通过图计算等技术构建带状疱疹辅助诊疗系统，该系统分为辅助诊断系统与辅助治疗系统两个模块。如图 10-10 所示。

（3）带状疱疹在线问答与随访系统

该系统可以帮助带状疱疹患者在就诊前与就诊后的疾病相关问答，帮助医生进行院外

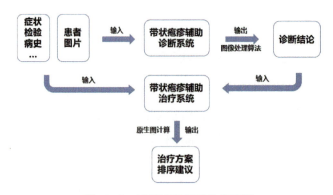

图 10-10　带状疱疹辅助诊疗系统

随访工作。患者可以就相关问题向系统提问，系统会自动给出相应的医学回答。对于随访过程，医生编辑 CRF 表单可以直接推送至患者微信端，患者答复数据直接集成到中医临床科研平台进行科研分析，在线问答与随访系统构建模式图如图 10-11 所示。

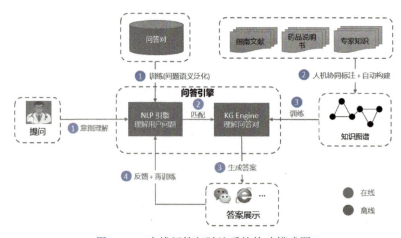

图 10-11　在线问答与随访系统构建模式图

10.2.3　带状疱疹中医药智能平台实践效果

带状疱疹中医药智能平台在解决带状疱疹诊疗过程中各类问题的同时，获得了一定实际成效，主要表现在业务和技术两个方面。

1. 业务

从业务角度分别就诊前、诊中、诊后进行了成效梳理。

1）诊前，减少带状疱疹及其后遗症的发生，分析带状疱疹的危险因素，给出初步评估和治疗建议。

2）诊中，定期整理、结构化最新指南、文献信息，根据患者信息精准匹配指南文献；基于真实世界的临床研究数据，为广大临床真实病例提供指导建议；提升医护人员的工作效率，减少医疗差错率，帮助医生电子病历文本自动结构化，自动化管理检验异常值、风险因素等；规范治疗决策，使治疗方案自动学习。

3）诊后，治疗后的智能跟踪随访，患者问答。

2. 技术

从技术角度上主要有三个方面的提升。

（1）辅助医生决策带状疱疹的治疗路径

中医具有"四诊合参、辨证施治、一人一方"的诊疗特色。这虽然体现了中医秉持精准医学的理念，但也导致很多年轻医生难以快速掌握相关处方与诊疗原则。带状疱疹中医药智能平台集成了带状疱疹指南与中医诊疗带状疱疹相关经验，通过图计算等人工智能技术，构建了一套能够帮助医生决策带状疱疹治疗路径的模型系统。该系统不但能够辅助医生选择带状疱疹的治疗方案，还能够起到帮助医生学习相关临床经验的效果。

（2）为诊前与诊后患者提供带状疱疹知识问答与随访服务

带状疱疹患者诊前健康宣教、诊后随访、调护健康教育等内容，在现临床诊疗中缺失，因此，急需相关的疾病科普、知识问答、随访等医学服务平台。带状疱疹中医药智能平台构建了一套完整的基于中医药带状疱疹的问答系统，能够在医疗条件短缺的情况下，较好地为患者开展疾病问答服务。同时，针对诊后病人的随访工作，可以通过系统定制问卷自动发送给患者。其中，所有数据集成至临床科研平台，以便于对带状疱疹进行临床研究工作。

（3）帮助医生建立带状疱疹临床研究科研管理平台

中医临床科研与电子病历管理相比西医实践较少，带状疱疹中医药智能平台通过对带状疱疹患者全流程的医学干预，将获取的临床数据集成于该平台中进行临床科研工作。

中医临床科研体系（平台）应包括科研全流程标准化、电子化支撑，以提升科研工作效率。科研方案平台化可以打破科研地域限制，降低科研工作成本，以严格的数据审核校验、数据质量管理体系保障科研工作的质量，以丰富的知识库及数据分析模型多角度支撑科研工作创新，以多渠道科研结果应用促进科研工作成果转化。

10.3 治安领域社交网络应用实践

社交网络分析是一个经典的应用场景，其在治安领域的应用也得到了广泛的关注。简单的数据分析模型已经不能满足日益复杂的场景需求，基于图的某治安领域社交网络应用应运而生。该应用遵循了数智融合模型的多层能力构建理念，是数智融合应用的典型代表。

10.3.1 社交网络分析面临的问题

随着互联网、传感器技术的蓬勃发展，每天围绕人的行为产生着大量的数据。如何将海量、多维的数据进行融合分析，为治安业务决策提供数据支撑，成为了难题。大数据、人工智能等新兴技术的应用近年来呈井喷式增长，但在实际的业务场景中，仍然存在许多问题。

1. 多维数据的应用不够贴合业务需求

社交网络分析是一个经典的网络分析场景，拥有很多经典的算法模型。然而这些算法构建出的社交网络分析模型不带有"治安领域"属性，即不够贴合场景需求，如正常的社交网络分析模型中很难关注到"夜间联系人""夜间联系时长"等治安领域特有的数据特征，模型数据特征的选取不够贴合业务场景。

2. 多维数据难以融会贯通

人的社交行为数据难以使用统一的标准衡量，多维数据间难以形成横向联动与纵向贯通，难以解决数据孤立、沉睡、无法多维度关联使用的问题，无法衡量某一行为数据对社交网络变化的影响，影响模型构建的效果。

3. 模型无法适应业务需求变化

治安领域的社交网络分析多应用于对涉案人员进行情报分析推理，然而随着科技的不断进步，犯罪手段和形式不断进化，涉案人员的社交行为分析方式也随之变化。但目前的构建模型方式难以实现模型随业务需求的变化而自动更新迭代，无法满足模型适应业务的需求。

10.3.2　基于智能化数字平台的社交网络分析解决方案

为了提高情报信息引领实战水平，着力破解以往人工研判耗时费力、数据难以贴合业务、多维数据难以融合、数据模型难以沉淀优化的瓶颈，设计研发了基于集数据接收、处理、存储、分析为一体的智能化数字平台的社交网络分析解决方案。该平台共分为四层，从下至上分别为数据层、存储计算层、模型层和应用层。具体架构如图10-12所示。

图10-12　治安智能化数字平台架构图

1. 数据层

数据层负责提取、转换和加载系统数据。该层涉及的数据转换工作包括有效数据接收、数据预处理和数据存储等。

1）有效数据接收：原始数据的获取方式包括手工录入、核采、设备采集和第三方渠道获取四种方式，数据以文件等形式经过专用数据传输服务传到该平台的集群服务器，集群服务器负责数据的接收、存储和校验，并记录日志，以便核对文件传输和存储中的异常情况。该平台的功能主要基于存量数据和新增数据。经过前期估算，已有的存量数据为 4.2TB，每天新增的数据量大约为 18GB，为保障数据的实时性和稳定性，要求前端服务器必须确保每小时 5GB 以上数据接收和处理能力。

2）数据预处理：针对所有接收的原始数据进行数据清洗、数据关联和数据建模，规划构建过亿节点数、数十亿关系数的关联图谱。数据处理包括存量数据的一次性计算和每天新增数据的计算。根据估算的数据量，对于存量数据，大数据集群服务器需要处理超过 4.2TB 的数据；对于新增数据，大数据集群服务器每天预计需要处理 18GB 的数据。其中，数据清洗主要使用 Spark 程序，清洗空值、异常数据，并将数据转换成统一的格式；数据关联主要是构建数据在通话、轨迹、住宿、WiFi、出行等多个维度的关联关系；数据建模主要是针对该系统提出的基于图卷积神经网络的图计算模型进行数据建模和分析。

3）数据存储：系统数据进行存储和归档，主要分为以下三步。第一步，通过数据传输服务将原始数据存储到 Oracle 中，并建立相应的索引；第二步，使用 Spark 对原始数据进行数据清洗和数据关联，将关联结果上传到 HDFS 文件系统进行保存，并通过 Hive 提供 SQL 查询引擎服务；第三步，使用 Spark 和图计算平台，对数据进行图计算建模分析，并将结果保存到图数据库中，构建过亿节点数、数十亿关系数的关联图谱，并针对应用需求提供相应的查询语句，提供可查询的各类服务接口，便于应用层查询调用。

2. 存储计算层

存储计算层基于数据预处理的数据，综合运用自然语言处理、大数据处理、数据挖掘、图计算等人工智能技术，对人、案等多维融合的数据进行建模和分析，并通过搜索引擎、分布式图数据库引擎和 HBase 等组件提供检索和应用服务。

3. 模型层

模型层基于治安业务对社交网络分析的需求，构建多种业务可用的通用模型（如号码断点追踪、人物关系抽取等），以及针对特定业务的专用模型（如重点人群画像、异动人员监控等）。

4. 应用层

应用层以人为核心，基于业务需要将模型能力泛化为产品，方便民警调用。该平台根据治安提供的多维人员社交关系数据构建了一张庞大的人员关系图谱，利用"专家经验+自动特征工程"的方式提取模型特征，并基于图计算算法拟合形成每个人的嫌疑指数。且嫌疑指数为动态指标，会根据数据的更新发生变化，突出数据的时效性。该平台基于人员关系图谱及嫌疑指数，针对禁毒的业务需求系统设计了全息档案、智能推荐及特定人群监控三大模块，有效解决了信息查询难、情报研判难、人员监控难的三大难题。同时，该平台设计了反馈机制，有效打通了数据闭环，形成了可根据业务变化自动更新迭代的治安智能化数字平台。

10.3.3 治安智能化数字平台实践效果

该平台着力于提升治安部门情报挖掘及产出的能力，针对特定类别案件的情报挖掘以及通用分析能力进行建模，使得大数据、人工智能等技术在打击犯罪领域的研究和应用取得成效，在案件侦查、治安管理等方面为公安提供有力的数据支撑，实现数据的快速处理、统计分析、个性化挖掘。治安智能化数字平台的诞生切实打破了民警查询一人信息需要同时调用十几个系统的"魔咒"，极大缩短了办案民警获取情报的时间。智能的自动情报研判结果推送打破了原有手工分析、线下逐一核实等"人工时代"的工作模式，使情报工作向智能化迈进，大大缩短了情报产出的时间，提升了治安部门情报获取的工作效率。治安智能化数字平台真正做到了"数据驱动业务，业务有据可依"，有效提升了治安工作的情报洞察能力、分析决策能力、指挥管理能力、侦查破案能力和服务社会能力。

10.4 畜牧养殖智能运维应用实践

随着畜牧养殖市场的不断发展，奶牛业已经成为支持现代畜牧业发展的一个重要产业。传统的畜牧方式难以科学有效地对养殖场进行监管。本案例以先进的信息化技术为依托，提高牛场信息化和智慧化能力，为奶牛精细化智慧养殖打造驱动发展新引擎，建设智慧牛场，提高牛场管理效率和产业经济价值。

10.4.1 奶牛养殖面临的问题

当前，养殖奶牛的牛场在发展中仍然存在一些问题，主要表现在以下几个方面。

1）金融企业在养殖保险或动产监管中存在生物个体身份标识难、生物应激大的问题。

2）奶牛养殖企业/户面临人工成本高、风险大、看管难、产效低的问题。

3）政府和消费者缺乏直观可信的绿色肉品溯源及监管途径，养殖企业难以打造高端品牌等。

针对上述问题，结合 AI、5G 和区块链等信息技术，运用互联网思维推动互联网与现代农业深度融合创新理念，针对奶牛智慧养殖开展了关键技术研究及应用实践，通过打造智慧牛场来解决上述问题。智慧牛场是指通过利用"互联网+"、大数据、云计算、物联网等信息化手段，在传统牛场的基础上实现牛场的智能感知、智能分析、智能决策、智能预警，让奶牛养殖更精细、更规范、更人性化。

10.4.2 基于智能化数字平台的智慧牛场解决方案

智慧牛场解决方案以"AI 创新技术、云计算及大数据平台、智慧创库"为核心，将 AI 技术赋能智慧牛场，构建牛只生物特征检测、牛只定位及健康监测、可信溯源等服务能力，形成了智慧保险、动产监管、掌上放牧、认养溯源、生物习性研究、扶贫管理六大 AI 融合应用服务场景，积极开展场景驱动的 AI 融合应用方案。智慧牛场整体解决方案如图 10-13 所示。

智慧牛场整体解决方案所搭建的智能化数字平台主要包括感知层、网络层、平台层、应用层和决策层。

感知层主要完成牛场关键环节的感知和数字化工作，如牧场环境控制数字化、牛只行为和体征数字化等；网络层包括现场总线和各类有线、无线通信网络，主要完成感知层海量数据的高速接入；平台层主要提供云化平台，包括云化存储及各类平台化模型等；应用层基于平台层的云化平台能力，提供广泛的牛场应用，如奶牛个体管理、奶牛健康管理、奶牛精准饲喂管理等；决策层结合大数据可视化与数据智能分析等功能，提供各类数据分析及决策系统。

图 10-13　智慧牛场整体解决方案

通过智慧牛场解决方案，可实现牛场信息自动感知、大数据分析、数字化管理、智能化运营、AR 远程诊疗的新型现代化管理模式，加强了奶牛养殖业现代化、信息化、智能化建设，提高了对奶牛健康状况判断的准确率，从而提升了奶牛养殖业的生产效率。通过平台实时采集的现场高清视频数据为 AI 分析提供了数据基础，让 AI 服务模型更精准、更高效，并能够实时检测牛的面部，达到对牛只个体的识别。同时对牛只的体况、行为、体重、体温、步伐和蹄病等信息进行有效的采集与数据分析，结合牧场的奶牛生产管理数据，构建奶牛个体健康数据管理系统，在此基础上开展多维度的可视化牛场智能管理。

基于智慧牛场数字平台，本实践主要聚焦在奶牛个体识别和牛只体尺测量两个方面，涉及的核心算法包括奶牛个体特征身份识别和基于深度学习的牛只体尺测量。

1. 奶牛个体特征身份识别

奶牛个体特征身份识别在自动化奶牛管理中具有举足轻重的地位，是资产盘点、整理奶牛档案信息的必备技术。借助 Faster RCNN 等计算机视觉深度学习技术，对包括牛等圈养牲畜进行资产盘点及个体信息识别，让养殖者快速准确建立牛只档案了解圈内情况，并帮助借贷机构进行生物资产评估、动产抵押监管，从而实现快速抵押贷款、资产出栏评估、资产定位监管。牛脸识别应用如图 10-14 所示。

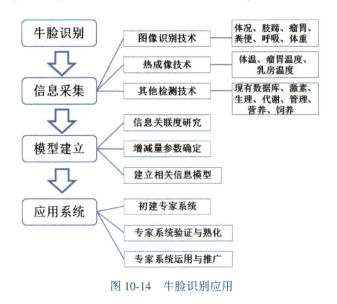

图 10-14　牛脸识别应用

基于 Faster CNN 等卷积神经网络的生物多特征融合检测技术体系，可将原有"面向人的识别技术"有效拓展到"非人"生物领域，为行业领域创新业务拓展奠定良好技术基础。将脸或身体侧纹作为奶牛唯一标识，为每一头奶牛注册身份 ID，结合业务场景收集数据。通过数据分析对采集的信息进行挖掘，真正帮助企业实现精细化管理和个体认证。通过全身特征检测个体完成个体盘点，同时将每头牛的个体信息、单产、乳指标与牧场电子牛群档案建立衔接，有效地调整泌乳牛 TMR 日粮，提升了牧场个体牛的生产性能，改善了牧场管理。

基于 Faster CNN 实现奶牛盘点的算法流程中，数据采集层用来实现高清图像的采集与回传；推断模型层可以接收输入帧数据，每 5s 自动调用改进的 Faster RCNN 模型，其他时间根据检测结果使用卡尔曼算法进行跟踪、业务建模与挖掘；数据解析层可以获得相关数据，并对数据进行结构化存储；业务展示层则将盘点数据及多维度信息进行综合展示。

Faster RCNN 算法的检测效果如图 10-15 所示。

由图 10-15 可见，基于 Faster RCNN 等卷积神经网络的生物多特征融合检测技术可以实时准确检测牛只个体。通过盘点统计并对检测到的牛只电子建档及个体信息全局展示，

图 10-15　Faster RCNN 算法的检测效果

让养殖者快速了解圈内情况并帮助借贷机构进行生物资产评估。

2. 基于深度学习的牛只体尺测量

在牛场中，为掌握牛体各部位生长发育状况以及各部位之间相对发育关系，需要时常进行体尺测量。牛只体尺表示牛各部位长度、宽度、角度、容积的大小。牛只体尺测量结果能够反映个体或牛群的外貌结构特点。本实践中利用 Mask-RCNN 算法对原始牛只进行图像分割，得到牛只轮廓曲线，进而提取待测特征区域（见图 10-16）。

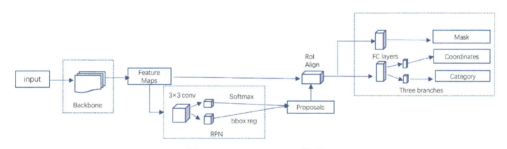

图 10-16　Mask-RCNN 算法

基于深度学习的目标分割方法，本实践提出了一种非接触式牛只体尺测量方法。实践数据证明通过本方法完成的牛尺体尺测量误差可控制在 5% 以内。该方法的具体流程如下。

1）在测量平台中划分测量区域并计算测量区域的标定参数用于后续体尺计算。

2）采集牛只原始图像，利用已经训练好的 Mask R-CNN 目标分割模型，对采集到的原始彩色图像进行处理，生成具有掩码信息的掩码图像，精准提取出牛体闭合轮廓曲线。

3）针对获取到的轮廓曲线从左往右逐行扫描确定前、后足点，然后利用分区法将轮廓曲线分区，采用 U 弦长曲率法分别寻找体尺测点。

4）利用标定好的参数以及计算得到的体尺测点进行体尺计算。

非接触式牛只体尺测量方法流程示意如图 10-17 所示。

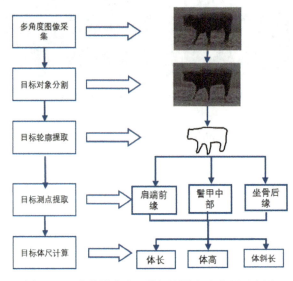

图 10-17　非接触式牛只体尺测量方法流程示意图

10.4.3　智慧牛场数字平台实践效果

智慧牛场数字平台以视觉技术为核心提取牛只的各项特征，借助计算机视觉深度学习技术，提高了奶牛个体特征识别的研究水平，实现牛场资产盘点、个性化电子档案等服务，不仅让养殖者能够快速了解圈内情况，还能帮助借贷机构快速准确地进行生物资产评估。同时，本实践也推进了奶牛多特征综合研究工作，将实践结果结合畜牧信号学专业知识和专家经验，可实现奶牛的日常健康监测、体况监测、智能称重等功能。

10.5　污水智能监测应用实践

污水智能监测平台是一种污水的视觉感知和分析平台，覆盖了监测、预测、预警、调度和监管等重点环节，将 AI 视觉技术应用于污水监测领域，突破了现有传统模式，为水利部门节约建设成本的同时，还能节约大量人力物力，大幅提升了管理效能。

10.5.1 污水监测面临的问题

我国地域广阔,水系多而复杂,水利工程点多、面广、量大、种类多,经济社会发展对江河和水利工程安全高效运行要求很高。传统污水监测系统已经难以满足新时代经济社会发展提出的专业化、精细化、智能化管理要求。

另外,针对河道和水库内垃圾堆放、水面漂浮物增多、河流流量变化、水位上涨等系列异常事件,传统监测方式主要是通过人工排查,工作量巨大。因此,该领域需要借助人工智能算法在数智化转型中进一步完善实时智能监测和预警等功能。

10.5.2 基于智能化数字平台的污水监测解决方案

完整的污水智能监测平台包括智慧水利门户、智慧水利一张图、河湖长制信息管理系统、水利知识库系统、水利数据交换服务、水利工程巡检系统、移动端 App、水利公众服务、数据及内容管理、智慧水利数据中台、智慧水利业务中台等的建设。

AI 视觉算法模型研发在系统中承担着非常重要的角色。将 AI 视觉技术应用于污水监测,可实现水面漂浮物的检测、排水预警、流量分析等重要功能污水智能监测平台的架构如图 10-18 所示。

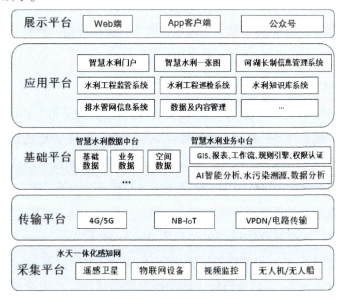

图 10-18 污水智能监测平台架构

由 AI 视觉技术赋能的污水智能监测平台主要包含五层，如图 10-19 所示。

应用层	API		
计算层	排水警告	流量分析	漂浮物识别
软件层	OpenCV	Python	Caffe
系统层	操作系统		
物理层	物理平台		

图 10-19　污水智能监测中 AI 视觉赋能系统

1）物理层：主要由物理设备构成，包含 CPU、GPU、内存、硬盘、网卡等。

2）系统层：部署在物理平台的操作系统。

3）软件层：部署在操作系统中，是算法模型的运行环境。主要包含 Python、OpenCV、Caffe、CUDA/CuDNN 通用并行计算架构等软件及运行环境。Python3 是系统的语言环境以及相关的算法模型库，如 OpenCV-Python、PyTorch、Keras 等；OpenCV 是跨平台计算机视觉和机器学习软件库；Caffe 是深度学习框架。

4）计算层：提供不同场景下的算法能力，包含排水告警模型、流量分析模型、漂浮物识别模型等能力。针对排水告警、流量分析、漂浮物识别等场景的智能检测，基于计算机视觉算法，主要采用目标检测、目标跟踪、语义分割等方法。

5）应用层：通过 API 方式对外提供算法能力调用。

该场景中主要将 AI 视觉算法赋能于污水监测中智能漂浮物检测和智能排污口检测两大场景。

1. 智能漂浮物检测

水面漂浮物主要指水面垃圾（如塑料泡沫、塑料瓶、袋子等）以及植物（如树枝、树叶、水藻）等。基于计算机视觉的智能漂浮物检测算法，主要是通过目标检测、目标跟踪、语义分割等方法，识别出视频、图像中的漂浮物体。通过对不同场景下漂浮物进行检测，实现识别漂浮物的具体类别、计算漂浮物的覆盖面积等功能。

（1）基于深度学习的智能漂浮物检测

基于深度学习的智能漂浮物检测主要分为 One-Stage 和 Two-Stage 两类，其中，One-Stage 不需要产生候选区域，可以直接计算出物体类别概率和位置坐标，如 YOLO、SSD 和 CornerNet 等；Two-Stage 先计算目标大概的位置候选区域，再对候选区域进行分类和位置精确计算，如 RCNN、Fast RCNN、Faster RCNN 等。通过对比算法的实际运行效果及调优，本实践选用 YOLO v3 算法进行检测。

YOLO v3 使用了 Darknet-53 前面的 52 层（没有全连接层），它是一个全卷积网络，大量使用残差的跳层连接，并且为了降低池化带来的梯度负面效果，摒弃了池化，使用的是步长为 2 的卷积来进行降采样。为了加强算法对小目标检测的精确度，YOLO v3 中采用类似 FPN 的上采样和融合方法，在多个 Scale 的 Feature Map 上做检测。YOLO v3 主要的改进有借鉴了残差网络结构、形成更深的网络层次、多尺度检测、提升了 mAP 及小物体检测效果、对象分类用 Logistic 取代了 Softmax。检测效果图如图 10-20 所示。

图 10-20　基于深度学习的智能漂浮物检测效果

由图 10-20 可见，检测算法分别识别了塑料品、奶瓶等物体，并可以实现对漂浮物的具体分类。

（2）基于语义分割的智能漂浮物检测算法

语义分割是在像素级别上的分类，属于同一类的像素都要被归为一类，因此语义分割是从像素级别来理解图像的。传统的方法主要使用 Texton Forest 和基于随机森林分类器等。而基于深度卷积网络的语义分割算法相较于传统的方法有了较大提升。深度学习方法解决语义分割主要有以下几种方法：Patch Classification，图像切块输入到深度模型，然后对像素进行分类；全卷积网络（FCN），使用卷积代替网络全连接层；Encoder-Decoder 架构，基于 FCN 架构跨层连接；空洞卷积，使用 Dilated/Atrous 架构代替 Pooling 等。

通过对比算法的实际运行效果及调优，本实践选用 FCN-8s 算法进行检测。算法的整体流程如下。

1）image 经过多个 conv 和一个 Max Pooling 变为 pool1 feature，宽高变为 1/2。

2）pool1 feature 再经过多个 conv 和一个 Max Pooling 变为 pool2 feature，宽高变为 1/4。

3）pool2 feature 再经过多个 conv 和一个 Max Pooling 变为 pool3 feature，宽高变为 1/8。

4）重复以上步骤，直到 pool5 feature，宽高变为 1/32。

5）对于 FCN-8s，首先进行 pool4 和 2xupsampled feature 逐点相加，然后进行 pool3 和 2x upsampled 逐点相加，即进行更多次特征融合。

检测前后的图片如图 10-21 所示。

图 10-21　基于语义分割的智能漂浮物检测效果

a）检测前　b）检测后

经过 FCN-8s 检测后可以区分水面、漂浮物、沿岸和天空，可以计算漂浮物的覆盖面积。从检测效果上看，该方法可以通过对河流和周围环境进行分割，还可以统一分割河面密集型漂浮物，有效提高了模型整体的识别效果。

2. 智能排污口检测

排污口检测主要是完成对污水排口的识别。排污口通常分为圆形、方形等几何形状，识别过程中主要面临的问题是排水口周边环境负载、监控设备的拍摄角度导致几何形不规整、排水口有盖子、护栏遮挡等问题。

基于传统计算机视觉的方法，通常对图像进行形态学处理，然后对目标的轮廓进行识别，如使用霍夫圆对圆形排水口进行识别，该方法在环境较复杂的情况下识别准确率较低。

基于深度学习的方法可选用目标检测及语义分割，具体算法思路与漂浮物检测一致。通过对比算法的实际运行效果及调优，本实践选用 Mask RCNN 算法进行检测。

在该算法网络中，输入一张任意大小的图像，系统会通过深度卷积网络完成两个任务，第一个任务是 Faster RCNN 的 RPN 网络，主要实现候选区域；第二个任务是目标检测。Faster RCNN 在对图像进行 RoIPool 时，有两次量化过程，这中间像素的输入与输出没有一一对应。RoIAlign 直接将 feature map 划分成 m×m 的 bin，然后采用双线性插值就可以保证池化过程中像素在输入前后的一一对应关系。

基于深度学习的排污口检测效果如图 10-22 所示。

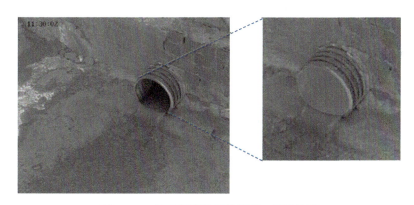

图 10-22　基于深度学习的排污口检测效果

从检测结果看，基于深度学习的检测方法可以在较复杂的环境中进行高效准确的排污口识别。

10.5.3　AI 视觉赋能污水监测实践效果

本应用实践将 AI 视觉技术赋能于污水智能监测领域，在智能漂浮物检测和智能排污口检测两大场景中取得了较好的实践效果。

1）智能漂浮物检测：利用高清视频采集设备，研发并部署了基于 AI 视觉的水面漂浮物识别技术，对水面漂浮物进行有效识别和实时告警，可替代目前人工巡查，并大大提高了巡查效率和预警时效性，降低了人力成本。

2）智能排污口检测：我国沿河排污口数量庞大，偷排现象依然存在。排污口定量和重点监控是水环境监控的一大难题。本实践利用沿河布置的视频监控设备，通过基于 AI 视觉技术的排污口检测技术，结合智能流量分析模型，对排污口进行 24 小时不间断的监测，可有效协助水利部门监管非法排污行为。

10.6 互联网企业舆情分析应用实践

互联网和基于互联网的社交媒体平台的发展，使得民众对社会生活中的各种现象、问题都有了表达的渠道，网络已经成为反映社会舆情的主要载体之一。因此，依靠互联网数据进行舆情分析成为越来越重要的民意分析手段。本节从三个方面介绍了某互联网企业舆情分析应用实践，分别是当前舆情分析面临的问题、基于智能化数字平台的舆情分析解决方案、互联网智能化数字平台实践效果。

10.6.1 舆情分析面临的问题

在网络承载的社交媒体中，网民讨论的话题繁多，涵盖社会的方方面面，不仅长期存在着社会民生、教育、医疗等方面的话题讨论，也存在着对突发事件、新闻热点、国内外形势等热点事件的讨论。经过分析，当前的网络舆情呈现以下特点。

1）舆情针对热点事件的响应迅速、传播快、量级大。

2）传播内容碎片化、情绪多、事实少、观点片面等。

3）舆情涉及的方面较广。

基于此，对于舆情分析，也相应带来以下挑战。

1）用户留言涉及教育、医疗、工作、娱乐等社会生活的各个方面，如何做到准确的留言分析。

2）用户海量留言之间有内在联系，如何深度挖掘。

3）热点舆情一般针对某个社会热点，如何发现其与政策法规之间的关系。

4）热点随时在发生，如何保证舆情分析的时效性。

同时，由于反映舆情信息的数据格式普遍为文本格式，文本作为非结构化数据难以直接分析利用，如何提取文本数据中蕴含的态度、意见和思想，也是舆情分析的难点。

10.6.2　基于智能化数字平台的舆情分析解决方案

舆情量大、产生速度快，仅靠人工的方法已经无法应对详细分析的需求，依托智能化数字平台，能够辅助解决舆情分析问题，图10-23是基于智能化数字平台的舆情分析解决方案。

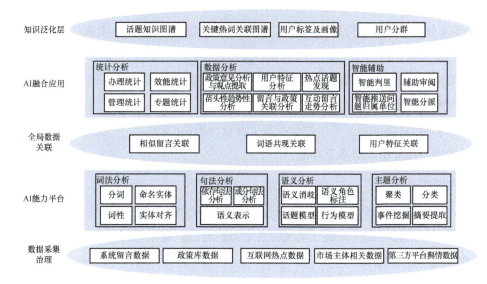

图10-23　基于智能化数字平台的舆情分析解决方案

1. 数据采集治理

舆情分析需要大量多维度数据，包括系统留言数据、政策库数据、互联网热点数据、市场主体相关数据等，数据的收集取决于后续的业务应用，同时要注意收集数据的可靠度和准确度，避免收集到偏差过大、数据格式异常混乱的垃圾数据。

数据采集后，通常需要对这些数据进行初步清洗，如格式转换、删除乱码文本、无效元素过滤等，形成规范格式的信息进行存储。

2. AI能力平台

AI能力平台包含舆情分析所需要的AI算法，根据文本粒度，分为词法分析、句法分析、语义分析、主题分析几个模块。

1）词法分析：包括分词、词性识别、命名实体识别、实体对齐等。将用户的大段留言文本以词为颗粒度进行切割，识别词性，获取用户提及的命名实体信息（如人名、地址、组织机构名、公司名、时间等）。

2）句法分析：在句子级上，对用户留言进行分析。包括依存句法分析、成分句法分析、语义表示。句法分析的目的是明确句子成分之间的关系，是保证各种文本分析和应用系统能够在内容层面上处理自然语言的技术。

3）语义分析：语义分析指的是在语义层面对文本进行分析。包括语义消歧、语义角色标注、话题模型、行为模型等。以语义消歧为例，由于一词多义是许多语言的固有属性，如苹果可以指水果，又可以指美国的科技公司，语义消歧的任务是判断文中出现的词语是属于哪种意思。

4）主题分析：指的是以单个篇章或多个篇章为单位的分析。包括文本分类、文本聚类、事件挖掘、摘要提取等多个功能。

3. 全局数据关联

在利用 AI 能力平台的各项 AI 能力对用户留言进行结构化处理之后，就要进行全局关联，基于不同的特征进行关联，发现留言之间的关系，提炼不同留言的内在共同信息，为后续业务应用提供支撑。

1）词语共现关联：词语共现关联指的是统计哪些词语会共同出现在同一个留言里，出现的频率作为边，便可形成一个由这些词对关联所组成的共词网络，如图 10-24 所示。根据词语共现关联分析，可以揭示信息的内容关联和特征项隐含的知识，反映内容的亲疏关系。在共词网络基础上，可以采用不同的大数据和 AI 方法，揭示共词中的信息，常用的方法有聚类、关联规则、词频、突发词监测、因子分析、贝叶斯分类等。

2）相似留言关联：根据词、句、语义等方面的综合信息，进行相似留言关联，这是后续业务应用中的热点话题发现的基础。

3）用户特征关联：不同特征的用户一般有不同的诉求，根据职业、年龄、用户居住地等用户特征进行关联，可以发现用户特征和舆情的关系，进一步理解不同人群的关注焦点。

4. AI 融合应用

在全局数据关联的基础上，结合业务需求，便形成了服务于业务的 AI 融合应用。在

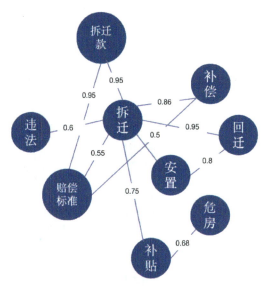

图 10-24 共词网络

该解决方案中，形成了统计分析、数据分析、智能辅助三大类应用。

（1）统计分析

统计分析包括办理统计、效能统计、管理统计、专题统计。从统计的角度可以从宏观上了解用户舆情的焦点类型、舆情的处理情况等。

（2）数据分析

数据分析模块利用算法对舆情数据进行了更深一步的挖掘和分析，包括政策意见分析与观点提取、用户特征分析、热点话题发现、苗头性趋势性分析、留言与政策关联分析、互动留言走势分析。

（3）智能辅助

智能辅助模块赋能舆情处理流程，使处理环境更加高效准确，包括智能判重、辅助审阅、智能推送问题归属单位、智能分派。

5. 知识泛化层

知识泛化层将 AI 融合应用中的知识抽离出来进行泛化保存，以此作为新的数据来源，反哺整个流程。

在本方案中，泛化层包括话题知识图谱、关键热词关联图谱、用户标签及画像、用户分群这几大内容，图 10-25 就是一个话题知识图谱的示例。

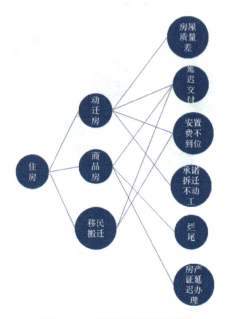

图 10-25　话题知识图谱示例

根据这些泛化出的知识可以建立对舆情现状的抽象认识，这些知识也可以作为 AI 融合应用层的输入，辅助得到更准确的输出。

10.6.3　互联网智能化数字平台实践效果

该舆情分析平台上线后，极大地方便了舆情信息的分析和应用。

以热门话题发现功能模块为例，平台上线前，如果需要分析一段时间内用户讨论的热门话题，其工作流程如下。

1）人工浏览这段时间内的留言。

2）根据记忆和感性认识，判断哪些话题讨论度较高，选择一个讨论度高的话题。

3）对于选定的话题，总结这些话题的关键词，一般需要总结几十个，开始检索留言。

4）对于检索出的留言需要人工筛选，将不符合该话题的留言剔除出去。

5）对于保留下来的符合要求的留言，人工审查是否需要调整、补充关键词，如果需要，则从第 3 步开始，再进行新一轮的检索和筛查。

6）重复第 3 步到第 5 步，最终得到话题以及对应的网络留言。

上述六步是完成一个话题及其对应留言的梳理过程，然而用户的话题数和留言数非常多，尤其是当时间跨度较大（如一个月）时，其话题的梳理仅靠人力完全无法实现。

平台上线之后，可以实时处理最新的舆情数据，实时展示最新的热点话题及相关留言，只需选择留言来源和时间范围就可以看到所选条件内的用户热点话题，极大地降低了热门话题分析的人工资源投入，缩短了话题分析需用的时间周期，提升了话题分析的精准度和分析效率，从根本上提高了舆情分析的工作效能。

参 考 文 献

［1］ Gartner. Digitalization 2012［R/OL］.［2021-11-22］. https：//www. gartner. com/en/information- technology/glossary/digitalization.

［2］ 国家信息中心信息化和产业发展部. 智能计算中心规划建设指南［R/OL］.（2020-12-11）［2021-11-22］. http：//scdrc. sic. gov. cn/News/339/10713. htm.

［3］ IDC, 浪潮. 2020—2021 中国人工智能计算力发展评估报告［R/OL］.（2020-12-16）［2021-11-22］. 2020. https：//www. inspur. com/lcjtww/445068/445237/2544605/index. html.

［4］ 开放数据中心委员会. 数据中心算力白皮书［R］.（2020-12-29）［2021-11-22］. http：//www. odcc. org. cn/download/p-13439047092084 32641. html.

［5］ IDC, 浪潮. 2020 全球计算力指数评估报告［R/OL］.（2021-2-4）［2021-11-22］. https：//www. inspur. com/lcjtww/hashrate2020/index. html.

［6］ IDC. 未来算力推动企业迈向数字化 2.0［R/OL］.（2021-3-4）［2021-11-22］. http：//zt. itpub. net/topic/pdf/IDC 白皮书-未来算力推动企业迈向数字化 2.0. pdf.

［7］ DAVID R, 武连峰, JOHN F G, et al. IDC：2025 年中国将拥有全球最大的数据圈［R/OL］.（2019-1-4）［2021-11-22］. http：//www. d1net. com/uploadfile/2019/0214/20190214023 650515. pdf.

［8］ 张扬, 黄勇, 李毓, 等. 破解 AI 工程化难题 AI 中台助力企业智能化［R/OL］.（2020-11-25）［2021-11-22］. https：//www. ifenxi. com/research/content/5693.

［9］ 张仲伟, 曹雷, 陈希亮, 等. 基于神经网络的知识推理研究综述［J］. 计算机工程与应用, 2019, 55（12）：8-19, 36.

［10］ 赵哲焕, 杨志豪, 孙聪, 等. 生物医学文献中的蛋白质关系抽取研究［J］. 中文信息学报, 2018, 32（07）：82-90.

［11］ 崔洁, 陈德华, 乐嘉锦. 基于 EMR 的乳腺肿瘤知识图谱构建研究［J］. 计算机应用与软件, 2017, 34（12）：122-126.

［12］ 袁凯琦, 邓扬, 陈道源, 等. 医学知识图谱构建技术与研究进展［J］. 计算机应用研究, 2018, 35（07）：1929-1936.

［13］ SHEN YING, ZHANG LIZHU, ZHANG JIN, et al. CBN：Constructing a clinical Bayesian network based on data from the electronic medical record［J］. Journal of Biomedical Informatics, 2018, 88：1-10.

[14] SOUFI M D, SAMAD-SOLTANI T, VAHDATI S S, et al. Decision support system for triage management: A hybrid approach using rule-based reasoning and fuzzy logic [J]. International Journal of Medical Informatics. 2018, 114 (6): 35-44.

[15] 王唯全, 李萍, 王楚盈, 等. 结直肠癌的病因病机与药物治疗的研究进展 [J]. 长春中医药大学学报, 2020, 36 (01): 194-197.

[16] 张书勤, 马薇, 丰小敏, 等. Lgr5 和 MIF 在结直肠癌组织中的表达及其临床意义 [J]. 中国临床研究, 2017, 30 (05): 596-599.

[17] 陈小颖, 林颢, 魏旭芳. 基于 CiteSpace 的卵巢颗粒细胞瘤研究文献计量分析 [J]. 实用医药杂志, 2020, 37 (12): 1138-1144, 1147.

[18] SONG H, EKHEDEN I G, ZHENG Z, et al. Incidence of gastric cancer among patients with gastric precancerous lesions: observational cohort study in a low risk Western population [J]. Bmj, 2015, 351: h3867.

[19] SHARMA M, SINGH B, VARGHESE R. Surgical clips in the common bile duct suspected on endoscopic ultrasound and confirmed on endoscopic retrograde cholangiopancreatography [J]. Endoscopic Ultrasound, 2013, 2 (3): 157-158.

[20] HANSEN M F, SMITH M L, SMITH L N, et al. Towards on-farm pig face recognition using convolutional neural networks [J]. Computers in Industry, 2018, 98: 145-152.

[21] LI X, HU Z, HUANG X, et al. Cow body condition score estimation with convolutional neural networks [C] //2019 IEEE 4th International Conference on Image, Vision and Computing (ICIVC). IEEE, 2019: 433-437.

[22] 曾德斌, 许江淳, 陆万荣, 等. 基于机器视觉的无应激羊只体尺测量及体质量预估 [J]. 中国农机化学报, 2018, 39 (09): 56-60.

[23] 郭娟娟, 钟宝江. U 弦长曲率: 一种离散曲率计算方法 [J]. 模式识别与人工智能, 2014, 27 (8): 683-691.

[24] 文博. 基于 Mask R-CNN 的牛体尺测量方法研究 [D]. 包头: 内蒙古科技大学, 2020.